CLAUDIA SCHMID

Wer mordet
schon in Mannheim?

MÖRDERISCHES MANNHEIM In ihren elf Kurz-Krimis spannt Claudia Schmid den Bogen von heiter über spannend bis nachdenklich und führt Sie nicht nur in die Abgründe der menschlichen Seele, sondern auch in die verschiedenen Stadtteile Mannheims. Tauchen Sie ein in das ganz besondere Flair dieser Stadt mit ihrem manchmal rauen aber stets herzlichem Charme und lernen Sie dabei auch verborgene Winkel kennen, in denen die Kommissare Melanie Härter und Jörg Kenner Spuren verfolgen. Mannheim vereint Gegensätzliches und es gibt Vieles zu entdecken, etwa in den Quadraten, wo sich in naher Nachbarschaft eine christliche Kirche, eine Moschee und eine Synagoge befinden. Melanie Härter, unangepasste Kriminalkommissarin und Winzertochter, ermittelt mit Humor und Einfühlungsvermögen.

Claudia Schmid hat neben ihren Büchern zahlreiche Kurzgeschichten veröffentlicht, für die sie mehrere literarische Preise erhielt. »Bei den Kurzgeschichten ist sie spitze«, so Marion Gottlob in der Rhein-Neckar-Zeitung.

Claudia Schmid lebte in Passau, im »Bayerischen Venedig«, bevor sie sich ihren Traum erfüllte und an der Mannheimer Schlossuniversität Germanistik studierte. Sie lebt seit beinahe einem Vierteljahrhundert in der Metropolregion Rhein-Neckar und schreibt Kriminelles, Historisches und Reiseberichte. Neben ihren Büchern hat sie über zwei Dutzend Kurzgeschichten veröffentlicht und mehrere literarische Preise erhalten. Nun legt sie einen eigenen Band mit ihren Kurzkrimis vor. Sie ist als Dozentin im Kommunikationsbereich und Redakteurin von Kriminetz.de tätig. Mit Vorliebe spielt sie kleine Rollen in Fernsehkrimis.
Lesetermine der Autorin finden Sie auf www.ClaudiaSchmid.de

Bisherige Veröffentlichungen im Gmeiner-Verlag:
Mannheimer Todesmess (2013)
Die brennenden Lettern (2011)

Passauer Land. 66 Lieblingsplätze und 11 Brauereien (2011)

CLAUDIA SCHMID

Wer mordet schon in Mannheim?

11 Krimis und 125 Freizeittipps

GMEINER SPANNUNG

Besuchen Sie uns im Internet:
www.gmeiner-verlag.de

© 2015 – Gmeiner-Verlag GmbH
Im Ehnried 5, 88605 Meßkirch
Telefon 0 75 75 / 20 95 - 0
info@gmeiner-verlag.de
Alle Rechte vorbehalten
1. Auflage 2015

Lektorat: Claudia Senghaas, Kirchardt
Herstellung: Mirjam Hecht
Umschlaggestaltung: U.O.R.G. Lutz Eberle, Stuttgart
unter Verwendung der Fotos von:
© eyetronic / Fotolia.com
© Dr. Jürgen Schmid
Druck: GGP Media GmbH, Pößneck
Printed in Germany
ISBN 978-3-8392-1656-9

Personen und Handlung sind frei erfunden. Ähnlichkeiten mit lebenden oder toten Personen wären rein zufällig und sind kriminaltechnisch nicht nachzuweisen.

Da Freizeiteinrichtungen einem ständigen Wandel unterliegen und Irrtümer vorbehalten sind, besteht keine Gewähr für die Richtigkeit der Angaben. Die Tipps sind eine persönliche Auswahl aus der Vielfalt dessen, was Mannheim zu bieten hat. Ausführliche Informationen erhalten Sie bei der Tourist-Information Mannheim im Welcome-Center am Willy-Brandt-Platz 5, www.tourist-mannheim.de.

SCHILLERS SPUREN

Blinzelnd trat er vor den Mannheimer Hauptbahnhof **1**.
Die Sonne sandte ihre Strahlen schräg auf den Willy-
Brandt-Platz, an den sich zu zwei Seiten Bürotürme
schmiegten. Die Fahrt mit dem Zug war zum Glück nicht
zu lange gewesen, er fühlte sich in Zügen immer beengt,
erst recht, wenn sie überfüllt waren. Er richtete sich zu
seiner vollen Größe auf, die ihn die meisten seiner Zeitgenossen überragen ließ, sein rötliches gelocktes Haar
hielt wie meist ein Haargummi im Nacken zusammen.
Gestern hatte er noch extra seine Kleidung frisch gebürs-
tet. Sein Blick fiel auf die Schlagzeile einer Zeitung, die
an einem Kiosk hing.

*Noch immer keine Ermittlungserfolge im Fall der jungen
Emilia G. in Weimar. Die SOKO Emilia tappt bezüglich
des Mörders weiter im Dunkeln. Unsere Zeitung berichtet weiter über den Fall.*

Da rechts vorne, da stand eine Gruppe von Menschen,
ungefähr zwanzig. Er wollte schon ausholenden Schrit-
tes an ihnen vorbei eilen, da rief einer aus der Menge »Da
ist er doch! Wie originell, im Kostüm!«

War der nicht ganz dicht im Kopf? Kostüm? Diese
Kleidung pflegte er stets zu tragen, auch wenn er anfangs
dafür kämpfen musste.

»Friedrich Schiller! Genau! Unser Reiseführer trägt
ein Kostüm wie Friedrich Schiller!« Eine runde Frau
strahlte ihn an.

So eine Oberschlaue, hatte wohl Leistungskurs Deutsch in der Schule absolviert, mit acht Punkten im Abitur. Die Gruppe setzte sich in Bewegung. Und was meinte die mit *wie*? Er war Friedrich Schiller!

Rasch umringte ihn die kleine Gruppe. »Wir hatten sie erst in fünfzehn Minuten erwartet. Aber macht nichts, wir sind ja vollzählig. Wisset Sie, wir kommen von der Alb und haben heute Mannheim auf dem Programm stehen. Eineinhalb Stunden Stadtführung und danach noch eine Vesper. Wir sind gespannt, was uns erwartet.«

Sapperlot, eine Reisegruppe! Der Tag fing ja gut an und konnte dann beruhigt besser werden. Da er über kein Kleingeld mehr verfügte und von denen bestimmt Trinkgelder erhalten würde, kam ihm die Situation nicht ganz so ungelegen, wie sie sich zu Beginn dargestellt hatte.

»Herr von Schiller, wie lange sind Sie schon tot?« Ein Kichern folgte der originellen Frage.

»Ich fühle mich, im Gegensatz zu manch anderen derzeit, in der Tat sehr lebendig.« Das konnte heiter werden, die Leute hatten Humor, wie lustig. »Folgen Sie mir, ich geleite sie zu den wichtigsten meiner Wirkungsstätten hier in Mannheim, dem Sitz des Kurfürsten Carl Theodor, der seine erlauchten Hände über die Stadt zu halten wusste und zu unserem Wohle die Künste förderte.«

Am Tattersall **2** hielt er an dem Kiosk an der Straßenbahnhaltestelle inne. »Sehen Sie dieses moderne Bauwerk, das entstand erst nach meiner Zeit.«

»Gestatten, Hugo Laumert, Oberstudienrat im Ruhestand. Ähem, Unruhestand.« Herr Laumert, etwas schwitzend trotz seines leichten Leinenhemds, machte eine kleine Pause, die dem Gegenüber erlauben sollte, kurz zu lachen.

Doch der Mann im Kostüm lachte nicht.

Und so fuhr Hugo Laumert fort: »Das ist doch ein Gebäude im Stil der Neuen Sachlichkeit. Wissen Sie, mein Fachgebiet ist nämlich die Kunst, das habe ich unterrichtet, und die Neue Sachlichkeit, wie gemeinhin bekannt ist, war in den 1920iger Jahren modern. Und die haben ja sogar in der Mannheimer Kunsthalle sogenannte Schadografien hängen, die der deutsche Maler Christian Schad, seinerzeit ein bekannter Vertreter der Neuen Sachlichkeit, wenige Jahre zuvor entwickelte. Und überhaupt gab die Mannheimer Ausstellung der Epoche im Jahre 1925 den Titel.«

»Machen Sie die Führung oder ich?« Er fixierte das wandelnde Lexikon im Unruhestand und zog die Brauen bedenklich nah zusammen.

Hugo Laumert schien kaum merklich zu schrumpfen und wirkte ein klein wenig beleidigt. »Ich will mich natürlich mit meinem Wissen nicht aufdrängen.«

Seine Ehefrau, die in einer selbstgestrickten blaubeerblauen Jacke und in dunkelroter Hose neben ihm stand, nickte bekräftigend.

»Nun denn, so lassen Sie uns fortfahren. Sie haben die kleine Wartehalle zur Genüge betrachten können. Im Übrigen stand hier ursprünglich der Mannheimer Bahnhof.« Er schritt voran, die Schöße seines Rockes wippten. Er zeigte an einem großen Hotel im historisierenden Stil vorbei in Richtung eines moderneren Baus. »Da sehen Sie die Kunsthalle Mannheim **3**.« Er verschenkte einen kurzen Blick an Hugo Laumert. »Und geradeaus, das ist das Wahrzeichen dieser Stadt, der Wasserturm **4**. Ebenfalls nach meiner Zeit erbaut, um genau zu sein, in den Jahren 1886 bis 1889.«

Hugo Laumert platzte heraus: »Jugendstil! Der ist im Jugendstil erbaut! Auch dazu gab es eine Ausstellung in der Kunsthalle, sogar mit einem Klimt-Saal!«

Er machte einen großen Schritt auf ihn zu, wippte auf seinen Füßen und maß ihn mit einem langen Blick. »Ich mache hier diese Führung. Sie können die Herrschaften gerne auf der Rückfahrt weiter unterhalten.«

»Aber höret Sie! Mein Mann meint es doch gar nicht böse!«

»Werte Frau, ich möchte nunmehr fortfahren und sie zu meinen eigenen Wirkungsstätten führen.« Er nahm ihre Hand und deutete formvollendet einen Handkuss an.

Ihre grauen Löckchen bebten, eine sanfte Röte breitete sich flugs von ihrem Dekolleté in Richtung Hals aus. »Was für Manieren«, sie gab ihren Mann einen Schubser in die Seite. »Irgendwie hat er schon Recht. Du unterbrichst ihn ja dauernd. Du musst endlich lernen, dass du nicht mehr vor einer Klasse stehst.«

Seine Hand wies auf die angrenzende Fläche des Wasserturms. »Hier in etwa war ein Wassertümpel.« Er verzog das Gesicht. »Ein Tummelplatz für Mücken, die Malaria übertrugen.«

»Erkrankte Friedrich Schiller nicht während seines Aufenthaltes in Mannheim?«, wandte sich eine Frau in orangefarbenen Hosen und grünem Pullover an den pensionierten Oberstudienrat. Doch dessen Frau maß ihn mit strengem Blick und so schwieg er.

»Wir gehen nun über die Planken zu meinen eigentlichen Aufenthaltsorten in Mannheim. Ich war ja auf der Flucht! Man versuchte, meinen Geist zu zwängen und daher hielt ich es nicht mehr länger aus in Stuttgart.

Hier in Mannheim, wo der Intendant des Nationaltheaters Heribert von Dalberg meiner zu würdigen wusste, wurden »Die Räuber« 5 uraufgeführt.« Er streifte Hugo Laumert mit einem kurzen Blick. »Ich habe hier mit August Wilhelm Iffland gearbeitet. Wahrlich eine herausragende Person! Er spielte den Franz Moor bei meinen Räubern. Die Uraufführung war …«

»Nach Iffland heißt doch der Ring, der immer an einen Schauspieler weiter gegeben wird …« platzte Hugo heraus.

Die Falte direkt über seiner imposanten Nase vertiefte sich, sein Blick sprühte Funken. »Mäßige er sich endlich! Wie kann er nur!« Er hob die Hand und holte weit aus.

Der Arm von Hugos Ehefrau fiel dazwischen. »Herr von Schiller, wo haben Sie denn eigentlich gewohnt, damals in Mannheim?«

Seine Hand sank. Verflixt noch mal, er musste sein Gemüt im Zaume halten, er brauchte doch das Geld, das die Leute ihm am Ende der Führung zustecken würden, seine Börse war leer. Er musste die Kontrolle behalten. Die Kontrolle, genau das war es. Die Hoheit über sein Leben. Diese Kleingeister waren der Meinung, er spiele Friedrich von Schiller nur! Pah, dabei *war* er schließlich Friedrich von Schiller. Früh hatte er bemerkt, dass er es wirklich war. Wenn er seine Texte las, bekam er rasch das Gefühl, er habe sie selbst geschrieben, sie seien seinem eigenen Geiste entsprungen. Er war die Wiedergeburt des Genius! Im Internat galt er als Außenseiter, das Studium brach er nach kurzer Zeit schon ab, zu abwegig schien es ihm, seine Texte von Kleingeistern nachfolgender Generationen analysieren zu lassen. Was die da alles in seine Texte hinein interpretierten! Ungeheuerlich, welch eine Anmaßung! Nur allein ihm, der Reinkarnation des Autors, stand es zu, seine Texte zu deuten!

Sein nächtlicher Aufbruch war so unverhofft erfolgt, dass keine Zeit mehr gewesen war, sich mit Barem zu versorgen. Ob die sein Verschwinden bereits bemerkt hatten? Meist weckten sie ihn erst gegen Mittag mit einer leichten Mahlzeit, vermutlich war noch nicht aufgefallen, dass er einen seiner Ausflüge unternahm. Das wäre gut für ihn, denn so gewänne er Zeit für sein eigentliches Vorhaben.

Marbach. Auch drei Jahre nach dem Tod einer jungen Frau, deren Name mit Luisa M. angegeben wurde, gibt es keinerlei Erkenntnisse, die zu ihrem Mörder führen würden, geschweige denn ein Motiv für den grausamen Mord. Wie unserer Redaktion auf Nachfrage mitgeteilt wurde, gibt es keinen neuen Ermittlungsstand.

Er führte seine Gäste am Quadrat L2 **6** vorbei zur Jesuitenkirche **7**, nicht weit weg von der Alten Sternwarte **8**. Als kleiner Junge hatte er hier, bei der Hochzeit von Studienfreunden seiner Mutter, gemeinsam mit einem Mädchen Rosenblätter vor dem Brautpaar gestreut. Beim Altar hatten sie angefangen und waren, während die Orgel jubilierte, langsam zum Ausgang geschritten. Seine evangelische Mutter war sehr stolz auf ihn gewesen. Er wischte die Erinnerung zur Seite. »Und hier, schräg gegenüber, befand sich das Nationaltheater Mannheim **9**. Übrigens wird es auch Schillertheater **10** genannt. Damals war das Theater nah beim Schloss, wie Sie sehen.« Er deutete zum Schloss, das eine viel befahrene Straße von der Jesuitenkirche trennte.

»So hatte es die Hofgesellschaft nicht weit. Glänzende Tage waren das, wahrlich glänzende Tage! Der Intendant Heribert von Dalberg führte meine Räuber auf, ich war selbst anwesend.«

Jemand kicherte.

Mit erhobener Stimme fuhr er fort: »Ja, ich war in der Tat dabei. Ich war aus Stuttgart geflohen, wo man mich in das enge Korsett eines Regimentsmedikus zu drücken versuchte. Aber es gelang ihnen nicht, meinen Genius zu unterdrücken. Denn ich war zu Höherem berufen, bereit, der Kunst zu dienen!« Stolz und Trotz schwangen in seiner Stimme mit, als er sagte: »Iffland spielte den Franz Moor.«

»Iffland schrieb aber auch selbst Theaterstücke. Er war neben August von Kotzebue der meistgespielte Autor seiner Zeit.« Das kam natürlich von Hugo Laumert.

Doch bevor er etwas erwidern konnte, fragte eine Frau dazwischen. »August von Kotzebue **11**? Ist der nicht in Mannheim ermordet worden?«

»Selbstverständlich, werte Dame, das war hier ganz in Nähe, in A2. Eine Gedenk-Tafel an dem Haus, das heute an der Stelle des Wohnhauses des Dichters steht, erinnert an das Geschehen, wir gehen gleich noch daran vorbei. August von Kotzebue **12** war zwar bei den Theaterbesuchern geschätzt, seine Beliebtheit bei den fortschrittlichen Kräften der Zeit, und als die galten die Burschenschaften damals, hielt sich jedoch in engen Grenzen, um es genauer zu sagen, in äußerst engen sogar. Dem Attentäter Karl Sand wurden nicht unerhebliche Sympathien entgegen gebracht.«

»Hat man die beiden nicht sogar nebeneinander beerdigt?«

»Ihre Gräber lagen in der Tat nicht weit auseinander. Als der Friedhof von der Innenstadt außerhalb der Quadrate verlegt wurde, bettete man die Gräber um. Auf dem Mannheimer Hauptfriedhof **13** sind sie einen Steinwurf voneinander entfernt. Ein marmorner Würfel erinnert an August von Kotzebue, eine Stele aus Sandstein an Karl Sand.«

»Und der Friedhof heißt tatsächlich Wohlgelegen?«

»Der Stadtteil heißt so. Aber nicht wegen des Friedhofs, sondern weil dieser Teil ein wenig erhöht liegt und daher nicht von den Neckarhochwassern betroffen und deshalb wohl gelegen war. Doch lassen Sie uns nun zum Schillerplatz **14** gehen.«

Vor seinem Denkmal blieb er stehen. Die Reisegruppe zückte ihre Fotoapparate.

»Frappierend, diese Ähnlichkeit.«

Er wunderte sich. Weshalb sollte er sich selbst nicht ähnlich sein? Diese Menschen waren doch wirklich seltsam, irgendwie nicht ganz dicht. Er nahm dieselbe Pose ein wie sein steinerner Zwilling und ließ sich bereitwillig ablichten. »Aber nun zeige ich Ihnen, wo ich gewohnt habe.«

Er schritt voran nach B5, 7. Eine schmale Tür ließ sich aufdrücken und er führte seine Gäste durch einen Gang in einen gepflasterten Innenhof, den ein Baum beschattete. Aus dem Kassenhäuschen kam eine Frau mit rotbraunem Haar, Ende Vierzig. »Ah, die heutige Reisegruppe, sehr schön. Herzlich willkommen bei uns im Museum Schillerhaus **15**. Wo ist denn ihr Führer?« Ihr suchender Blick musterte jeden einzeln. »Herr Botengang ist gar nicht dabei? Der macht doch sonst immer diese Führungen. Kommt er später nach? Hat er Sie alleine voraus geschickt?«

»Wir werden von Herrn von Schiller persönlich geführt!«

»Bitte? Ich verstehe nicht …«

»Darf ich mich vorstellen, werte Dame? Friedrich von Schiller. Ich habe die Ehre, den Herrschaften meine Wirkungsstätten in Mannheim zu zeigen.«

»Ah, verstehe. Eine Führung im historischen Kostüm, sehr schön, was es nicht alles so gibt. Ist Herr Botengang erkrankt, dass er heute die Führung nicht macht? Sind Sie seine Vertretung? Mir wurde gar nichts darüber gesagt, dass heute jemand anderes die Gruppe begleitet.«

»Er ist verhindert, nicht wahr, deshalb habe ich übernommen. Es war wohl alles sehr kurzfristig. Man sah keine Möglichkeit, Sie beizeiten zu verständigen.« Er deutete eine Verbeugung an.

»Na ja, gut. Das wird dann ja schon in Ordnung sein.« Sie verschwand in ihrem Kassenhäuschen und knabberte an einem Stück Mannheimer Dreck 16 .

»Sehen Sie sich ruhig um, so ähnlich habe ich damals gewohnt. Das ursprüngliche Haus ist leider, wie so vieles in Mannheim, im zweiten Weltkrieg verloren gegangen. Aber ich versichere Ihnen, dass es so in etwa ausgesehen hat.«

»Wie reizend dieses kleine Barockhäuschen ist.« Eine der Damen aus der Gruppe drängte bereits hinein. »Und so romantisch!«

»Da sind ja gar keine Möbel drin.«

»Hier finden Lesungen statt. Ein wahrlich angemessener Ort für die Kraft des Wortes.«

»Entzückend! Und so hat Friedrich von Schiller in Mannheim gelebt? Alles sehr einfach, nicht wahr? Aber so idyllisch!«

»Die Druckkosten für »Die Räuber« hatten mich an den Rand des Ruins getrieben.«

»Grundgütiger, Sie haben für den Druck bezahlt? Ich dachte, der Dichter bekommt Geld vom Verlag!«

»Einen Verlag zu finden war noch nie einfach.«

»Also, meine Schwester, die wo in Stuttgart lebt, gell, die hat eine Nachbarin. Und die schreibt Liebesromane. Also, die bekommt da aber schon Geld dafür!«

Er verdrehte genervt die Augen. Die paar Euros, die sie am Ende hoffentlich für ihn locker machten, waren aber auch wirklich sauer verdient. »Ich führe sie nun ins Museum Zeughaus **17**, dort werden einige Originale aus meiner Zeit aufbewahrt. An der Antikensammlung **18** habe ich mich des Öfteren erfreut, dort war ich immer gerne als Gast.«

Kaum hatte die Gruppe das zauberhafte barocke Kleinod verlassen, klingelte im Kassenhäuschen das Telefon.

»Museum Schillerhaus, Bergmann am Apparat.«

»Hier Botengang. Frau Bergmann, meine Reisegruppe war vorhin schon weg. Jemand sagte mir, die seien in Begleitung eines Fremden unterwegs. Stellen Sie sich das mal vor! So was habe ich ja noch nie erlebt. Ungeheuerlich!«

»Ja, ja, die waren grade da. Friedrich von Schiller führt die heute.«

»Bitte? Friedrich von Schiller? Ja sind denn heute alle verrückt geworden? Erst meine Gruppe entführen und dann noch nicht mal seinen richtigen Namen sagen? So was habe ich ja noch nie erlebt! Wo sind die denn jetzt hin?«

»Das kann ich Ihnen nicht sagen. Vielleicht zeigt er denen, wo früher das Nationaltheater stand.«

»Dann gehe ich dort jetzt hin. Na, der kann was erleben.« Wutschnaubend klappte Oskar Botengang sein Mobiltelefon zu.

Ob zuhause sein Fehlen bereits bemerkt worden war? Seine Mutter saß bestimmt schon längst zu Tische, in ihrer Jugendstilvilla bei Darmstadt. Sicherlich hatte Johannes für sie den kleinen Tisch unterhalb der Rückseite des Hauses gedeckt. Johannes war, seit er denken konnte, in den Diensten seiner Mutter. Schon als Vater noch lebte, hatten sie ihn eingestellt. Anfangs war er Vaters Chauffeur, dann übernahm er nach und nach immer mehr Aufgaben auch im Haushalt und verstand es, sich unabkömmlich zu machen. Er selbst fand ihn manchmal etwas sonderbar, aber die Mutter wohl nicht, denn was gäbe es sonst für eine Erklärung dafür, dass sie ihm einiges nachsah. Johannes war unverheiratet, dabei wäre es doch eine Erleichterung für die Mutter, wenn ihr zusätzlich weibliche Hände hilfreich zur Seite gingen. Leider gehörte es auch zu Johannes Aufgaben, dass er ihn stets bei seinen Ausflügen suchte und wieder zu seiner Mutter zurück brachte. Unruhig wirkte Johannes dann immer, das gab sich dann aber nach wenigen Tagen wieder.

Da er heute so schlau eine Möglichkeit gefunden hatte, rasch an Bargeld zu kommen, würde es dies Mal vielleicht gelingen, ein Zimmer zu mieten und Johannes würde ihn nicht gleich finden können. Obwohl, Johannes brauchte eigentlich immer eine ganze Weile, wenn er in der Stadt war, in der er den Sohn seiner Chefin suchte, bis er ihn aufgespürt hatte. Er hätte zu gerne gewusst, was er in dieser Zeit machte.

Mutter saß gerne mit einer Decke im Garten, mit Blick

auf den gegenüberliegenden Wald. Sie liebte es, wenn er ihr im Garten vorlas. Vorzugsweise gab er die Werke Friedrich Schillers zum Besten, er hatte sich mit der Zeit eine gewisse Fertigkeit in der Kunst des Vortrags erworben. Mutter lauschte ihm gerne, lobte seine Stimme und vor allem seine Intonation.

Aber natürlich las er auch alles über Friedrich Schiller, was er bekommen konnte. Er kannte ihn in- und auswendig und wusste auch alles über die Orte, an denen er gelebt hatte und über seine Gedenkstätten, die für ihn eingerichtet waren. Seine Bibliothek war ganz ordentlich angewachsen in den letzten Jahren. Sogar der Mann, zu dem seine Mutter immer ehrfurchtsvoll »Herr Doktor« sagte und der ihn regelmäßig besuchte und Rezepte für Tabletten zurückließ, war beeindruckt von seinem Wissen.

Frau Laumert riss ihn aus seinen Gedanken. »Wann wurde denn das Zeughaus erbaut?«

»Ende des achtzehnten Jahrhunderts, werte Dame. Es diente als Waffenarsenal des Kurfürsten. Lassen Sie uns am besten gleich hineingehen. Und wir gehen dann nach oben, in die Theatersammlung. Dort erfahren Sie selbstverständlich sehr Vieles über meine Räuber.«

»Und gegenüber, der moderne Bau?«

»Das ist das Museum der Weltkulturen **19**.«

»Können wir jetzt vielleicht mal was essen? Mein Magen knurrt!« Eine Dame im hellgrünen Häkelkleid fasste sich theatralisch an ihren Oberbauch. »Und danach können wir doch in die Museen hineingehen.«

»Wenn Sie mögen, können Sie im Restaurant im Hof des Zeughauses etwas zu sich nehmen, während ich Ihnen die Schillerroute erläutere **20**.«

Kaum hatte er mit seiner Gruppe Platz genommen, entdeckte er ihn durch den Zaun, der den Hof begrenzte. Das war doch Johannes! War er ihm also schon auf der Spur. Sapperlot, das ging aber wirklich schnell, er brauchte doch sonst immer länger, um ihn zu finden. Der würde ihn wieder in die Villa seiner Mutter zurück bringen. Beim letzten Mal hatte sie traurig gesagt, wenn er seine Ausflüge nicht unterließe, könne er vielleicht bald nicht mehr bei ihr wohnen. Aber wo sollte er denn sonst hin? In ein Heim, wie der Doktor seiner Mutter seit langem anbot, würde er sich weigern, zu gehen. Alleine der Platz, den er für seine umfangreiche Bibliothek brauchte! Undenkbar, dass er sich den Regeln eines Heimes unterwarf. Doch nicht er, der Dichter der Freiheit!

Doch Johannes schien ihn nicht bemerkt zu haben, ganz im Gegenteil, er strebte in die entgegen gesetzte Richtung. Der ging ja in Richtung Bassermannhaus **21**. Was wollte er da? Sollte er ihm hinterher schleichen? Es wäre eine gute Möglichkeit, heraus zu finden, was er trieb.

Johannes sah ihn nicht und schlug nach einer Weile den Weg in Richtung des Schlossgartens ein. Dachte er, er säße lesend im Park? Er schlich hinter ihm her, er wollte unbedingt herausfinden, was Johannes vorhatte. Plötzlich drängte sich eine Gruppe Jugendlicher zwischen sie beide und er verlor den Blick auf Johannes. Am besten zog er sich wieder zurück, bevor der ihn entdeckte.

So ein Mist, nun hatte er die Führung nicht zu Ende und sich selbst um sein Trinkgeld gebracht. Eine Übernachtung in einem Hotel kam nicht mehr in Frage. Die wollten eine Kreditkartennummer als Sicherheit oder am liebsten gleich Bargeld. Und er hatte doch noch nicht mal ein eigenes Konto. Was sollte er bloß tun, ohne Geld in Mannheim? Das mit der Reisegruppe war so eine geniale Idee gewesen! Hätte er sie bloß nicht verlassen, um Johannes hinterher zu eilen. Wie ungeschickt von ihm. Was blieb ihm jetzt noch übrig? Er könnte mit dem Zug heimfahren. Mit etwas Glück würde er nicht kontrolliert werden.

Langsam machte er sich auf den Weg in Richtung Hauptbahnhof. Bedächtig setzte er einen Fuß vor den anderen. Ein kleiner Junge kam ihm auf dem Gehweg entgegen und zupfte keck an seiner Jacke. Eine Frau, offenbar seine Mutter, eilte ihm hinterher und zog ihn weg. Wehmütig sah er ihnen nach. Der Junge hatte so etwas Frisches an sich. Irgendwie fühlte er sich nicht am rechten Ort in dieser Welt. Eine junge blonde Frau ging vor ihm die Treppen zur Borelli-Grotte hinunter. Mit ihren hellblonden Haaren, dem langen Rock und dem brombeerfarbenen Mieder hätte sie gut das Gretchen in Faust spielen können. Aber was dachte er denn da, dieses Stück war ja gar nicht von ihm! Er hielt ein wenig inne, bevor er sich ebenfalls auf den Weg in den Untergrund begab. Doch was war das? Da schrie jemand um Hilfe, es drang aus der Borelli-Grotte nach oben. Sollte Gretchen etwas zugestoßen sein? Rasch sprang er die Treppen hinunter. Da brauchte jemand seine Hilfe! Unten war es dämmrig. Eilig sah er sich um. Verschlossene Ladengeschäfte, Kneipen, die wohl erst später öffneten. Ein unangenehmer Geruch, so als ob jemand die Unterführung als Ort der Erleichterung gewählt hätte. Der Gang machte eine Biegung, der folgte er nun. Er glaubte, seinen Augen nicht zu trauen. Das war doch Johannes! Der begrapschte Gretchen mit der einen Hand, mit der anderen hielt er ihr grob den Mund zu. Ihre Blicke trafen sich.

Johannes ließ von dem Mädchen ab, hastete zur Treppe und rannte nach oben.

Was sollte er jetzt tun? Sich um das Mädchen kümmern oder Johannes nachlaufen?

Grete rief: »Hinterher! Halten Sie das Schwein fest!«

Als er selbst oben ankam, stürzte plötzlich jemand auf ihn zu und packte ihn am Arm. »Da sind Sie ja! Was fällt Ihnen ein! Das war meine Gruppe! Wo sind die jetzt überhaupt? Die Führung ist doch noch gar nicht zu Ende!«

»Lassen Sie mich los! Ich muss ihn fassen?«

»Wen? Der, der soeben vor Ihnen hier raus kam? Spielen Sie hier fangen, oder was?«

»Fangen, genau, wir müssen ihn fangen. Da unten ist Grete.«

»Sie sind ja noch bekloppter, als ich dachte. Und Grete kommt bei Goethe vor, das weiß doch jeder.«

Er riss sich los und schaute sich um. Wo war Johannes bloß? Er hatte unnütz Zeit verloren. Hinter ihm kam die junge Frau nun ebenfalls die Treppen hoch. Sie fasste sich an den Hals. »Gut, dass Sie gekommen sind. Der hätte mich umgebracht! Wo ist das Schwein? Haben Sie ihn laufen lassen?«

Oskar Botengang sagte »Sie sind tatsächlich überfallen worden? Und der Herr wollte Ihnen helfen?«

»Was heißt hier wollte! Er hat mir das Leben gerettet. Das Schwein hätte mich da unten umgebracht. Der war zu allem entschlossen.«

»Ein feiger Mörder, vergreift sich an wehrlosen Frauen …,« stieß er angewidert hervor.

»Wir müssen die Polizei rufen und eine genaue Täterbeschreibung angeben.« Oskar Botengang musterte Grete. »Können Sie ihn beschreiben?«

»Ich weiß nicht, das ging alles so schnell. Es war so dämmriges Licht. So richtig kann ich ihn nicht beschreiben.«

»Ich kenne ihn. Ich weiß wie er heißt und wo er wohnt.«

Oskar Botengang zückte sein Handy. »Alles klar, das erzählen Sie jetzt mal hübsch der Polizei.«

Die Kommissarin Melanie Härter schaute aufmerksam auf die bunte Truppe, die da vor ihr saß. Ein groß gewachsener Herr mit rötlichen Locken, in der Physiognomie und im Anzug Friedrich Schiller sehr ähnlich, ein aufgeregter Oskar Botengang, seinen Angaben nach Fremdenführer in der Quadratestadt und eine junge Frau, die angab, an einem der freien Theater in Mannheim zu spielen und sich auf dem Heimweg von einer Probe befunden zu haben.

Sie veranlasste eine Fahndung nach dem Flüchtigen, der noch am selben Tag in einem Regionalzug in Richtung Bergstraße gefasst wurde. Noch während der Untersuchungshaft im Café Landes, wie Mannheims Justizvollzugsanstalt im Volksmund hieß, gestand er zwei Morde an Frauen in Weimar und Marbach.

Und unser Friedrich Schiller? Seine Mutter fand mit Hilfe einer Zeitungs-Annonce ein Ehepaar aus Lettland, das die Hausmeisterwohnung in ihrer Villa bezog und

sie beide betreute. Die Ehefrau war ausgebildete Musik-
pädagogin und nahm sich des jungen Mannes an. Sie
erkannte rasch sein Talent. Mehrmals in der Woche fuhren sie nach Mannheim, wo sie beide in derselben Truppe
wie Gretchen bei dem freien Theater arbeiteten. Faust
gelangte allerdings nicht zur Aufführung. Unter ihrem
neuen Dramaturgen, der sich als ausgezeichnet erwies,
erarbeiteten sie eine Aufführung von Wilhelm Tell. Die
Berichterstattung im Feuilleton des Mannheimer Mor-
gens war voll des Lobes.

1 Der Mannheimer Hauptbahnhof wird von einer beeindruckenden Glaskuppel gekrönt. Die Läden in den zwei Etagen haben auch an Sonntagen geöffnet. Mannheim ist begünstigt durch seine zentrale und verkehrsgünstige Lage, es ist leicht per Zug, Flugzeug und Auto erreichbar.

2 Am Platz des früheren Hauptbahnhofs von Mannheim und heutigem Straßenbahnhaltepunkt steht seit 1928 eine Wartehalle im Stil der Neuen Sachlichkeit.

3 Zur Moltkestraße hin zeigt sich die Kunsthalle Mannheim in wunderschöner Jugendstilfassade. Der vor über dreißig Jahren errichtete Mitzlaff-Bau, der direkt daran angrenzte und damit verbunden war, wird durch einen Neubau ersetzt. Die Kunsthalle Mannheim zeichnet sich durch einen beachtlichen Sammlungsbestand aus, es finden sehenswerte Sonderausstellungen statt.
www.kunsthalle-mannheim.eu

4 Das Wahrzeichen der Stadt und Heimatgefühle auslösendes Industriedenkmal für alle aus dem Urlaub heimkehrenden Mannheimer.

5 Nach Schillers Drama benennt sich eine Mannheimer Literatenguppe, »Die Räuber77«. Die Zahl steht für das Gründungsjahr. Zu den Treffen und

Lesungen des Literarischen Zentrums Rhein-Neckar e. V. sind Gäste willkommen.
Termine: www.raeuber77.de

6 In L2, 1 wohnte Friedrich Schiller zu Beginn seiner Mannheimer Zeit. Eine Tafel erinnert daran: »An dieser Stelle stand das Hubertus-Haus, in dem Friedrich Schiller im Jahre 1783 gewohnt hat.«

7 In der ersten Hälfte des 18. Jahrhunderts wurde die Jesuitenkirche in der Nähe des Schlosses erbaut. Die zu großen Teilen zerstörte Kirche wurde nach dem Krieg wieder aufgebaut und erstrahlt in neuen barocken Glanz. Sehr sehenswert!

8 Die barocke Silhouette Mannheims wird durch die Sternwarte verstärkt. Kurfürst Carl Theodor ließ sie 1772 bauen. Der Hofastronom Christian Mayer betrachtete von ihr aus den Himmel. Sie ist nur von außen zu besichtigen und steht in A4.

9 Nachdem das ursprüngliche Gebäude im zweiten Weltkrieg zerstört wurde, wählte man für den Neubau des Nationaltheaters Mannheim einen neuen Ort. Das neue Haus steht am Goetheplatz und umfasst die drei Sparten Oper, Schauspiel und Ballett, sowie das Kinder- und Jugendtheater Schnawwl. Die Mannheimer lieben ihr Theater!

10 Friedrich Schiller war Hausautor am Nationaltheater. Die Institution Hausautor wurde vor einigen Jahren wiederbelebt und einige Autoren übten diese aus, darunter auch sehr bekannte. Alle zwei Jahre finden die »Internationalen Schillertage« in Mannheim statt, dabei reisen auch immer Ensembles anderer Bühnen für Gastspiele an. Zum nächsten Mal sind sie im Jahre 2015, das Programm wird auf www.schillertage.de veröffentlicht. Absolut empfehlenswert!

11 Nachdem August von Kotzebue der Boden in Weimar zu heiß geworden war, ließ er sich in Mannheim nieder. Wilde Gerüchte kursierten über ihn, so wurde er sogar verdächtigt, ein russischer Spion zu sein. Nur eine kurze Zeit lebte er mit seiner Familie in Mannheim, bis er einem Attentat zum Opfer fiel. Sein Grab mit dem markanten Marmorwürfel, in dessen eine Seite ein Gesicht eingeschnitten ist, befindet sich auf dem Mannheimer Hauptfriedhof. Ursprünglich lag der Friedhof in der Innenstadt. Selbst nach der Verlegung der Gräber auf den neuen Hauptfriedhof außerhalb der Stadtmauern fanden das Opfer und sein Mörder Karl Sand unweit voneinander ihre letzten Ruhestätten. An den Studenten Karl Sand erinnert eine Sandsteinsäule.

12 Die historische Geschichte »Linas Trost« über den Mord an Kotzebue aus der Feder von Claudia Schmid findet sich bei www.jokers.de unter Extra, Gratisdownloads, Historica. Historische Fakten aus der Stadtgeschichte Mannheims wurden mit Fiktion verwoben.

13 In der Nähe zu den historischen Grabstätten von August von Kotzebue und seinem Mörder Karl Sand findet sich auch die letzte Ruhestätte Heribert von Dalbergs, dem langjährigen Theaterintendanten Mannheims. Ein Rundgang auf dem Hauptfriedhof ist auch ein Spaziergang durch Mannheims Geschichte. Der Haupteingang zum baumbestandenen Friedhof führt durch Arkaden. Direkt daneben liegt der jüdische Friedhof.

14 An die Lage des ursprünglichen Nationaltheaters erinnert noch der Schillerplatz in B3. Das Denkmal des Dichters steht hier und es wurde ein Kinderspielplatz angelegt.

15 Das zauberhafte Barockensemble in B5, 7 ist ein wahres Kleinod. Der malerische Innenhof ist gepflastert, ein großer Baum spendet im Sommer Schatten. Das Veranstaltungsprogramm ist auf www.rem-mannheim.de zu finden.

16 Noch zu Schillers Zeiten und einige Jahre später war es in Mannheim wie in anderen Städten auch üblich, seinen Unrat einfach auf die Straße zu kippen. Höhergestellte Herrschaften trugen kleine Holzklötzchen unter ihren Schuhen, damit sie diese nicht mit Morast beschmutzten. Als in der ersten Hälfte des 19. Jahrhunderts den Mannheimer Bürgern verboten wurde, den Inhalt des Nachttopfes auf die Gass' zu kippen, soll das einen Bäcker derart verärgert haben, dass er ein kleines Häufchen kreierte, dieses mit Schokoguss veredelte und in seinem Schaufenster ausstellte. Mannheimer Dreck wird von mehreren Bäckereien angeboten. Es ist ein lebkuchenähnliches Gebäck und ein beliebtes Mitbringsel aus der Quadratestadt.

17 Eine beachtliche Sammlung zum Nationaltheater, die Antikensammlung und ein umfassender, lebendiger Einblick in die Geschichte der (Erfinder-)Stadt werden hier gezeigt, natürlich ist auch eine Laufmaschine dabei. Friedrich Schiller hielt sich gerne in der Antikensammlung auf. Mehr dazu in der Publikation von Liselotte Homering und Dr. Claudia Braun: Friedrich Schiller im Antikensaal zu Mannheim, Verlag der Quadrate-Buchhandlung Mannheim.
Nachts wird das Zeughaus mit einer interessanten Lichtinstallation belebt: auf den Betrachter blicken zwei überdimensionierte Augen.
www.rem-mannheim.de

18 Im Keller des Zeughauses wurden die wuchtigen Sandsteine des Fundamentes freigelegt, auch der Boden ist aus dem für die Gegend typischen Sandstein. Im Verschaffelt-Gewölbe wird die Antikensammlung gezeigt. Carl Theodor legte den Grundstock für die Sammlung. Der Kurfürst gründete die Akademie der Wissenschaften, die Mitglieder der Akademie sammelten auf ihren Reisen Sammlungsstücke. Diese war von Anfang an der Öffentlichkeit zugänglich. Carl Theodor finanzierte auch Ausgrabungen in der Umgebung. Im Verschaffelt-Gewölbe steht Mobiliar aus dem Mannheimer Schloss: ein

Ausstellungsschrank und eine Vitrine, von einem Schreiner Zeller gefertigt. Das ist so besonders, weil kaum etwas aus dem Schloss den Zweiten Weltkrieg überdauerte. Ausführliche Informationen zu den Exponaten erhält man an den Medienstationen. Vorgestellt werden in anschaulichen Darstellungen, die auch in den jeweiligen Lebensalltag einführen, Griechen, Etrusker und Römer.

19 Hier finden die gut besuchten Sonderausstellungen der Reiss-Engelhorn-Museen statt, zum Beispiel über die machtvollen Medici oder über die prunkvollen Wittelsbacher. Und es wird dauerhaft eine Steinzeit-Ausstellung gezeigt.

20 Eine Radtour, die, beginnend am Mannheimer Schloss, zu den Wirkungsstätten Friedrich von Schillers führt, bis nach Oggersheim, wo er während seiner Mannheimer Zeit zuletzt lebte. Dort erinnert ebenfalls ein Schillerhaus an den Dichter.

21 Das Museum Bassermannhaus in C4, 9 zeigt Dauer- und Sonderausstellungen rund um Musik und Kunst. Beeindruckend ist die Sammlung von Musikinstrumenten mit Hörproben aus aller Welt. Und ein komplettes Tonstudio wurde aufgebaut.

KLICK MICH

Gisela würde am liebsten heulen. Kein einziges Foto von ihr scheint richtig gelungen zu sein, keines gefällt ihr. Auf dem vom letzten Geburtstag bei Arnie sind ihre Augen geschlossen. Und bei der vorjährigen Weihnachtsparty trägt sie ein T-Shirt mit einem bescheuerten Werbeaufdruck. Sämtliche Fotos, die sie in Erwägung zieht, erweisen sich bei genauerer Betrachtung als denkbar ungeeignet, im Portal der Round-Community hochgeladen zu werden. Sie arbeitet ziemlich verbissen an ihrem Profil und es ist beinahe fertig, nur noch dieses vermaledeite Foto fehlt. Dabei weiß sie ganz genau, dass ein richtig tolles Profilfoto die Wahrscheinlichkeit erhöht, angeklickt zu werden. Dann könnte sie die Leute als Kontakt einladen und sie würden auf ihrer Profilseite angezeigt werden. Oder sie schrieben mit etwas Glück sogar in ihr Gästebuch. Das brächte dann noch mehr Klicks für sie, ein wundervoller Kreislauf.

Gisela holt sich damit ihre Gäste ins Haus, ohne hinterher ihre schmutzigen Fußabdrücke wegwischen zu müssen. Es roch auch nicht nach Zigarettenqualm, wenn sie ihre Wohnung verließen und sie hinterließen kein schmutziges Geschirr, das sich in ihrer Küche stapelte.

Mit viel Mühe hat sie ein wirklich gelungenes Profil kreiert. »Besondere Interessen« waren schnell erfunden, auch bei »Länder, die ich bereist habe« ließ sie ihrer Fantasie freien Lauf. Viel Zeit wendete sie allerdings auf für die Suche nach einem wirklich gut klingenden Zitat, denn sie fand, das gab ihr einen intellektuellen Touch. Und dann kam noch ein Hund dazu. Mittelgroß, langes Fell und sehr anhänglich. Ein Tier macht doch den Menschen erst so richtig sympathisch.

Obwohl, wenn sie ehrlich war, so einen Hund hätte sie schon wirklich gerne. Das wäre ein wirklich guter Freund und der würde auf sie warten, wenn sie von der Arbeit nach Hause käme. Richtig treue Seelen waren Hunde. Und Tierhaltung war in dem Haus, in dem sie zur Miete wohnte, erlaubt, das wusste sie. Denn die alte Dame in der Etage unter ihr hatte einen Hund, einen kleinen Whiteterrier namens Lilli. Aber dann wäre die Wohnung immer voller Hundehaare und das würde sie ganz verrückt machen.

Dieses verflixte Foto! Von den zur Verfügung stehenden Avataren sagt ihr auch keiner zu. Damit unterschied sie sich doch überhaupt nicht von den anderen! Schließlich ist sie doch ein ganz besonderes Individuum! Es ärgert sie ganz außerordentlich, kein passendes Foto zu finden. Kurz zieht sie in Erwägung, zu einem Fotografen zu gehen. Aber irgendwie findet sie das auch blöd. Sieht so gestelzt aus. Vielleicht könnte sie ihre Nachbarin auf der Etage bitten, ein Foto von ihr zu machen? Die ist doch eigentlich ganz nett. Ein wenig älter als sie. Gisela glaubt, die lebt mit ihrem Sohn. Wo die Nachbarin wohl arbeitet? Melanie Härter steht auf dem Klingelschild. Aber konnte man wirklich fremde Leute einfach so bitten, mal eben ein Foto von sich zu machen? Wer weiß, was die dann von ihr denkt. Es war bestimmt besser, sie ließ das bleiben.

Plötzlich hat Gisela eine geniale Idee. Ihr fällt ihre

Lieblingsblume ein, die elegante Strelitzie. Sie nimmt ganz einfach ein Foto der Paradiesblume als Profilbild!

Am nächsten Tag fährt sie wie üblich mit der Straßenbahn zur Arbeit, durch die Innenstadt und dann über die Kurpfalzbrücke in die Neckarstadt.

Am alten Messplatz, vor der Alten Feuerwache, steigt sie aus. Als sie am Capitol 22 vorbei geht, weckt ein Plakat ihre Aufmerksamkeit. Eine Band, die sie schon mal gehört und die ihr ganz gut gefallen hatte, spielt in zwei Wochen. Vielleicht würde sie zu dem Konzert gehen. Wenige Straßenecken weiter, kurz vor dem umhäkelten Tor zur Neckarstadt, erreicht sie ihren Arbeitsplatz. Dort hat sie in letzter Zeit ziemlichen Ärger. Seit die junge Kollegin auf dem Platz neben ihr sitzt, erledigt sie nur noch ihr Pflichtpensum und wirklich keinen Handschlag zuviel. Die Neue sieht verboten gut aus, das muss sie neidvoll zugeben. Eine Figur, für die man eigentlich einen Waffenschein braucht. Ihre Kleider sind immer ein bisschen zu eng und der Abteilungsleiter hat mehr als nur ein Auge auf sie geworfen. Das sieht ein Blinder, dass der scharf auf die ist, rattenscharf um genau zu sein. Dabei hat der doch eine Frau und zwei kleine Kinder zuhause!

Gisela hätte nicht gedacht, dass er neben seiner Hauptbeschäftigung, nämlich sie zu piesacken, noch etwas anderes im Auge haben könnte. Aber offenbar ist ihm wohl ziemlich langweilig. Es sind diese scheinbaren Kleinigkeiten, die er sich für sie ausdenkt und mit denen er ihr zusetzt. Dass er Anna-Maria neben sie platziert hat, empfindet Gisela als persönlichen Angriff. Es nervt sie unbeschreiblich, neben einer derart attraktiven Frau zu sitzen. Und dann auch noch ihre Stimme! Rauchig und vielversprechend. Die beiden arbeiten an der Beratungshotline einer Krankenversicherungsanstalt. Die Versicherten rufen an, wenn sie glauben, ein Problem zu haben. Beispielsweise wenn ihr Arzt ihnen nicht das verschrieb, was sie auf Rezept haben wollten. Oder sie bekommen überhaupt kein Rezept, weil etwa Arzneien gegen Erkältung schon lange nicht mehr verordnet sondern selbst bezahlt werden müssen. Die Anrufer werden oft aggressiv und fühlen sich ungerecht behandelt. Bei Gisela lassen sie ihren Dampf ab. Sie empfindet es zunehmend mehr als Last, den ganzen Tag über Beschwerden entgegen zu nehmen. Anna-Maria hingegen scheint das alles locker wegzustecken, an der perlt alles ab und auch am Ende des Arbeitstages sieht sie noch ziemlich frisch aus. Heute erzählt sie ausgiebig von einem Theaterabend im Oliv **23**.

Gisela fühlt sich abends nur noch müde und ausgelaugt. Heute schleppt sie sich auf die Neckarwiese **24**, bevor sie sich auf den Weg nach Hause macht. Ihr graut vor ihrer leeren Wohnung, davor, die Geräusche aus den Wohnungen der Nachbarn zu hören, die anzeigen, dass diese ein Leben haben, das wesentlich ausgefüllter zu sein schien als ihr eigenes.

Eine junge Frau in einem bunten Sommerkleid kommt auf sie zu. Als sie direkt vor Gisela steht, fischt sie einen Flyer aus ihrer Stofftasche. »Wollen Sie eine Grillkarte **25** haben?«

»Eine Grillkarte, was ist das denn?«

Die Frau setzt sich neben sie. »Da sind alle öffentlichen Plätze darauf verzeichnet, wo Sie hier in Mannheim grillen dürfen.«

»Aha.« Gisela ist interessiert und hat gleich eine Frage. »Gibt es da vielleicht auch so eine Art Kontaktstelle, wo man sich mit jemand verabreden kann, zum Grillen?«

»Nein, leider nicht. Leute mitbringen müssen Sie schon selber.«

»Schade, dann ist das wohl nichts für mich. Alleine Grillen macht keinen Spaß.«

Am Wochenende erledigt Gisela wie immer ihre Einkäufe, versorgt ihre Wäsche und macht ihre Wohnung sauber. Anschließend ist sie so erschöpft, dass sie gar nicht mehr aus dem Haus gehen will.

Es schien ihr ziemlich bequem, sich mit den Leuten so ganz einfach im Internet zu treffen. Und es spielt dabei vor allem überhaupt keine Rolle, ob sie dabei in einer knackigen Jeans steckt oder in einer ausgeleierten Jogginghose. Sie findet das wirklich äußerst praktisch.

Wie diese Anna-Maria sie am Montag wieder anglotzt! Die kontrolliert sie richtig. Dabei weiß doch Gisela selbst genau, dass sie während ihrer Arbeitszeit nicht im Internet surfen darf. Aber was geht das schließlich Anna-Maria an? Soll die sich doch um ihren eigenen Kram kümmern. Gisela sagte ja auch nichts, wenn Anna-Maria abends einen Kaffeefleck auf ihren Schreibtisch platziert, nur damit sie am nächsten Morgen sieht, ob die Putzfrau auch wirklich sauber macht.

Ein gewisser Mikesch schreibt Gisela neuerdings. Er sieht auf seinem Profilbild sehr gut aus. Und nett, so richtig sympathisch.

Mein lieber Himmel, denkt Gisela, ist Anna-Marias Bluse wieder eng. Der Knopf auf Brusthöhe müsste ihrem Chef eigentlich gleich ins Auge springen. Der Stoff zieht richtig Falten. Gleich würden dem Boss die Augen aus den Höhlen fallen. Und dabei steht auf seinem Schreibtisch das Foto seiner Frau und den beiden Kleinen. Sie findet Anna-Marias Benehmen richtig ekelhaft, und das lässt sie die auch spüren. Das ist doch einfach nur billig. Sie sollte wirklich mehr Respekt vor der Ehefrau des Chefs haben.

Mikesch ist bestimmt anders. Ob er schon auf ihre Mail geantwortet hat? Gisela wüsste zu gerne, was er von ihrem Vorschlag hält, sich mal zu treffen. Aber dieses Weib, Anna-Maria, bohrt ihr ihren Blick in die Seite, so dass es für Gisela absolut unmöglich ist, mal eben in die Community rein zu schauen, ohne dass die Kollegin es mitbekommt. Gisela zwirbelt an ihrer Strelitzie herum, die sie wie jeden Montagmorgen frisch auf ihren Schreibtisch gestellt hat. Sie fragt sich zum wiederholten Mal, was sie verbrochen hat, um genau diese Kollegin vor die Nase gesetzt zu bekommen? Wirklich ein schweres Schicksal! Und wenn sie nur einmal ganz kurz … die muss es ja gar nicht merken. Sie konnte nämlich unmöglich bis heute Abend warten!

Doch ein schneller Blick zeigt ihr nur ein leeres Postfach.

Sie wirft die Wohnungstür ins Schloss, schmeißt die Tasche auf die Kommode und eilt ins Wohnzimmer. Schnell den PC eingeschaltet, hingesetzt und voller Ungeduld aufs Hochfahren warten. Pass-Word in die Tastatur gehämmert, bei der Community angemeldet. Es blinkt! Eine neue Nachricht! Wundervoll. Endlich! Bestimmt von Mikesch. Treffer!

Schlechtes Wetter Hier. Habe keine Lust, raus zu gehen. Hänge vorm PC ab.

Giselas Herz macht einen Hüpfer. Sie wird heute noch antworten. Ganz bestimmt. Da scheint sich etwas anzubahnen.

Hätte sie auch nur einen blassen Schimmer davon, was sie erwartet, würde sie die Finger davon lassen.

Am Wochenende ist ihr Einkauf fällig. Im Kühlschrank nur gähnende Leere. Einzukaufen macht ihr überhaupt keinen Spaß. Meist ist es voll, alle haben schlechte Laune und wollen schnell wieder raus aus dem Laden. Rasch greift sie sich im Vorbeigehen die Sachen, die sie braucht. Ausgerechnet beim Toilettenpapier trifft sie Anna-Maria. Die hat ihr grad noch gefehlt an ihrem freien Tag. Als ob es nicht reichen würde, sie täglich acht lange Stunden hindurch ertragen zu müssen. Einfach demonstrativ nicht bemerken und schnell weiter gehen! Den Einkaufswagen lässt sie in der Gemüseabteilung stehen und reiht sich in die Schlange vor der Wursttheke ein. In dem Gedränge ist ihr der Wagen ohnehin nur im Weg. Endlich ist nur noch ein Mann vor ihr, im Anzug, weißem Hemd und mit Krawatte. So wie der aussieht, sind auch seine Einkaufsgewohnheiten. Er fragt bei jeder Wurst, was da drin ist, bevor er sich heroisch bei der einen oder anderen Sorte entscheidet, fünfzig Gramm davon zu nehmen. Gisela verlagert ihr Gewicht von einem Bein aufs andere. Ein langer, lauter Seufzer entfährt ihr. Doch nichts entgleist im Gesicht des Mannes, er nimmt sie gar nicht wahr. Ruhig und bestimmt fragt er sich weiter durch die Wurstsorten. »Und noch einen kleinen Bissen hiervon«, würde sie ihm am liebsten in sein glattes Gesicht schleudern.

Endlich ist er fertig. Betont langsam nimmt er seine Papiertüte entgegen. Wenn die doch nur reißen würde!

Sie tut aber Gisela diesen Gefallen nicht und landet heil in seinem Einkaufswagen. Endlich ist Gisela dran! Bei ihr geht es wie immer schnell.

Zwei Gänge weiter knickt sie vor Schmerz beinahe um. Ein Einkaufswagen ist ihr voller Absicht in die Ferse gefahren. Empört dreht sie sich um, aber das Glattgesicht, das eben noch seine Wurst so liebevoll ausgesucht hat, nimmt sie wieder nicht wahr. Mit großer Wut im Bauch holt sie ihren Einkaufswagen aus der Gemüseabteilung und schiebt ihn zur Kasse. Doch während sie die Waren auf das Band legt, hält sie verwirrt inne. Eine Dose Hundefutter? Wie kommt die denn in ihren Wagen? Sie hat doch gar keinen Hund. Schnell schiebt sie die Dose mit einem Griff zu den Plastiktüten unter dem Rollband. So was Blödes aber auch! Hat Glattgesicht ihr die Dose Hundefutter in den Wagen gelegt? Rasch legt sie die restlichen Einkäufe aufs Band und bezahlt. Bloß schnell raus aus diesem Laden.

Zuhause schenkt sie sich ein Glas Wein ein, bevor sie ihren Computer hochfährt. Keine Nachricht im Postfach. Was ist los mit Mikesch? Ist er krank? Braucht er ihre Hilfe? Womöglich liegt er irgendwo hilflos im Fieberdelirium. Gisela leert das Glas Wein in einem Zug und gießt sich ein zweites Glas ein. Der Bildschirm starrt sie leer an. *Sie haben keine neue Nachricht.*

Keiner Ihrer Freunde ist online.

Ein Klick auf den Chatroom:

Anne: *Trinke grade Tee, was machst du?*

Werner: *Heute hat es den ganzen Tag geregnet.*

Marion: *Hier auch.*

Hinrich: *So was aber auch.*

Ein Klick und der Chatroom ist wieder zu, der Talk baut sie nicht auf. Noch ein Glas Wein. Wieso meldet Mikesch sich nicht? Braucht er Hilfe? Sie geht in der Wohnung auf und ab. Ihre Jogginghose rutscht. Vielleicht sollte sie das Gummi mal erneuern. Oder eine billige neue bequeme Hose holen. Eigentlich ist diese hier aber noch ganz gut. Etwas Wein tropft auf die Hose. So ein Mist. Rotweinflecken sind so schwer raus zu kriegen. Ausgeleiert und fleckig. Naja, zum Glück sieht das ja keiner.

Am nächsten Morgen kommt Gisela nur schwer aus ihrem Bett. Wie Eisen am Magnet klebt sie fest an der Matratze. Ihr Spiegelbild ist grauenhaft. Kaffee aufsetzen, PC hochfahren.

Sie haben keine neue Nachricht.

Keiner Ihrer Freunde ist online.

Anna-Maria sieht nach dem Wochenende noch knackiger aus als sonst. Sie sprüht vor Energie und tut freundlich-süß. Irgendwie spürt Gisela ihre Blicke auf sich, sobald sie ihr den Rücken zuwendet. Mustert die sie? Schätzt sie ihr Gewicht? Gisela drückt ihre Wirbelsäule durch und setzt sich gerade hin. Sie kann doch schließlich auch nichts dafür, dass sie selbst nicht so elegant aussieht wie ihre Lieblingsblume! Wie gerne würde sie jetzt die Round-Community anklicken! Aber das geht nicht. Anna-Maria lässt sie keine Minute aus den Augen. Meine Güte, muss die denn nie aufs Klo? Plötzlich steht der Chef vor Gisela.

»Gisela, es gibt eine schriftliche Beschwerde über Sie. Sie sind einfach zu pampig zu den Leuten! Das sind unsere Kunden, hier am Telefon!« Sein ausgestreckter

Zeigefinger zeigt wild auf ihren Apparat. »Zu denen müssen Sie freundlich sein! Freundlich! Soll ich das Wort mal für Sie buchstabieren?«

Tränen schießen ihr in die Augen. Verdammt, was kann sie dagegen tun? Runterschlucken? Anna-Maria grient den Boss an.

»Aber sie gibt doch ihr Bestes!«

Blöde Kuh! Gisela brauchte keine Schützenhilfe von dieser bunten Presswurstfrau. Heute trägt sie wieder einen Pullover, den es wohl in ihrer Größe nicht gab. Sie sieht aus, als ob man sie in das Kleidungsstück hineingeschossen hätte.

»Ihr Bestes?« Der Chef entblößt seine Zähne. Wenn das ein Lächeln sein soll, dann ist es nicht sonderlich geglückt. »Das ist aber nicht gut genug für uns. Reißen Sie sich gefälligst zusammen. Eine Abmahnung haben Sie ja schon.« Er eilt weiter.

Anna-Maria reißt ihre Augen kugelrund auf:

»Sie haben schon eine Abmahnung?«

Sie beugt sich zu mir herüber:

»Wofür das denn?«

Dass ihr Interesse nur gespielt ist, liegt auf der Hand.

»Nichts, da war nichts.«

»Für nichts erhält man doch keine Abmahnung?«

Giselas Telfon klingelt. Erleichtert über die Möglichkeit, dieses unangenehme Gespräch zu beenden, nimmt sie den Hörer und dreht dieser blöden Gans den Rücken zu.

Irgendwie bringt sie den Tag hinter sich.

Für die paar Teile Geschirr lohnt es sich nicht, die Geschirrspülmaschine einzuschalten. Schnell heißes Wasser ins Spülbecken, einige Spritzer Spülmittel dazu.

»Au, herrjemine!« Es hat weh getan, die Hand ins heiße Wasser zu stecken. Ganz vorne, an den Fingerkuppen. Lieber Himmel, da sind ja kaum noch Nägel dran! Wie sieht das denn aus? Bis weit nach hinten zurück genagt. Alles nur wegen dieses blöden Anpfiffs vom Chef heute. Blutig gebauschte Beeren am Ende ihrer Finger. So kann sie unmöglich zur Arbeit. Wenn Anna-Maria das sieht! Dieses zufriedene Grinsen, wenn sie etwas in ihren Augen Nichtperfektes an Gisela entdeckt. Anna-Maria ist ihr persönlicher Feind. Sie ist an allem schuld. Dieses Weib bringt sie um ihre Fassung. Den ganzen Tag über glotzt sie ihr in den Rücken und dabei soll sie dann auch noch freundlich am Telefon sein. Gisela googelt »Nagelstudio«. Da kommt sogar eine Frau ins Haus. Sie ruft sie an. Ja, sie kann heute Abend noch kommen. Na klasse, Anna-Maria wird Augen machen über ihre Krallen! In der Zeit, bis die Nagel-Stylistin kommt, schreibt sie schnell eine befreiende Mail an Mikesch, in der sie so richtig ordentlich über Anna-Maria ablästert.

Ihre perfekten Nägel sind am nächsten Tag wirklich der absolute Hingucker für die Kollegin. Sie schaut ganz schön neidisch. Und noch einen Erfolg kann Gisela abends verbuchen: Mikesch hat endlich geantwortet. Er will sich am kommenden Samstag mit ihr treffen und schlägt das Café Flora als Treffpunkt vor. Vor Aufregung schläft Gisela ganz schlecht.

Das Café Flora ist nur zur Hälfte besetzt. Wie vereinbart trägt sie als Erkennungszeichen eine Strelitzie in der Hand. Sie schaut sich um, nein, von den Anwesenden ist niemand ihr Mikesch. Sie nimmt am Fenster Platz, die Bedienung eilt herbei und fragt nach ihren Wünschen.

»Ich erwarte einen Bekannten«. Die Strelitzie liegt auf dem Tisch.

»Dann möchten Sie mit Ihrer Bestellung warten, bis ihr Bekannter kommt?«

»Ja, schon.«

Die Bedienung verschwindet. Die Tür zum Café öffnet und schließt sich, jedes Mal nimmt Gisela ihre Blume in die Hand und hält sie hoch. Nach einer halben Stunde ist Mikesch immer noch nicht da. Die Bedienung schaut bereits genervt. Gisela hat immer noch nichts bestellt.

»Kommt ihr Bekannter noch? Möchten Sie nicht doch etwas bestellen?«

Ehe sie antworten kann, setzt sich jemand an ihren Tisch. Gisela wird fast vom Schlag getroffen. Das ist Anna-Maria. Die kann sie jetzt auf keinen Fall gebrauchen, nun, da Mikesch wirklich in jedem Augenblick kommen wird.

»Bringen Sie uns zwei Espressi«, säuselt Anna-Maria die Bedienung an.

Sie starrt ihre Kollegin hasserfüllt an.

»Das passt mir jetzt gar nicht. Es kommt gleich jemand. Wir können ein anderes Mal zusammen was trinken.«

»Auf wen wartest du denn?« Es blitzt in ihren Augen.

»Das ist privat.« Weshalb duzt die sie einfach?

»Wo hast du denn heute deinen Hund?«

Gisela greift nach der Strelitzie und spielt damit. Eine Ahnung kriecht in ihr hoch. Nein, das kann nicht sein, das darf nicht sein!

Nun lacht Anna-Maria schallend. Sie packt die Strelitzie und knallt sie auf den Tisch.

»Ach, Gisela, schau dich doch mal an. Wer sollte sich schon wirklich mit dir treffen wollen! Glaubst du echt, jemand der so toll aussieht wie Mikesch, trifft sich mit dir? Übrigens ein tolles Profilfoto, nicht wahr? Du hättest ein bisschen mehr Fantasie walten lassen sollen. Das mit der Strelitzie war einfach zu durchschaubar. Du nimmst es mir nicht übel, nicht wahr, es war einfach zu verlockend, dich zu verarschen. Und so habe ich ja auch endlich erfahren, was du wirklich von mir denkst. Das finde ich nun wirklich sehr spannend.«

Gisela begreift fassungslos. Anna-Maria ist Mikesch! Ihr wird schwindlig, sie greift nach dem Tisch. Plötzlich ist da nur noch schwarz. Ihr Kopf knallt mit Wucht auf den Boden.

Als sie wieder zu sich kommt, liegt sie auf einem Bett. Eine Frau in weißem Kittel steht neben ihr.

»Ah, schön, dass sie wieder aufwachen. War wohl nur ein Schwächeanfall. Der Doktor kommt gleich und schaut noch mal nach ihnen.«

»Was ist denn passiert?«, will Gisela wissen.

»Sie waren mit ihrer Freundin in einem Café, da sind sie umgekippt. Einfach so. Ihre Freundin hat sofort den Notarzt gerufen und der hat sie zur Vorsicht bei uns einliefern lassen. Man weiß ja nie. Es war wirklich nett von ihrer Freundin, den Arzt zu rufen. Solche Freunde hat nicht jeder.«

Die Schwester verlässt den Raum. Gisela richtet sich auf. Freundin, hat die gesagt! Sie ist kurz davor, sich zu übergeben. Sie hat den Eindruck, dass ihr körperlich nichts fehlt. Auf dem Stuhl neben dem Bett liegt ihre Handtasche. Sie nimmt die Tasche an sich. Ob da noch alles drin ist? Schließlich war sie ja ohnmächtig. Die Brieftasche ist noch drin, aber ihre Schlüssel sind weg. Nun fällt ihr auch wieder ganz genau ein, was sich ereignete, als sie das Bewusstsein verlor, glasklar sieht sie die Szene im Café vor sich. Und nun sind ihre Schlüssel weg, sie ahnt nichts Gutes. Sie steht auf, schlüpft in ihre Schuhe und geht vor die Klinik. Da steht ein Taxi, in dem nimmt sie Platz.

Die Tür ihrer Wohnung ist nur angelehnt. Sie saugt tief die Luft ein, hält den Atem an und geht hinein. Die Tür zum Wohnzimmer ist offen.

Anna-Maria hat ihr den Rücken zugewandt. Sie sitzt an Giselas PC und klickt sich lauthals lachend durch deren persönlichen Dateien. Sie sieht es nicht, dass Gisela nach dem schmiedeeisernen Schirmständer greift und weit damit ausholt. Sie gibt keinen Laut von sich, als sie getroffen in sich zusammen sackt und auf den Boden fällt.

Gisela greift nach ihrem Telefon und wählt die 110. »Kommen sie schnell. Ich habe eben einen Einbrecher erschlagen. Da ist jemand in meine Wohnung eingedrungen und hat mich angegriffen.«

Sie nennt noch ihre Anschrift, dann legt sie auf. Anschließend geht sie in den Hausflur, verschließt die Wohnungstür und tritt sie mit kräftigen Tritten ein.

22 1927 eröffnete ein »Lichtspielhaus« in der Neckarstadt. Heute ist das Capitol ein beliebter Veranstaltungsort für Konzerte, Lesungen, Kabarett und anderes. Publikumslieblinge sind die hauseigenen Musicalproduktionen.
www.capitol-mannheim.de

23 Das freie Theater Oliv befindet sich in einem originellen Gewölbekeller am Alten Messplatz. Es bereichert die Theaterszene in Mannheim mit engagierten Stücken.
www.theateroliv.de

24 Die Neckarwiese ist das bevorzugte Naherholungsgebiet der Neckarstädter. Sie ist beispielsweise vom Alten Messplatz aus ganz bequem zu erreichen.

25 Erhältlich ist die Grillkarte bei der Grünen Gemeindefraktion www.gruene-fraktion-mannheim.de

MUSEUMSTOD

Sofia von Weldenbronk schlüpfte mit ihren Füßen in kobaltblaue Lederpumps, ihrer Lieblingsfarbe. Die Schuhe leuchteten mit dem satten Blau der Kette aus schweren Lapislazulisteinen, die sie um ihren Hals trug, um die Wette. Dazu trug sie ein crémefarbenes Kostüm aus leichtem Leinenstoff. Ihr blondes, von feinen grauen Strähnen durchzogenes Haar war im Nacken zu einem Knoten zusammen gesteckt. Sie nahm die rote Aktentasche von der Garderobe und verließ ihre Wohnung im ersten Stock des Gründerzeithauses in der Max-Joseph-Straße **26**. »Neckarstadt!«, hatte ihre Mutter damals ausgerufen, als sie die Wohnung erwarb. Seltsam, dass Sofia ausgerechnet heute dieser unliebsame Dialog wieder in den Sinn kam.

»Da spüre ich, dass ich lebe, wenn ich in so einem kreativen Stadtteil lebe!«

»Weißt du, wie viel Tote es dort schon gegeben hat? Da war doch dieser berühmte Mord!«

»Mutter, also wirklich! Berühmt! Wenn überhaupt, dann ist ein Mord berüchtigt. Aber was soll das überhaupt? Morgen ist mein Notar-Termin, ich werde diese Wohnung auf jeden Fall kaufen. Sie ist zauberhaft! Nah am Neckar, nicht weit vom Herzogenriedpark **27** und ich kann zu Fuß zur Arbeit! Und mit der Jahreskarte für den Park kann ich zusätzlich auch noch jederzeit in den Luisenpark **28**! Und ins Herzogenriedbad **29** habe ich es im Sommer auch ganz nah!«

»Deine Arbeit! Du bist mit deiner Arbeit verheiratet, Kind. Anstatt dich um den Erhalt unserer Linie zu kümmern. Oder um mich. Deine Besuche bei mir sind ausgesprochen rar. Das muss ich in aller Deutlichkeit sagen.« Die alte Dame klopfte zur Untermauerung ihres Anspruches mit dem Knöchel des Mittelfingers auf den Tisch.

Sofia wischte die Gedanken an diese Unterhaltung weg. Während sie über den Alten Messplatz **30** schritt, den die frühe Morgensonne in weiches Licht tauchte, dachte sie daran, dass sie unbedingt heute Abend noch etwas im Bücherladen Neckarstadt **31** abholen musste. Sie mochte diese frühe Tageszeit, vor allem wie jetzt im Sommer, wenn sich spätestens ab Mittag die Hitze mörderisch in den Quadraten staute, das Pflaster zum Glühen brachte und dann auch noch der Geruch von Kakao aus der Schokoladenfabrik im Hafen überall klebte. Bei beinahe vierzig Grad im Schatten empfand sie dies nicht so wohlig wie vielleicht manch einer im Winter. Sie ging an der Alten Feuerwache **32** vorbei und kurz danach an dem Stromverteilerkasten mit dem aufgesprühten Sträfling vor blauem Hintergrund. Auf der Kurpfalzbrücke wehte sie ein leichtes Lüftchen vom Neckar her an. Silbrig glänzend schob sich der Fluss träge dahin. In unmittelbarer Nähe zur Brücke war das Museumsschiff **33** vertäut, eine Außenstelle des Landesmuseums für Technik und Arbeit. Sie war dort schon zwei Mal mit ihrer Mutter gewesen, die sich begeistert die Ausstellung über die Geschichte der Binnenschifffahrt in allen Details angesehen hatte. Mannheimer Bürger hatten das historische Schiff vor dem Verschrotten bewahrt und es nach Mannheim geholt.

Sofia umklammerte mit beiden Händen ihre Aktentasche. Seit sie als Kind eine ihrer Brillen in einem Fluss versenkt hatte, überfiel sie jedes Mal beim Queren einer Brücke die Furcht, sie könne erneut ihrer Sehhilfe oder ihrer Tasche verlustig werden. Erst auf Höhe der Abendakademie in U1 entkrampfte sie ihren Griff. Die Breite Straße **34** war eine der wenigen Straßen der Mannheimer Innenstadt, die einen Namen trug. Ansonsten war die Innenstadt schachbrettartig durchnummeriert **35**, ausgehend vom Schloss. Zu Beginn des 19. Jahrhunderts wurden die Quadratezahlen neu vergeben, Sofia konnte sich lebhaft vorstellen, dass es damals lange dauerte, bis sich die Bürger umgewöhnten. Auch heutzutage brauchten »Neigeplackte« eine ganze Weile, bis sie sich zurechtfanden. Wenn man es jedoch verinnerlicht hatte, war es elendig einfach und eine echte Orientierungshilfe. Sofia war in Mannheim aufgewachsen, mit Verwunderung stellte sie als Jugendliche bei ihren ersten Reisen fest, dass andernorts die Straßen der Innenstädte nicht durchnummeriert waren. Außer in New York. Aber das kannte sie nur aus Erzählungen, sie selbst war noch niemals in New York gewesen.

Längs der Häuserreihen, in deren unteren Etagen bunte Läden untergebracht waren, huschte eine schmale braune Ratte mit eng angelegten Ohren davon. Sofia verfolgte sie mit ihrem Blick. Nicht viel war übrig geblieben von der barocken Pracht, die Mannheim einst zierte und von der sogar Goethe bei seinen Aufenthalten in der Stadt geschwärmt haben soll.

Sofia bog am Paradeplatz **36** nach rechts ab, es waren nur noch wenige Schritte zu ihrem Arbeitsplatz. Ihr Büro befand sich in einem der wenigen Gebäude, das den zweiten Weltkrieg und die Abrisseuphorie der fünfziger Jahre überstanden hatte. Links in dem Durchgang, in den man mit einer Kutsche hätte fahren können, führte eine Stiege nach oben. Ihre Kollegin Marion kam ganz knapp hinter ihr. »Guten Morgen, Sofia, soll ich dir eine Schrippe mitbringen? Ich lauf noch eben zum Bäcker.«

»Alla, gern.«

Den Mann, der flink in den Hinterhof gehuscht war, nahmen sie beide nicht wahr. Er hielt sich eng an die Wand gepresst und atmete flach.

*

Melanie Härter stellte das volle Tablett auf den Tisch ab, ihre Handgelenke schmerzten. Sofort schnellten Hände auf die Gläser zu, griffen flink danach. Es war absehbar, dass sie bald die nächste Runde heranschleppen durfte. Mit einem mühsam abgerungenen Lächeln zog sie sich zurück, ärgerlich auf sich selbst. Wieder Mal hatte sie sich dazu überreden lassen, auf dem Winzerhof ihrer Eltern an der badischen Bergstraße **37** bei der Weinprobe zu helfen. Dabei wollte sie doch an diesem Tag eigentlich ausspannen und ihre Überstunden abfeiern, anstatt hier die Bedienung zu spielen. Immerhin servierte sie in Jeans und T-Shirt und nicht in der lächerlichen Verkleidung, wie ihre Mutter sie vorschlug. So eine Art Dirndlkleidverschnitt wollte sie ihr aufzwängen. Mit einem energischen »Wir sind doch hier nicht auf dem Oktoberfest!«, wischte sie dieses Ansinnen weg. Damit war es vom Tisch, glaubte sie zumindest. Aber heute gegen Mittag, als sie auf dem Hof in Rehheim ankam, hing doch tatsächlich so ein Rüschenkleid mit Herzausschnitt an der Schranktür in ihrem ehemaligen Zimmer.

»Wird dich doch nicht gleich umbringen, wenn du da rein schlüpfst«, meinte die Mutter.

Ein eisiges »Nein« war Melanies Antwort.

Sie senkte ihren Blick in den ihrer Mutter. Die war eigentlich ganz in Ordnung, nur ihr Geschmack in Sachen Anziehen war manchmal etwas merkwürdig. »Mama, komm, ich kann doch auch so Service machen.«

Grummelnd zog Susanne Härter ab. Wäre doch wirklich nichts dabei, wenn ihre älteste Tochter dieses schöne Kleid anzöge. Wirklich lächerlich, dass sie ihr diesen kleinen Gefallen verweigerte. Ihr eigener Körper steckte auch bereits in einem der rosafarbenen Dirndl. Drei Stück hatte sie erworben, in verschiedenen Größen natürlich. Eines für sich und je eines für ihre beiden etwas schmäleren Töchter. Für Melanie, die zu ihrem und ihres Mannes Leidwesen nicht das Winzergut übernehmen wollte und stattdessen Kriminalhauptkommissarin in Mannheim war. Wenigstens nahm sie meist ihren Urlaub im Spätsommer und half ihnen bei der Lese. Immerhin blieb die zwei Jahre jüngere Lisa bei ihnen auf dem Hof und war auch bereits Geschäftsführerin. Aber eigentlich sollte die Älteste mal alles übernehmen. Wenn sie wenigstens einen Kerl daher gebracht hätte, mit dem man was anfangen könnte im Weinbau! Aber nein, in der Polizeischule lernte sie diese Weiberfalle Erwin Huber kennen, der leider kein Neinsager war, wenn sich die Frauen auf seine Bettkante drängten. Bereits in der Schwangerschaft verließ ihn Melanie wegen seiner vielen Frauengeschichten.

Ganz närrisch vor Freude waren sie gewesen, als Melanie einen Buben gebar. »Den kriegen wir schon groß«, hatten sie als stolze Großeltern gesagt.

Felix, der Glückliche, nannte Melanie ihn. Dass er seinen Erzeuger kaum sah, störte sie nicht. Sie selbst jedenfalls brauchte den treulosen Erwin nicht.

»Des is amol a richtig Kurpälzer Buu!«, freute sich damals der Großvater, Wolfgang Härter. Bis er zur Schule kam, war Felix oft bei den Großeltern in der Nähe von Schriesheim **38**. Und nun, auch mit seinen sechzehn Jahren, verbrachte er noch oft die Ferien bei ihnen.

»Der wird die nächst' Generation auf userm Hof, nach den Mädels«, beschloss Wolfgang, der selbst das Gut bereits in der vierten Generation besaß.

Melanie trug das leere Tablett nach hinten. Die alte Scheuer war entkernt worden, und bot nun reichlich Sitzplätze. Die Gäste der Weinprobe verließen das urige Gebäude durch den Laden und griffen noch einmal ordentlich zu. Vorm Ausgang war die Kasse, da blieb schon gehörig was hängen.

Melanie klappte die Schwingtür zur Küche auf. Dort hantierte Lisa mit ihren Häppchen. Die sah nun hoch, während sie weiter arbeitete. »Die putzen ganz schön was weg, gell.« Lisa hatte sich von der Mutter überreden lassen und ihre sehenswerte Figur in das Dirndl mit dem Herzausschnitt gesteckt. »Früher Nachmittag, und die schlucken schon soviel.« Sie schüttelte ihre dunkelblonden Locken.

»Fesch«, Melanie griff ihr provokant an den Ausschnitt, »hast du keine Blumen vorm Balkon?« Mit ihren neununddreißig Jahren wirkte sie gleichalt wie die um zwei Jahre jüngere Schwester. Aber schmäler war sie, nicht mager aber schlank. Sie selbst trug Blue Jeans und ein schwarzes T-Shirt mit einem ebenfalls sehr gewagten *Dekolleté*. In den senkte nun Lisa ihren Blick. »Hoffst du auf Trinkgeld, was?«

Melanie griff sich eine der Schnitten und zog der Schwester eine Schnute. »Was manche Leute für eine Weinprobe halten, das ist schon seltsam. Eine ›Probe‹ ist das weiß Gott nicht, was die da veranstalten! Ist bloß gut, dass sie mit einem Bus hier sind. Woher kommen die überhaupt?«

»Das ist ein Sportklub aus Mannheim. Der Vater hat zum Glück einen Preis nach Umsatz mit denen vereinbart. Mit Festpreis täten wir bei denen ganz schön draufzahlen.« Lisa lachte.

»Aber so eine richtige Probe mit Kennern, die zu genießen verstehen, macht viel mehr Spaß.«

»Ja, ja, und ich darf dann wieder dort stehen und die Reden halten. Weil du das nicht machen magst.«

»Ich red' schon derart viel in meinem Job, das reicht echt.«

»Ach, sprichst du am Schreibtisch mit deinen Akten?«

Melanie versetzte ihr einen Klaps. »Schwesterherz, ich verbringe höchstens 99 Prozent meiner Zeit am Schreibtisch. Den Rest vertreib ich mir auf freier Wildbahn.«

»Puh, wie aufregend!« Lisa gab die Schnittchen auf ein großes Tablett. »Bring das Mal den Raubtieren. Das ist jetzt die letzte Platte, die ich für die anrichte.«

Melanie stemmte das riesige Tablett hoch, schob mit ihrem Po die Schwingtür auf und verschwand mit einem angedeuteten Diener. Wenn sie gewusst hätte, was der Tag noch für sie bereit hielt, hätte sie ihre Schwester gebeten, das schwere Tablett zu den Gästen zu tragen.

*

Sofia von Weldenbronk schloss die Tür zu ihrem Büro auf. Hatte sie gestern Abend den Schlüssel nicht wie immer zwei Mal umgedreht? Schon nach einer Umdrehung war das Schloss offen. Sie hielt sich nicht länger bei dieser Nebensächlichkeit auf und zog die Tür hinter sich zu. Oft war sie eine der Ersten am Morgen. Als leidenschaftliche Frühaufsteherin gelang es ihr meist, vor den Kollegen am Arbeitsplatz zu sein. Die hatten es ihrerseits aufgegeben, vor der Chefin das Büro zu betreten. »Kreativen Freiraum«, so nannten sie ihre freie Zeiteinteilung, auf der sie entgegen dem teuren Rat einer namhaften Unternehmensberaterfirma gegenüber ihren Vorgesetzten beharrten.

In der ehemaligen Wohnung zweigten von einem langen Flur mehrere Räume ab. Diese Aufteilung war optimal für ihre Abteilung: Fünf in etwa gleich große Räume, ein Bad und eine Küche, die sie zum Besprechungsraum umfunktionierten. Das Fenster in Sofias Büro zeigte direkt auf einen großen Platz.

In diesem Sommer, der sich temperaturmäßig seinem Höhepunkt näherte, stand sie vor einer großen Aufgabe. Ihr Chef hatte ihr endlich ein eigenes Projekt übertragen. Sofia war siebenundvierzig Jahre alt und fühlte sich selbst auf der Höhe ihrer Schaffenskraft. Die neue Aufgabe würde die Krönung ihrer beruflichen Laufbahn werden und wer weiß, wofür sie sich damit qualifizierte. Ganz besonders freute sie sich auf die Zusammenarbeit mit neuen Kollegen, die in ihr Projekt integriert waren. Sofia arbeitete für eine namhafte Galerie, für welche sie als Kunsthistorikerin Expertisen anfertigte und bei Bedarf Restauratoren suchte. Die Galerie hatte sich auf sehr reiche Sammler nicht nur in der gesamten Metropolregion Rhein-Neckar spezialisiert, sondern arbeitete auch überregional. Bei dem Projekt, dem Sofia nun vorstand, ging es unter anderem um einen originalen Thron eines der ehemaligen Kurfürsten der Kurpfalz **39**. Sofia hatte vor etwas über zwanzig Jahren ihre Doktorarbeit über dieses Möbelstück, das die Macht des Kurfürsten ausdrückte, geschrieben. Sie kannte jedes Detail des Thrones. Schon damals war er im Besitz Hendrik van Moers gewesen. Dessen Frau brachte ihn sozusagen mit in die Ehe. Sie war die Tochter eines reichen Mannheimers, der bereits Anfang der dreißiger Jahre über Amsterdam nach Amerika emigrierte und sich nach Ende des zweiten Weltkrieges in Holland, knapp hinter der Grenze zu Deutschland, niederließ. Hendrik van Moers war entzückt von der Idee, dass jemand eine ganze Doktorarbeit dem in seinem Besitz befindlichen Thron widmete. Er lud sie damals in sein weitläufiges Anwesen ein. Sofia erinnerte sich noch gut daran, wie leicht sie damals aufgrund ihrer Reputation das Vertrauen der von Hendrik beauftragten Security-Firma erlangte. Hendrik selbst verbrachte mit seiner Frau einen Großteil des Jahres in den Staaten, wo er sich um das Amerika-Geschäft seines Unternehmens kümmerte. Man ließ Sofia zu ihrer großen Erleichterung während ihrer wissenschaftlichen Untersuchungen allein in dem Privatmuseum und ließ sie völlig ungestört arbeiten. Sofia baute beinahe eine leidenschaftliche Beziehung zu dem Möbelstück auf. Jede Biegung des Holzes, jedes Ornament kannte sie in seiner Beschaffenheit und sie hätte es noch heute mit geschlossenen Augen nachzeichnen können. Außerdem brachte sie eine der schönsten Erinnerungen ihres Lebens mit dieser Zeit in Verbindung. Während ihres Aufenthaltes in den Niederlanden hatte sie sich nicht nur leidenschaftlich in den Thron verliebt, sondern auch in einen gewissen Marvin. Der smarte Marvin arbeitete für die Sicherheitsfirma, die Hendrik van Moers Anwesen betreute. Aus Sicht ihrer Mutter war das gewiss keine standesgemäße Verbindung, aber das kümmerte Sofia nicht. Sie war jung, sie war voller Hoffnung auf die Zukunft und glücklich mit ihrer Arbeit. Marvin trug sie auf Händen, das dachte sie zumindest eine Weile lang. Als sie sich damals nach Beendigung ihrer Untersuchung von ihm verabschiedete, versprach er ihr hoch und heilig, sich bald bei ihr zu melden, ja, er versprach sogar noch viel mehr, er gab nämlich vor, sich für eine Arbeit in Mannheim zu bewerben. Er habe sogar schon etwas in Aussicht. Als er sie um eine Kopie ihrer beinahe vollendeten Doktorarbeit bat, erhielt er sie bereitwillig.

Doch wieder zurück in Mannheim musste Sofia feststellen, dass Marvin nicht hielt, was er versprach. Nicht nur, dass er gar keinen Umzug in ihre Nähe in Erwägung zog, es kam noch viel schlimmer. Er meldete sich überhaupt nicht mehr bei ihr und beantwortete auch nicht ihre Briefe, die sie alsbald einstellte. Er hinterließ eine Narbe in ihrer Seele, die immerhin so tief war, dass sie sich nie mehr in einen anderen Mann verliebte. Noch einmal wollte sie so eine grenzenlose Enttäuschung nicht erleben müssen.

Doch daran dachte sie nur ganz kurz, denn die Erinnerung an Marvin war mit der Anzahl der Jahre immer mehr verblasst. Wenn die jetzige Arbeit an dem Thron abgeschlossen war, sollte die gesamte umfangreiche Sammlung Hendrik van Moers unter ihrer Leitung taxiert werden. Und vielleicht würde sie dann nebenbei erfahren, was aus Marvin geworden war.

Ein reicher Sammler aus der Metropolregion Rhein-Neckar wollte unbedingt den Thron erwerben und hatte die Galerie für den Ankauf eingeschaltet. Gestern Nacht war der Sicherheitstransport in Mannheim angekommen. Die letzten Stunden verbrachte der Lastwagen in der riesigen Halle einer Spedition am Stadtrand von Mannheim, in unmittelbarer Nähe zur Autobahn, von der er gekommen war. Am liebsten wäre Sofia gleich selbst hingefahren, um das Prachtstück erneut bewundern zu können, aber der Lastwagen kam um drei Uhr früh in der Spedition an. Das war selbst für Sofias Verhältnisse sehr früh. Für heute um Punkt fünfzehn Uhr wurde der Transport vor der Galerie erwartet. Früher ging nicht, da eine für den Vormittag angekündigte Groß-Demo den Verkehr in der Innenstadt lahmlegen würde. Der Container würde im Haus entladen, in Sofias Beisein. Das hatte sie Hendrik van Moers in einem persönlichen Gespräch, das per Satellit nach Amerika übertragen wurde, versprochen. Leicht erregt schaltete Sofia den Kaffeeautomaten ein. Eine Strähne löste sich aus ihrer Frisur. Das würde ein ganz besonderer Tag in ihrem Leben werden, das spürte sie ganz genau. Dass sie tatsächlich noch lange an diesen Tag zurückdenken würde, konnte sie jetzt noch nicht wissen.

Gegen Mittag klingelte ihr Telefon.
»Mama! Was gibt's?«
»Kindchen, wir könnten mal wieder gemeinsam essen gehen.«

Warum nicht, dachte Sofia, das würde sie von der Warterei ablenken und sie bräuchte mittags nicht in die Fressgass' **40**. »Wie wäre es mit dem Le Corange **41**?«

»Zauberhaft, wir treffen uns um 12 Uhr dort.«

Fünfzehn Minuten vor zwölf Uhr verließ Sofia ihr Büro. Sie machte sich auf den Weg in Richtung des Mannheimer Kaufhauses Engelhorn an Mannheims Planken **42**. Die Planken waren Mannheims Einkaufsflaniermeile, hier reihte sich ein Geschäft ans nächste. Zu Mode Engelhorn im Quadrat **43** ging sie selbst besonders gerne, dort wurde sie oft fündig, wenn sie etwas Bestimmtes suchte. Meist trank sie in der ersten Etage einen Espresso, bevor sie sich auf den Weg nach oben machte, wo genau die Kostüme angeboten wurden, die sie so gerne trug. Und im sechsten Stock befand sich das Restaurant Le Corange. Sofia aß öfter hier, auch abends. Als sie eintrat, sah sie sogleich ihre Mutter mit einem Aperitif an einem der Tische sitzen.

*

Jörg Kenner saß missmutig vor seinem Schreibtisch. Der Ablagekorb quoll ziemlich über. Einige längst überfällige Berichte warteten darauf, endlich von ihm verfasst zu werden. Jörg mochte Schreibtischarbeit nicht besonders. Der Umfang derselben war ihm bei seiner Berufswahl nicht so ganz klar gewesen. Er hatte sich damals hauptsächlich ermittelnd durch die Straßen streifen sehen. Dass er im Anschluss an seine Ermittlungen über alles akribisch genau zu berichten hatte, traf nicht so ganz seinen Geschmack. Aber wenigstens hatte er eine Kollegin, die er richtig gern mochte. Er war sogar der Pate ihres Sohnes geworden, als der vor zwei Jahren beschloss, zur Konfirmation zu gehen und sich vorher taufen ließ. Heute feierte Melanie ihre Überstunden ab und er musste auf ihren erfreulichen Anblick verzichten. War ihr ja zu gönnen, einen Tag bei ihren Eltern und der Schwester an der badischen Bergstraße zu verbringen. Er hatte selbst auch schon Mal bei der Lese geholfen, machte viel Spaß, war aber doch ein Knochenjob. Viel lieber half er dabei, die guten Tropfen anschließend zu trinken, das war weitaus mehr nach seinem Geschmack. Er reckte seine 190 Zentimeter auf dem Schreibtischstuhl. Der hatte eine Einheitsgröße und war damit nicht so ganz dafür geeignet, dass er seinen mäßig trainierten Körper darauf faltete. Das Fenster des Büros, durch das er auf einen der Flügel des Mannheimer Schlosses blicken konnte, ließ er geschlossen, so war die Hitze noch am ehesten davon abzuhalten, sich in seinem Büro auszubreiten. Es war schon drei Uhr Nachmittags durch, alt würde er hier heute nicht werden. Er sah auf das Thermometer und schaute gleich wieder weg. So genau hatte er es gar nicht wissen wollen. Er nahm sein Handy und drückte die Kurzwahl der Frau, die sein Privatleben mit ihm teilte. »Barbara, ich bin's. Hast du Lust, heute Abend zum Strandbad zu fahren? Ein paar Runden drehen, zur Abkühlung?«

Barbara wollte mitkommen und Jörg grunzte zufrieden. Er nahm den oberen Stapel von der Ablage und begann, ihn durchzulesen.

*

Sofia sah auf ihrem Weg zur Galerie noch das Verladen der Polizeipferde 44 und traf dann pünktlich zur Öffnung der großen Holzkiste ein. Hector Wimmer, der Galerist, war ebenfalls anwesend. Es war vorgesehen, dass Sofia den Thron akribisch untersuchte und anschließend seine Echtheit bestätigte, bevor der tatsächliche Kauf über die Bühne ging. Sofia war die absolute Expertin für dieses Exponat. Das war auch ihr selbst bewusst und sie war leicht aufgeregt. Sie liebte dieses Stück, mit dem sie immerhin eine Zeit ihres Lebens verbracht hatte. Zwei Männer machten sich an die großen Schrauben, die die Bretter der Kiste aneinander hielten. Als sie alle gelöst hatten, ließen sie vorsichtig die Frontseite der Kiste zu Boden gleiten.

Doch der Anblick, der sich nun bot, war nicht dazu geeignet, Freude auszulösen. Sofia erstarrte für einen Schreckensmoment. Da war nicht der mit blauer bestickter Seide bespannte Thron zu sehen. Sie nahm ihre Hand vor den Mund und erstickte einen leichten Schrei. Denn es befand sich etwas anderes in der Kiste als sie erwartet hatte, etwas, das garantiert nicht da hinein gehörte. Sie sah aufgewühlt zu Hector. Der griff beherzt nach seinem Telefon und wählte die 110.

»Bleiben Sie wo Sie sind und fassen Sie nichts an, wir sind sofort bei Ihnen!« Jörg beendete das Gespräch und informierte Melanie.

»Ich weiß, du hast eigentlich frei. Aber du musst trotzdem sofort kommen. Es gibt einen Toten in der Galerie von Hector Wimmer, in der Nähe des Paradeplatzes.«

Jörg und die Kollegen vom Kriminaldauerdienst brauchten nicht lange, um am Fundort der Leiche zu sein. Dass dies nicht auch der Tatort war, lag auf der Hand. Die Kiste war sofort nach der Lieferung aufgebrochen worden, es wäre gar keine Zeit für einen Mord in der Galerie gewesen. Darin saß ein Mann, dessen Oberkörper zur Seite gekippt war. Mit bloßem Augenschein konnte Jörg nicht erkennen, was für sein Ableben verantwortlich war.

»Großer, mittelschwerer Mann, dunkles Haar«, sprach Mike Brocher vom Kriminaldauerdienst in sein Diktiergerät. »Keine vordergründig sichtbaren Merkmale von Fremdeinwirkung.«

Die Spurensicherung machte sich an der Kiste zu schaffen. Der Galerist Hector Wimmer wirkte verzweifelt, seine helle Leinenhose machte einen knittrigen Eindruck. »Wir erwarteten eine wichtige Lieferung aus Holland. Ein Sammler wollte uns ein besonders wertvolles Exponat anbieten, das ein Kunde bei uns zum Kauf angefragt hatte. Und das sollte eigentlich in der Kiste drin sein.« Er zeigte auf Sofia. »Frau von Weldenbronk, Kunstexpertin. Sie sollte die Echtheit der Lieferung bestätigen. Es ist eine Katastrophe! Nun wird mein Name in Verbindung mit einem Verbrechen genannt, wie ekelhaft.«

Sofia hatte auf einem der Stühle Platz genommen. Sie saß so, dass die Kiste nicht in ihrem Blickfeld war. In der rechten Hand hielt sie ein besticktes Taschentuch, mit dem sie sich in unregelmäßigen Abständen die Stirn abtupfte. Sie versuchte, trotz der für sie ungewohnten Situation, so etwas wie Haltung zu bewahren. Ihre Stimme klang matt. »Darf ich sitzen bleiben? Ich muss zugeben, das Ganze ist ein wenig viel für mich. Wenn Sie gestatten, würde ich mich bald zurückziehen. Ich gebe Ihnen meine Karte, ich werde Mannheim nicht verlassen und für Sie erreichbar bleiben.«

Hat eindeutig zu viele Krimiserien genossen, dachte Jörg. Wieso sollte diese Frau Mannheim nicht verlassen dürfen? In dem Moment strich ein leiser Hauch durch die Galerie. Die Tür hatte sich geöffnet, seine Kollegin Melanie Härter war am Fundort der Leiche eingetroffen. Gut so, vielleicht kam die besser mit dieser Frau zurecht, die auf ihn einen distanzierten Eindruck machte. Jörg winkte sie zu sich her.

Melanie war sofort aus Rehheim aufgebrochen und ohne sich umzuziehen zu der Adresse gefahren, die ihr Jörg genannt hatte. Sie warf einen Blick auf die Frau, die von Jörg halb verdeckt wurde und stellte fest, dass sie die kannte und auch noch sehr schätzte.

»Frau Dr. Weldenbronk, sehen wir uns mal wieder.« Sie reichte ihr freundlich die Hand.

»Frau Härter, das ist aber eine Überraschung. Wenngleich ich gestehen darf, dass ich mir die Umstände eines erneuten Treffens anders gewünscht hätte.«

»Eine Leiche, das wünscht sich niemand, das gilt auch für mich. Frau Dr. Weldenbronk, mein Kollege hat sicher schon mit Ihnen gesprochen?«

»Ich kann, so fürchte ich, nichts zu der Lösung dieses Verbrechens beitragen. Ich wollte hier heute einen Thron in Empfang nehmen, für den ich eine Expertise machen soll.«

»Bestimmt der, über den Sie Ihre Doktorarbeit geschrieben haben?«

»Ja, genau, der.«

Melanie prüfte sie mit einem raschen Blick. »Soll Sie ein Kollege nach Hause bringen?«

»Danke, das ist sehr aufmerksam, ist aber nicht nötig. Ich kann alleine gehen.« Und zu Hector Wimmer gewandt: »Herr Kaiser von artmetropol.tv wollte heute hier in der Galerie ein Interview mit mir machen. Könnten Sie das absagen?«

Der Galerist nickte. »Da muss ich aber aufpassen, wie ich das richtig formuliere, damit Herr Kaiser keinen Kunstskandal draus macht.«

Nun mischte sich Jörg ein: »Absolute Nachrichtensperre. Wir haben hier einen Mord zu klären!«

Melanie hielt ihr die Tür auf. Vielleicht sollte sie später doch nach ihr sehen, denn sie kam ihr sehr mitgenommen vor. Manche Menschen reagierten mit großer Empfindsamkeit auf die Konfrontation mit dem Tod.

»Sag mal, woher kennst du denn die?«, wollte Jörg von ihr wissen.

»Ich habe einen Kurs bei ihr in der Abendakademie Mannheim **45** belegt, der ging über vier Samstage. War richtig spannend, was die alles weiß über die Zeit der Kurfürsten hier in Mannheim und sie bringt es wirklich gekonnt rüber. Solltest du auch mal machen!«

»Seit wann bist du denn so bildungsbeflissen?«

»Ich will euch ja in eurer Unterhaltung nicht stören, Kollegen, aber das solltet ihr euch ansehen. Das gibt vielleicht einen Hinweis auf die Identität des Toten.« Mike Brocher war zu ihnen gekommen, er hielt in seiner behandschuhten Hand einen Gegenstand.

»Was ist das denn?«, fragte Jörg.

*

Sofia von Weldenbronk wollte nicht nach Hause. Sie wollte jetzt in ihr Büro gehen. Es war, nach ihrem Vater, der im Seniorenheim entschlafen war, der erste Tote, den sie persönlich zu Gesicht bekommen hatte. Sie fühlte sich schlapp. Den Mann in der Kiste schätzte sie auf ungefähr Mitte dreißig, kein Alter, um zu sterben. Und wo war der Thron? Musste der Mann wegen des Möbelstückes sterben? Das war unter der Hand absolut unverkäuflich, jeder in der Kunstszene würde wissen, wo es herkam, sie hatte ausgiebig darüber in Fachzeitschriften publiziert. Hoffentlich war es nicht beschädigt worden. Sie dachte an das Blau der Seide, an den insgesamt sehr guten Zustand. Irgendwie nahm sie es persönlich, dass man ausgerechnet dieses Stück geraubt hatte, an dem ihr Herz hing. Und ein Mord wurde nun auch noch damit in Verbindung gebracht!

Als sie das Tor zum Hof des Hauses geöffnet hatte, in dem ihr Büro war, spürte sie eine Hand auf ihrem Arm. Eine Hand, die ihren Arm nun fest umschloss.

»Sofia!«

Noch jemand, den sie heute wieder traf. Die Empfindung, die damit verbunden war, traf sie unvorbereitet. Seit sie damals aus Holland abgereist war, hatte sie Marvin nicht mehr gesehen. Nie hatte er sich bei ihr gemeldet, obwohl er es doch versprochen hatte.

»Kann ich mit nach oben kommen?«

Sofias Kopf schwirrte. Marvin tauchte nach all den Jahren wieder auf, und das ausgerechnet heute? Was bildete der sich eigentlich ein, nach dieser langen Zeit hier aufzukreuzen? Und woher wusste er überhaupt, dass sie hier ihr Büro hatte? Gab es da womöglich einen Zusammenhang mit dem Mord? Sie wich von ihm zurück.

»Du musst keine Angst haben Sofia. Ich will nur mit dir reden.« Er packte sie und schob sie zur Treppe. Widerwillig versuchte sie, sich aus seinem Griff zu befreien. Doch der war zu fest. Er bugsierte sie nach oben.

*

»Mit diesem Stick kannst du eine Alarmanlage abstellen. Ich nehme an, der Tote ist ein Wachmann.« Mike steckte den Gegenstand in eine seiner Plastiktüten. »Dr. Haber wird das gewiss bestätigen. Ich finde nichts an dem Toten, woraus ich auf die Todesursache schließen könnte. Das wird hoffentlich die Obduktion ergeben.«

»O. K., lassen wir ihn wegbringen. Ist der Fahrer des Lkws schon wieder zurück? Der ist vorhin nach dem Abladen gleich wieder gefahren und war beim Öffnen der Kiste bereits weg.«

»Dort hinten ist er, eben wieder gekommen. War bereits auf der Autobahn. Den Laster hat er in Friedrichsfeld abgestellt, der Mann wurde von Kollegen aus Ladenburg **46** dort abgeholt. Übernimmst du seine Befragung, Jörg?«

»Ich kann Ihnen gar nichts sagen, mir ist nichts aufgefallen.« Timo Staller trug ein kariertes Holzfällerhemd über seiner Jeans. »Ich müsste eigentlich sofort wieder zurück fahren. Jede Stunde, die ich verliere, kostet mich Geld.«

»Tut mir leid, aber ihr Laster wird natürlich von der Kriminaltechnik untersucht. Und die Halle, in dem Sie ihn letzte Nacht geparkt hatten.«

»Ich habe in meinem Führerhaus geschlafen. Mir ist wirklich nichts aufgefallen. Die Kiste habe ich gestern Nachmittag in Holland aufgeladen. Die war versiegelt, das müsste eigentlich noch zu sehen sein. Die Halle war die ganze Nacht über bewacht, da kommt keiner rein.« Er wirkte verlegen. »Ich will ja nicht drängen, aber wann kann ich wieder zurück fahren? Heute noch?«

Jörg schüttelte seinen Kopf. »Vor Morgen Mittag nicht. Und auch das kann ich Ihnen nicht sicher versprechen.«

*

Oben in ihrem Büro kam Marvin schnell zur Sache und sagte Sofia, was er von ihr wollte.

»Du musst dein Gutachten von damals revidieren. Du musst sagen, dass der Thron eine Fälschung war und du das nicht zugeben wolltest, weil es dir um deine Doktorarbeit ging. Du hättest doch keine Doktorarbeit über eine Fälschung schreiben können, das wäre unmöglich gewesen.«

»Was soll ich? Aber das wäre gelogen! Meine Reputation …«

»Deine Reputation! Du hast doch hier eine sichere Stelle.« Er musterte sie. »Und offenbar geht es dir nicht schlecht, du siehst richtig gut aus.« Er strich mit einem Finger seiner Hand über ihre Wange.

Sofia wandte sich ab. Sie wollte jetzt keine Komplimente hören und von ihm schon gar nicht. Er hatte damals einfach den Kontakt abgebrochen und jetzt wollte sie ihn auch nicht mehr sehen.

»Für mich geht es um viel mehr. Verstehst du, für mich geht es um meine Existenz!«

Marvin war vor Ort der Sicherheitschef der Firma gewesen, die Hendrik van Moers Anwesen betreute. Nach und nach erwarb er sein Vertrauen und führte sogar während dessen Abwesenheit in seinem Auftrag einige Geschäfte aus.

»Du hattest damals diesen Thron so genau beschrieben, alles exakt analysiert, die Holzart, die Werkstatt, aus dem die Seide kam, das war die perfekte Anleitung, um ihn nachzubauen! Stand ja auch alles in deiner Doktorarbeit drin.«

Jetzt dämmerte Sofia, weshalb er sich damals so sehr für ihre Arbeit interessierte. Und vorgeblich für sie. Wie dumm war sie doch gewesen! Das Ganze war nur ein Vorwand für ihn, um an ihr Wissen dran zu kommen. Und sie war auch noch so naiv gewesen, ihm ihre wissenschaftliche Arbeit zu überlassen.

Marvin missdeutete ihr Schweigen und sah es als späte Einwilligung. »Deine Arbeit war richtig gut! Und wir hatten einen konkreten Interessenten für den Thron, der über Mittelsmänner an uns herangetreten war. Dem war natürlich auch wichtig, dass er etwas Echtes kauft. Du kannst natürlich eine Provision haben, die steht ja noch aus.«

Sofia glaubte, nicht richtig zu hören. »Nachzubauen? Du hast ihn gefälscht?«

»Gefälscht! Pah! Wir haben eine exakte Kopie angefertigt. Ich brauchte damals das Geld. Mein Gehalt war nicht grade üppig, du verstehst. Ich wollte mich selbstständig machen und brauchte ein Startkapital. Und was machte es für van Moers schon an Unterschied, ob in seiner Dependance in Europa, wo er sich ohnehin kaum mehr aufhielt, das Original stand oder eine hervorragende Kopie. Kein Mensch konnte ahnen, dass er selbst mal klamm werden könnte und die Sammlung verkauft.« Er schlug sich mit der flachen Hand vor die Stirn.

»Wo ist der Thron?«

»Welcher von beiden?«

»Der, den ich damals untersucht habe.« Sofia schnaubte wütend.

»Den haben wir über Mittelsmänner an einen südamerikanischen Millionär verhökert. Der hat ihn in seinem Speisezimmer stehen. Seither sitzt er beim Essen da drauf.«

»Das darf ja wohl nicht wahr sein! Es geht hier um kulturelles Erbe aus einer alten Dynastie …«

»Ich lebe hier und jetzt. Ich pfeif auf deine Dynastie. Wenn auffliegt, dass ich damals das Ding verkauft habe, wandere ich in den Knast. Es geht um eine wirklich große Summe. Da kann ich dann echt einpacken.«

»Hast du den Mann ermordet?«

»Mord? Spinnst du? Der hat einen Herzinfarkt gekriegt, als wir gestern früh das Teil verschwinden lassen wollten. Ich dachte, der Transport ist die ideale Gelegenheit für einen Raub, damit wäre alles aus der Welt geschafft, meine Probleme gelöst. Aber der hat sich tierisch aufgeregt und fiel plötzlich um.«

»Und da habt ihr ihn einfach in diese Kiste …«

»Wo sollten wir ihn denn hinschaffen? So blieben uns ein paar Stunden, um das Möbelstück spurlos verschwinden zu lassen. Nur du hättest die Fälschung bemerken können.«

»Glaube bloß nicht, dass mir das schmeichelt.«

»Sofia, du musst sagen, dass das Ganze von Anfang an eine Fälschung war, vermutlich schon seit über 100 Jahren, das legt eine falsche Fährte und führt von mir weg! Dass du dir damals eben nicht so ganz sicher warst und es eben mittlerweile aber bist. Das lenkt jeglichen Verdacht von mir ab.« Er kam auf sie zu, doch sie wich zurück.

An der Tür klopfte es. »Herein!«, sagte Sofia mit fester Stimme und ging an ihm vorbei zur Tür.

»Frau Dr. Weldenbronk, ich habe mir Sorgen gemacht, weil Sie vorhin so blass waren, ich wollte kurz nach Ihnen schauen. Und ich habe noch einige Fragen. Da Sie zuhause nicht ans Telefon gingen, habe ich gehofft, Sie hier zu treffen. Störe ich?«, fragte Melanie Härter mit einem Blick auf den Besucher.

»Nein, ganz im Gegenteil, Frau Härter. Ich denke, mein Gast hat Ihnen einiges zu erzählen. Ich wollte Sie ohnehin grade anrufen und Sie bitten, zu kommen.

Hinter Melanie schob sich ihr Kollege Jörg Kenner ins Zimmer. Er maß Marvin mit einem Blick und forderte ihn auf »Na, dann mal los! Wir sind gespannt, was wir zu hören bekommen!«

26 Die Max-Joseph-Straße ist eine der charmantesten Straßen der Neckarstadt. In den Vorgärten der Gründerzeit-Häuser wachsen große Bäume, die das Straßenbild mitprägen.

27 Neben den Parkanlagen und wunderschönen Spielplätzen gibt es im Herzogenriedpark Schafe und weitere Tiere zu bewundern. Übers Jahr verteilt finden interessante Veranstaltungen im Park statt. www.herzogenriedpark.de

28 Der Luisenpark, hervorgegangen aus einer Bundesgartenschau, ist von der Fläche her größer als der Herzogenriedpark. Neben den Wiesen und Blumenanlagen finden sich hier mehrere Spielplätze, Einkehrmöglichkeiten und der Kutzerweiher, auf dem Groß und Klein eine Bootsfahrt genießen können. Einer von mehreren Eingängen ist beim Fernmeldeturm am Heinz-Reschke-Ufer. Die Jahreskarte gilt gleichzeitig auch für den Herzogenriedpark. www.luisenpark.de

29 Das Neckarstädter Herzogenriedbad ist eines der städtischen Freizeitbäder, das sich großer Beliebtheit während der heißen Mannheimer Sommer erfreut. Es befindet sich direkt neben dem Herzogenriedpark.

30 Kommen die Gäste von der Mannheimer Innenstadt über die Kurpfalzbrücke in die Neckarstadt,
empfängt sie dort der Alte Messplatz. Hier fand früher die »Mannemer Mess« statt. Aus Platzgründen
ist das in der gesamten Region beliebte Volksfest
schon vor langer Zeit auf den »Neuen Messplatz«
umgezogen. Die Autorin hat dem beliebten Volksfest einen eigenen Krimi gewidmet: »Mannheimer
Todesmess«.

31 Bücher und immer ein gutes Gespräch gibt's im
Bücherladen Neckarstadt in der Kobellstraße, neben
Weinen aus ökologischem Anbau und Genusswa-
ren aus fairem Handel.
www.buecherladen-neckarstadt.de

32 Die alte Feuerwache am Neckarstädter Alten Messplatz mit ihrem prägnanten Turm konnte zum Glück
als Veranstaltungsort erhalten bleiben. Im Turm ist
das Kinder- und Jugendtheater »Schnawwl« untergebracht.

33 Das Museumsschiff erzählt in der Ausstellung an
Bord die Geschichte der Binnenschifffahrt, bei der
Mannheim eine große Rolle spielt. Das Schiff selbst
ist das größte Exponat der Ausstellung und ist eine
Außenstelle des Technoseums, des Museums für
Technik und Arbeit. Auf dem Achterdeck befin-
det sich ein Restaurant.

34 Die Kurpfalzstraße wird Breite Straße genannt. Sie
führt von der Kurpfalzbrücke bis zum Schloss. Bis

zum Paradeplatz ist sie Teil der Fußgängerzone und gesäumt von einer Vielzahl von Läden.

35 Als Mannheimer war man es in »Vor-Email-Zeiten« gewöhnt, am Telefon gefragt zu werden: »Sagen Sie mal, Ihre Adresse kann doch so gar nicht richtig sein, oder? Ich möchte Ihnen einen Brief senden, aber anstelle einer Straße steht da ein Buchstabe und eine Zahl!« Ausgehend von der Kurpfalz-Straße als Hauptachse, die vom Schloss bis zur Kurpfalzbrücke führt, sind die Häuserblocks schachbrettartig durchnummeriert. Auf den Hausnummernschildern ist die Richtung der Nummerierung innerhalb des Blocks angegeben, es empfiehlt sich, danach zu schauen.

36 Seinen Namen erhielt der Paradeplatz zur Zeit der Kurfürsten, als die ihn für ihre Truppen nutzten. Heute ist er ein wichtiger Umsteigepunkt für Straßenbahnnutzer. An der Stelle, an der früher ein Kaufhaus stand, befindet sich nun das Stadthaus. Rings um den Platz haben sich Kaufhäuser großer Ketten angesiedelt.

37 Die Bergstraße reicht vom hessischen Darmstadt bis hinter das badische Heidelberg. Die »badische Bergstraße« bezeichnet auch ein kleines, aber feines Weinanbaugebiet.

38 Schriesheim ist einer der Orte der badischen Bergstraße, die unbedingt einen Ausflug lohnen und ein idealer Ausgangspunkt für Wanderungen. Oberhalb der mit Fachwerkhäusern bestandenen Altstadt steht die Strahlenburg, wo man auch einkehren kann. Um Schriesheim wird Wein angebaut.

39 Die historische Kurpfalz, deren Gebiet sich mehrfach wandelte, hatte eine geraume Zeit Heidelberg als Residenzstadt. Einer der Kurfürsten verlegte jedoch den Sitz nach Mannheim und baute eines der größten Barockschlösser Europas. Der Name Kurpfalz leitet sich von der Kurwürde des Fürsten ab, damit war das Privileg verbunden, an der Wahl des Königs beteiligt zu sein. 600 Jahre herrschten die Wittelsbacher in der Kurpfalz. Glanzvoller Höhepunkt dieser Zeit war die Regentschaft Carl Theodors, der Mannheim zu einem leuchtenden kulturellen Zentrum machte. Sein Wegzug 1777 nach München stellt eine bedauerliche Zäsur für Mannheim dar. Carl Theodor bescherte den Münchnern den Englischen Garten und gerüchteweise wurde vernommen, dass womöglich ein im Gefolge des Kurfürsten nach München emigrierter Kurpfälzer Metzger den Leberkäse nach Bayern brachte. Im Jahre 1803 wurde die Kurpfalz aufgelöst, nichtsdestotrotz bezeichnen sich die Bewohner der Metropolregion Rhein-Neckar, deren Lage nicht völlig identisch mit der historischen Kurpfalz ist, gerne als Kurpfälzer.

Das Mannheimer Schloss wurde während des zweiten Weltkrieges weitestgehend zerstört (wie große Teile der Mannheimer Innenstadt auch). In den Nachkriegsjahren wurde es mit historischer Fassade wieder errichtet. Im Gegensatz zu anderen deutschen Städten lag der Schwerpunkt in Mannheim nicht darauf, die Gebäude in ihrer alten Ansicht wiedererstehen zu lassen.

40 Es steckt im Namen, was es hier gibt. Die Fressgass' spiegelt die kulinarische Vielfalt der bunten Stadt Mannheim, in der Menschen aus über 160 Nationen respektvoll miteinander leben. Sie verläuft parallel zu den Planken. An der Fressgass' in Richtung Wasserturm wird ein sehr großes Areal neu bebaut, unter anderem für Geschäfte und ein Hotel.

41 Das elegante Restaurant Le Corange nimmt das sechste Obergeschoss des Haupthauses von Engelhorn Mode im Quadrat ein. An der Theke sitzend kann der Gast die Zubereitung seiner Speisen verfolgen. In der zauberhaften Faces Lounge im fünften Stock gibt es Hilfe gegen den kleinen Hunger und Kuchen. Von der schönen Terrasse aus hat man einen sagenhaften Blick über Mannheim bis hin zur Bergstraße.

42 Am Paradeplatz beginnend bis beinahe zum Wasserturm sind die Planken autofreie Fußgängerzone, in der jedoch die Straßenbahnen fahren. Hier reihen sich wie Perlen an einer Schnur die Läden aneinander und laden zum Bummeln auf der Flaniermeile ein.

43 Mannheims Traditionskaufhaus umfasst mehrere Häuser in der Innenstadt, in denen das Einkaufen zum Erlebnis wird. Gegründet wurde es bereits im Jahre 1890. Auf dem großen Platz hinter dem Haupthaus, auf den Kapuzinerplanken, finden übers Jahr verteilt verschiedene Themen-Märkte statt. Ein besonderer Genuss ist der Weihnachtsmarkt, auf dem Kunsthandwerkliches und Kulinarisches angeboten werden. Ein Augenschmaus ist die Schaufenster-Dekoration im Haupthaus an den Planken, besonders in der Vorweihnachtszeit wird das Auge des Betrachters auf künstlerischem Niveau erfreut.

44 Mit etwas Glück sind Mannheims Polizeipferde in der Innenstadt anzutreffen. Sie erfreuen sich großer Beliebtheit bei der Bevölkerung. Als vor einigen Jahren laut darüber nachgedacht wurde, sie abzuschaffen, stieß dies auf äußersten Unmut und die Idee wurde fallengelassen. Untergebracht sind die speziell ausgebildeten Pferde in Straßenheim, ob sie verbeamtet sind, ließ sich nicht ermitteln.

45 Auf www.Abendakademie-Mannheim.de ist das umfangreiche Programm einsehbar, auch zu Themen wie Kunst und Literatur. Im Café der Abendakademie finden Lesungen und andere Veranstaltungen statt.

46 Ladenburg, die älteste rechtsrheinisch gelegene Stadt, ist unbedingt empfehlenswert für einen Ausflug. Zur Geschichte der Stadt informiert das Lobdengau-Museum. In der ehemaligen Werkstatt von Carl Benz, der zuletzt in Ladenburg wohnte, ist ein beachtenswertes Museum. Und rund um den mit reizenden Fachwerkhäusern bebauten Marktplatz befinden sich viele gute Restaurants. Sogar als Filmkulisse diente die zauberhafte Stadt bereits: Im Jahr 2013 drehte der SWR »Ein todsicherer Plan« in der Römerstadt. Die Autorin wirkte als Kleindarstellerin bei den Dreharbeiten zu dem Thriller mit.

DU WIRST DIE NÄCHSTE SEIN

Angeline steuerte zielstrebig die Lounge des Hotels an. Der große massige Typ in dem hellbraunen Anzug, das musste er sein. Genauso hatte sie ihn sich nach dem Telefonat vorgestellt. Diese Stimme konnte nur zu diesem Menschen, der den zierlichen Clubsessel völlig ausfüllte, passen. Sie schritt auf ihn zu und auch er sah sie nun an. Kurz bevor sie ihn erreichte, stemmte er sich aus dem Sessel hoch und sah zu ihr hinunter. Er maß mindestens zwei Meter. Angeline brachte es selbst auf attraktive 185 Zentimeter. Eisaugen musterten sie. Das unsagbar stählerne Blau dieser Augen konnte Grizzlybären verjagen, nicht aber Angeline. Sie hatte schon andere Typen klein gekriegt. Männer dieses Kalibers riefen bei ihr immer eine besondere Art von Jagdinstinkt hervor: Die unsägliche Lust, ihm seine Grenzen aufzuzeigen. Sie versuchte, einen möglichst neutralen Gesichtsausdruck zu zeigen. Denn hier war Professionalität angebracht, schließlich brauchte sie diesen Auftrag unbedingt. In ihrer Kasse herrschte zurzeit völlige Ebbe. Sie gab sich einen unmerkbaren Ruck und zauberte ein Lächeln in ihr Gesicht.

»Frau Knusper, nehme ich an? Joschka Meier-Mann.« Der braun gebrannte Hüne entblößte zwei makellose Zahnreihen. Er wies mit der Hand zur Bar. »Darf ich Sie zu einem Getränk einladen? Da hinten können wir ungestört reden.«

Angeline gab ihm seinen Händedruck ebenso kräftig zurück. Zum Glück lud er sie nicht zu einem Kaffee ein, Kaffee hatte sie heute bereits genügend in sich hinein geschüttet. Sie nahmen auf Barhockern Platz.

»Ihre Referenzen gefallen mir ganz ausgezeichnet. Top-Leute, für die Sie bislang gearbeitet haben.« Seine kalten Augen musterten sie.

»Wie sind Sie auf mich aufmerksam geworden? Die prominentesten Auftraggeber sind normalerweise sehr diskret, wenn es um Ghostwriting geht.«

»Wir kennen uns alle. Treffen uns ständig irgendwo, laufen uns über den Weg. Da bespricht man nach einer Sitzung schon mal das eine oder andere. Sie wurden mir jedenfalls empfohlen.« Er beugte sich leicht vor und verströmte dabei den Duft eines exklusiven Herrenparfüms, »besonders ihre Diskretion wurde gewürdigt.«

Na, wenn diese Würdigung sich mal auf meinem Bankkonto zeigen würde, dachte Angeline, während sie sagte: »Dann sprechen wir hier also von echtem Ghosting? Habe ich Sie richtig verstanden? Mein Name taucht als Autorin Ihrer Biografie nicht auf?«

Nun sah er sie direkt an. »Exakt. Das ist es, was ich will.«

Und dein Wille zählt immer, ging es Angeline durch den Kopf, weil du niemand mehr über dir hast, der dir mal was sagt. »Das ist dann aber ein spezielles Preismodell, was Ihnen da vorschwebt.« Sie senkte den Blick nicht. Hatte der eine Ahnung, wie lange sie Blicke von Eisaugen aushalten konnte! Das hatte sie in ihrer Jugend genügend bei ihrer Mutter üben können. Völlige Gefühllosigkeit. Das machte ihr seit damals nichts mehr aus. Wer durch so eine Kindheit gegangen war und sie überlebte, war aus Stahl. Den beeindruckte so leicht nichts. Vor allem keine Spielchen. Zu Psycho-Spielen gehörten immer zwei Parteien. Und sie würde ganz bestimmt nicht mit sich spielen lassen.

»Das Geld soll nicht das Problem sein. Sicherlich wird sich eine Lösung finden lassen, die uns beide befriedigt.«

Das Wort ›befriedigt‹ klang aus seinem Mund ordinär. »Während ich Ihnen mein Leben erzähle, Ihnen sozusagen den ›Input‹ gebe, wird zwangsläufig eine gewisse Nähe entstehen.«

Angeline konnte sich niemanden vorstellen, der diesem testosteronüberschüssigen Machtprotz Joschka Meier-Mann freiwillig nahe sein wollte.

»Aus dieser Nähe heraus mag dann vielleicht bei Ihnen der Eindruck entstehen, ich würde Ihnen etwas Privates, wenn nicht sogar Vertrautes erzählen. Selbstverständlich wird das in meinem Buch nicht auftauchen.« Nun fixierte er sie: »Und auch andernorts wird nichts aus meinem Privatleben einfließen. Ich bin einer der Top-Unternehmer Deutschlands. Es wird in diesem Buch rein um meine beruflichen Erfolge gehen.«

Plötzlich bekam sie Lust, ihn herauszufordern. Wenn er ausgerechnet sie für seine Biografie wollte, dann sollte er auch ordentlich dafür bezahlen. Und schließlich war sie ja auch richtig gut.

»Weshalb wollen Sie dieses Buch?«

»Alle in meiner Position haben so ein Buch, wenn sie was erreicht haben. Es gehört für unsereinen sozusagen zum guten Ton, an einer gewissen Station unseres Weges den Markt mit einer Biografie zu füttern. Mit genau geplanten Informationen.«

»O.K., Sie erzählen mir Ihre Geschichte, ich schreibe Ihnen das Buch. 3.000!«

Er sah sie verblüfft an. »3.000 Euro?« Er lächelte beinahe herablassend. »Für 3.000 Euro schreiben Sie mein Buch?«

»Klar«, sie machte eine kleine Pause und sah ihn gönnerhaft an, »3.000 Euro ist mein Tagessatz.«

Der Endvierziger, der sich in Jeans und schwarzer Lederjacke in ihrer Nähe niedergelassen hatte, zuckte bei der Nennung der Summe. Von so einem Tagessatz konnte er nur träumen. Da könnte er sich endlich mal die Kamera kaufen, die er sich schon seit langem wünschte.

Angeline strich ihr Haar zurück und bestellte sich einen kleinen Brandy. Meier-Mann sollte ruhig merken, wie cool sie war. Seine Freunde hatten ihm bestimmt nicht erzählt, dass der Absatz ihrer famosen Bücher floppte und sie sich dummerweise auf eine Gewinnbeteiligung eingelassen hatte, die leider ziemlich mager ausfiel. Solche bedauerlichen Anfängerfehler würde sie nicht nochmals machen. Naja, ihre ausgiebigen Shoppingtouren waren wohl hauptsächlich schuld an ihrer momentanen finanziellen Misere. Sie fühlte förmlich, wie er sich innerlich wand. Steinreiche Typen wie er waren oft erschreckend geizig. Um nicht zu sagen unnatürlich geizig, manchmal sogar krankhaft wie manche Milliardäre, die in ihrer Freizeit die Pfandflaschen fremder Leute sammelten.

Er pfiff leicht durch seine Zähne. »Sagen wir 2.000 und wir vereinbaren ein Fixum an Tagen? Allzu viel Zeit habe ich ohnehin nicht.«

»3.000. Plus Mehrwertsteuer. Und eine gewisse Zeit werden wir schon dafür brauchen. Lassen Sie mir Ihren Vertragsentwurf zukommen. Ich darf mich nun verabschieden, ich stehe im Moment etwas unter Termindruck, Sie entschuldigen mich.« Angeline trank den kleinen Brandy, drückte seine Hand kräftig und entschwand. Joschka Meier-Mann sah ihr verdutzt hinterher. Er war es nicht gewohnt, dass jemand so mit ihm umging, ganz und gar nicht. Aber diese Frau hatte etwas Ungewöhnliches an sich, etwas Beeindruckendes. Sie schien ganz genau zu wissen, was sie wollte und sehr zielorientiert zu sein. Man musste sich im Leben das holen, was man wollte, auch gegen Widerstände, denn geschenkt bekam man nichts. Doch das lohnte sich, er selbst war das beste Beispiel dafür. Und diese Biografie war auch etwas, das er unbedingt haben wollte. Er würde mit einer genügend großen Auflage einsteigen, um sofort auf die Bestseller-Listen katapultiert zu werden. Immerhin war er nicht irgendwer, sondern eines der Schwergewichte der Bundesrepublik. Manager des Jahres war er bereits, auch das Bundesverdienstkreuz hatte ihm der Bundespräsident überreicht. Er duzte sich mit der Regierungsriege. Eine seiner Firmen, die einzig dazu diente, sein Vermögen zu verwalten, residierte in einer repräsentativen Villa am Heidelberger Schlossberg. Von hier aus wurden die Fonds und weltweiten Beteiligungen gelenkt. Still und leise. Diskret. Als Masterminder verkehrte er in den geheimen Zirkeln der Mächtigen und nahm an der geheimnisumwitterten Bilderberg-Konferenz teil. Wirtschaftsoligarchen wie er selbst und Größen aus der Politik gehörten zu seinem engeren Kreis, gemeinsam zogen sie im Hintergrund an den unsichtbaren Fäden, welche global die Wirtschaft lenkten.

Meier-Mann winkte die Bedienung herbei und bestellte einen Cognac.

Er wischte sich über die Augen. Er wusste natürlich, dass seine Gegner ihn gerissen nannten und über ihn verbreiteten, er hätte kein moralisches Gewissen und würde über Leichen gehen, wenn es darum ging, sein Vermögen zu schützen. Aber natürlich hatte man Feinde, wenn man wie er ganz oben war. Sie regten sich darüber auf, dass er lediglich Mindestlöhne zahlte und bevor es andere taten, schon längst Firmen, an denen er beteiligt war, gezwungen hatte, ganze Produktionszweige in Billiglohnländer zu verlegen. Die Minderheitsaktionäre erhielten nichts von seinen sagenhaften Gewinnen, da er die Gewinne in seinem verschachtelten Unternehmenskonglomerat in Firmen anfallen ließ, die rein rechnerisch Verluste machten. Saldiert blieb dann nichts mehr übrig zum Ausschütten an andere, sämtliche Gewinne blieben in den Unternehmen hängen, an denen er selbst die Mehrheit besaß. Er verstand nicht, weshalb diese Kleingeister sich darüber aufregten. Bloß weil sie selbst zu ungeschickt waren, die Spielregeln zu erkennen und sie anzuwenden. Alles, was er tat, war doch im Rahmen der Konzernunternehmensrechnung absolut legal. Er beschäftigte ein Heer von Steuerberatern und Anwälten, die nach diesen Lücken im fiskalischen System geforscht hatten. Alles war absolut korrekt und außerdem waren es doch Leute wie er, die die Wirtschaft am Leben hielten. Hyperkapitalismus nannten manche das momentane Wirtschaftssystem. Und wenn schon, er fuhr schließlich ganz gut damit.

Meier-Mann nahm sein Glas und trank es aus. Er nickte dem Mann in der Lederjacke zu, kurz darauf verließen sie beide das Hotel in Richtung Tiefgarage.

Als Angeline beinahe an der Haltestelle war, fuhr ihre Straßenbahn ein. Sie legte einen kurzen Sprint hin, um sie noch zu erreichen. Kurz bevor sie am Hauptfriedhof vorbei gefahren waren, erhob sich ein untersetzter Mann in Jeans und durchgeschwitztem T-Shirt. Er zog ein graues Kästchen aus seiner abgewetzten Stofftasche und wandte sich an eine Frau, drei Sitzreihen von Angeline entfernt. »Die Fahrkarte, bitte!«

Angeline brach innerhalb des Bruchteils einer Sekunde der Schweiß aus, denn sie hatte kein Ticket gelöst. Die halbleere Bahn fuhr doch sowieso! Eine verdammt brenzlige Lage, das konnte teuer werden, die »erhöhte Beförderungsgebühr« war nicht eben billig. Sie wusste aus Erfahrung, dass die Kontrolleure absolut unzugänglich für sämtliche Register an Ausreden waren. Möglichst unbeteiligt schauen und bloß ruhig wirken war also angesagt! Die nächste Haltestelle würde bald kommen. Vielleicht schaffte sie es noch, von dem Kontrolleur unbehelligt auszusteigen.

Er war jetzt bei der Frau vor ihr angelangt. Die kramte in ihrer Handtasche. »Ich habe es gleich, Moment.« Die Frau wühlte in den Tiefen ihrer Tasche. Der Kontrolleur wurde ungeduldig. »Haben Sie nun eine Fahrkarte oder nicht?«, fragte er ungehalten.

»Natürlich habe ich eine, ich kann sie nur im Moment nicht finden.«

»Dann brauchen wir jetzt eine Lösung für unser Problem, nicht wahr?« Der Kontrolleur zückte sein graues Kästchen. »Sagen Sie mir doch schon Mal Ihre Personalien.« Ein Ausdruck von satter Zufriedenheit füllte sein Gesicht.

»Können Sie mir sagen, wie spät es ist?« Eine ältere Frau war von hinten neben Angeline getreten.

»Ja, kann ich, Moment mal.« Angeline fingerte nach

ihrem Handy in der Hosentasche und ließ dabei den Kontrolleur nicht aus dem Auge.

»Ein schönes Handy haben sie da, meine Enkelin hat genau dasselbe. Das habe ich ihr zu Weihnachten geschenkt. Wissen Sie, ich habe mir gedacht, wenn ich meiner Enkelin ein Handy schenke, dann ruft sie mich öfter an.«

In dem Moment verlangsamte die Straßenbahn ihre Fahrt, die nächste Haltestelle war bereits in Sichtweite. Angeline sammelte sich innerlich. Wenn sie zu früh aufstand, würde das seine Aufmerksamkeit auf sie lenken und er würde sich die Frau mit der Handtasche für später aufheben, die hatte er ja bereits ziemlich sicher an der Angel. Sie musste also ihre Anspannung unterdrücken und sich noch ein klein wenig gedulden. Als einige andere Fahrgäste aufstanden und die Bahn hielt, drückte ein Mann auf den Knopf, damit die Tür sich öffnete.

Die Tür glitt auf, genau *jetzt* war der richtige Zeitpunkt! Angeline sprang auf und rannte hinaus.

»Was ist denn mit der los? Ich habe doch nur von meiner Enkelin erzählt? Und die Uhrzeit hat sie mir auch nicht gesagt!« Ratlos setzte sich die Frau auf den frei gewordenen Platz.

Puh! Das war knapp gewesen. Verdammt knapp. Angeline sah durch die Scheiben in die Bahn. Der Kontrolleur sandte ihr einen giftigen Blick zu. Angeline schenkte ihm ein Siegerlächeln.

Sie zog sich zuhause kurz um, wählte eine Jeans mit grünem T-Shirt und holte ihr Fahrrad aus dem Keller des Mehrfamilienhauses, in dem sie eine kleine Wohnung gemietet hatte und radelte am Jüdischen Friedhof 47 vorbei, die Talstraße längs bis zum Feudenheimer Wasserturm **48**. Schließlich überquerte sie den Neckarkanal von der Lauffener Straße kommend über die Brücke und landete auf der Maulbeerinsel **49**. Angeline ließ ihr Fahrrad ausrollen und hielt Ausschau nach einem Plätzchen, wo sie sich hinsetzen könnte. Sie fand eine freie Parkbank.

Träge wie eine dunkle satte Schlange lag der Neckar in der Spätnachmittagssonne. Die Maulbeerinsel wirkte so friedlich, wie ein kleines Paradies. Sie schloss die Augen und ließ den frühen Nachmittag Revue passieren. Wenn ihr Meier-Mann den Auftrag für seine Biografie erteilte, wäre der finanzielle Ruin mal wieder verschoben und einige Shopping-Touren gesichert.

Sie hörte ein Rascheln und sah einen kleinen braun-weiß gefleckten Hund im Gebüsch verschwinden. Sein Herrchen rief ärgerlich nach ihm, doch der Hund kam nicht wieder heraus. Wütend näherte sich der Mann dem Gebüsch. Plötzlich stieß er einen lang gezogenen Schrei aus und rannte schwitzend auf Angeline zu.

»Hawwe Sie ä Händy dabei?«

Angeline tastete nach ihrer Tasche.

»Dann rufe Sie amol die Polizei an! Die 110 müsse Sie wähle!«

»Aber warum denn?« Angeline sah ihn erstaunt an.

»Ajo, weil da nämlich ä Tote liegt. Ä Mausetote, tät ich amol meinen.«

Sie wurde am Telefon gebeten, sich nicht vom Fundort der Leiche zu entfernen, bis die Beamten bei ihr seien.

Schon nach erstaunlich kurzer Zeit trafen zwei uniformierte Polizisten und einige Kriminalbeamte in Zivil auf der Maulbeerinsel ein. Der Mann hielt seinen Hund, den er aus dem Gebüsch gezerrt hatte, mit Gewalt am

Halsband fest. Ein Polizist nahm sich seiner an. Eine Frau, ungefähr Ende Dreißig, mit schulterlangem Haar, in Jeans, dunkler Lederjacke und in knöchelhohen Stiefeln, kam auf Angeline zu.

»Sie haben bei uns angerufen?«

»Ja, das war ich.«

»Haben Sie die Frau gefunden?«

»Nein, der Mann dort. Er bat mich, für ihn anzurufen. Ich habe überhaupt nichts bemerkt, bis er plötzlich schrie und zu mir herlief. Ich bin auf der Bank sitzen geblieben und habe gewartet.«

Die Frau setzte sich neben sie auf die Bank. »Ist Ihnen irgendetwas aufgefallen, vielleicht auf dem Weg hierher?«

»Gar nichts.«

»Hier ist meine Karte. Sie geben mir Ihre Personalien, dann können Sie gehen.«

»Melanie Härter, Kriminalhauptkommissarin« stand da neben einer Adresse und einer Telefonnummer. Angeline wusste nicht, dass sie die Kommissarin schon sehr bald wiedersehen würde, in einem Zusammenhang, der sie weitaus mehr berühren würde.

Die Uniformierten waren dabei, den Fundort mit einem gestreiften Plastikband abzusperren, während Angeline sich auf ihr Fahrrad schwang und die Maulbeerinsel verließ.

Erich Klöppner trommelte sofort die Soko »Maulbeerinsel« zusammen. Melanie Härter, Jörg Kenner, Günter Friedrich, Silke Bremer und das Küken Chantal Wagenrad gehörten ihr neben weiteren Mannheimer Kriminalbeamten an. »Also, Leute. Eine junge Frau, tot auf der Maulbeerinsel. Sie ist in der Rechtsmedizin in Heidelberg. Eine erste Inaugenscheinnahme des Opfers vor Ort ergab als Todesursache Fremdeinwirkung. Die Tote hat deutlich sichtbare Strangulationsmerkmale am Hals. Alles Weitere, wie etwa ein mögliches Sexualdelikt, gibt's nach dem Bericht der Rechtsmedizin. Was haben wir an Spuren am Tatort?«

Silke Bremer seufzte. »Bislang nichts Verwertbares. Leider.«

»Zur Identität der Toten?« Jörg saß angespannt auf seinem Stuhl.

»Nichts. Sie hatte keine Papiere bei sich. Keine Tasche, kein Mobiltelefon in der Hosentasche, nichts. Ihre Kleidung weist auf normale Lebensverhältnisse hin.« Klöppner schnaubte. Wieso konnten die Leute nicht wenigstens ihren Ausweis bei sich haben! »Härter, Kenner, ihr fahrt nochmals auf die Maulbeerinsel. Vielleicht wurde etwas übersehen. Bremer, Friedrich, ihr geht sämtliche Vermisstenanzeigen durch. Die Frau kann von überall her sein, es muss sich ja nicht um eine Mannheimerin handeln.«

Melanie und Jörg erhoben sich. Die Kollegen würden ihre Aufgaben auch ohne ihre Anwesenheit zugeteilt bekommen.

Melanie quälte den weißen Ford, den sie von der Fahrbereitschaft geholt hatte, den Friedrichsring längs.

»Mann, willst du nicht schalten?«

»Stell doch einen Antrag, dass wir einen Automatik kriegen.«

»Hörst du denn nicht, dass der einen höheren Gang will?«

»Nein, höre ich nicht.« Melanie legte eine Vollbremsung hin, da der grüne Wagen vor ihnen plötzlich ohne zu blinken abbog. »Vollpfosten!«, schimpfte sie ihm hinterher.

Jörg wechselte das Thema. »Wonach sollen wir eigentlich genau suchen?«

»Keine Ahnung. Augen offen halten und so.«

»Am besten fangen wir in Feudenheim an, fragen beim Bäcker etc. Vielleicht war sie vorher auch was essen.«

»Dann wäre sie wenigstens satt gestorben.«

Jörg stöhnte. Melanies Humor war manchmal wirklich schräg.

Die Tour durch Feudenheim brachte nichts an Erkenntnissen. Jörg meinte nach dem fünften Laden entnervt: »Das ist ja eine staubtrockene Angelegenheit. Also, ich brauche jetzt was für meine Kehle.« Er steuerte das »Gasthaus zum Ochsen« **50** in der Hauptstraße an, Mannheims ältestes Gasthaus. Jörg peilte zielstrebig einen der Holzstühle unter einem großen Baum an. »Ich brauche jetzt einfach was, das ist so eine staubige Arbeit. Danach geht's wieder weiter.« Bei der Bedienung bestellte er sich ein alkoholfreies Weizenbier.

Melanie blieb nichts anderes übrig, als sich zu ihrem dehydrierten Kollegen zu setzen. »Einen Latte Macchiatto, bitte.«

Sie sah sich um. »Kann man da drinnen auch übernachten?«

»Klar! Die haben auch Zimmer.«

Auch hier war auf Nachfrage niemand die junge Frau aufgefallen.

Jörg nahm den letzten Schluck. »Ich glaube, wir fahren nochmals auf die Insel. Vielleicht finden wir irgendetwas, was bisher übersehen wurde.«

»Die Spusi ist so penibel, ich kann es mir nicht vorstellen, dass die etwas übersehen.«

»Lass uns trotzdem dorthin.«

Sie fuhren den Wagen in die Nähe der Insel und machten sich auf den Weg.

Wenige Meter vom Fundort der Toten entfernt, von dem mittlerweile die Absperrung entfernt worden war, klingelte Melanies Mobiltelefon. Es war der Klingelton, den sie für ihren Sohn Felix ausgewählt hatte.

»Hi, Mellie. Ich bleib heute bei Oma und Opa in Rehheim. Du weißt doch, die Weinprobe heute Abend. Ich helfe beim Bedienen.« Und als Melanie schwieg »Du wolltest doch auch kommen, Mellie?«

Melanie sog die Luft ein und streckte ihren Rücken durch. »Wollte ich ja, Felix, ich weiß schon. Aber wir haben eine Leiche.« Sie seufzte. Sie half ja wirklich gerne bei ihren Eltern und ihrer Schwester auf dem Winzerhof aus, aber ihr Brotjob ging nun mal vor.

»Mann! Dann muss Lisa versuchen, noch einen Studenten zu kriegen.«

Melanie wusste, was das bedeutete. Ihrer Schwester Lisa wäre es wesentlich lieber gewesen, wenn sie »für umme« gekommen wäre, als für eine Aushilfe zu bezahlen. Der Ausfall des Eisweins in der letzten Saison, in den sie soviel Hoffnung gesetzt hatte, war ein finanzielles Desaster und sie war deshalb klamm.

Fahrig klappte Melanie ihr Handy zusammen und wollte es wegstecken, doch es entglitt ihr und fiel auf den Boden. »Dieses verkommene Schwein!«

»Was?« Jörg verstand nicht. Außer ihnen war doch keiner hier.

»Du weißt schon, dieser Kurt Laubenholz. Der Lisas Eiswein versaut hat.«

Jörg nickte. Auch er hatte die Bekanntschaft dieses Herrn gemacht, worauf er gerne verzichtet hätte.

»Ich sollte heute eigentlich bei meiner Schwester helfen, sie hat einen ganz großen Event rein bekommen. Eine Softwarefirma aus der Gegend lädt die Abteilungsleiterriege zur Weinprobe.«

»Du kannst dich nicht teilen, Mellie. Das muss Lisa doch auch einsehen.«

»Schon gut. Ich würde ihr halt schon gerne helfen. Aber es geht heute einfach nicht.«

Melanie bückte sich, um nach ihren Telefon zu greifen. Es war zwischen langen Grashalmen verschwunden. Sie kniete nieder und bog mit beiden Händen das Gras auseinander. Als sie ihr Telefon nahm, glitzerte etwas Winziges darunter. »Gib mir eine Tüte!«, forderte sie Jörg auf.

Der kramte in seiner Jacke mit den unermesslichen Innentaschen und zauberte eine durchsichtige Tüte daraus hervor.

Melanie stülpte sie um und nahm damit die kleine Schraube auf. Sie hielt sie gegen das Sonnenlicht. »Da schau mal einer an.«

»Naja, schon ein wenig klein für einen Fingerabdruck.«

»Blödmann. Vielleicht irgendwas anderes. Ein Hautschüppchen vielleicht.«

»Wovon die wohl ist?«

»Keine Ahnung. Das kann alles Mögliche sein. Von einem Handy, einer Armbanduhr. Sieht man ihr ja nicht an, was sie mal zusammen gehalten hat. Vielleicht hat Clarissa eine Idee.«

Eine forsche alte Dame kam mit ihrem Cockerspaniel daher und beäugte sie neugierig. »Wonach suchen Sie denn?«

»Härter und Kenner, Kriminalpolizei Mannheim.« Melanie ging auf sie zu.

»Sie sind wegen dem Mord da, stimmts? Aber wissen Sie, ich gehe trotzdem hier Gassi, jeden Tag.« Energisch reckte sie ihr hageres Kinn vor. »Ich habe einen Krieg überlebt, ich weiß, wovon ich spreche. Ich war damals mit meiner Mutter einige Tage lang im Hochbunker **51** in Feudenheim, während draußen die Luftschutzsirenen heulten, so leicht lasse ich mich nicht einschüchtern.«

»Ist Ihnen gestern etwas aufgefallen? War irgendetwas Ungewöhnliches?«

Die Frau wog ihre silbergrauen akkurat frisierten Löckchen hin und her. »Ich weiß nicht, ich will ja niemand was nachsagen.«

»Was haben sie denn gesehen?« Melanies ganze Aufmerksamkeit richtete sich auf sie.

»Da war schon etwas, das ungewöhnlich war. Ich denke mir ja nichts dabei, wenn hier jemand auf der Maulbeerinsel Fotos macht, ist ja auch schön hier, nicht wahr? Wissen Sie eigentlich, wie die Insel hier entstanden ist?«

»Frau …«

»Angermann, Ilse Angermann. Also, mit der Insel …«

»Frau Angermann, was haben Sie gestern hier beobachtet?«

»Einen Mann, der sehr eigenartig war.« Frau Angermanns Cockerspaniel spannte die Muskeln an und erweckte den Eindruck, als würde er lossprinten wollen. »Aus, Cassandra, aus! Sitz!« Und wieder zu Melanie gewandt: »Der grüßte nicht, und hier grüßt man sich, wenn man sich auf dem Weg begegnet, das gehört sich so. Das mag altmodisch sein, aber das ist mir egal. Ich lege Wert darauf, dass man sich hier auf dem Spazierweg grüßt, wenn man aneinander vorbeigeht. Das ist doch wirklich das Mindeste, was man erwarten kann, auch wenn sich die Zeiten geändert haben!«

»Der Mann hat also nicht gegrüßt.«

»Das war es nicht nur, es war auch so, dass Cassandra seltsam auf den reagiert hat. Cassandra ist so ein freundliches Tier, aber dem ist sie ausgewichen. Sie ist sonst gar nicht so.«

Toll, dachte Melanie. Ein nicht grüßender Mann, dem ein Hund ausweicht. Klasse Spur.

»Aber das Komische war, dass der gar keine Pflanzen fotografiert hat. Der hat die Joggerinnen fotografiert.«

Nun wurde es doch interessant. »Wie sah der Mann aus?«

»Das kann ich Ihnen ganz genau sagen. Mein Gedächtnis funktioniert nämlich noch astrein, das sage ich Ihnen, auch wenn meine Tochter immer sagt …«

»Frau Angermann, wie groß war der Mann?«

Plötzlich rannte Jörg los. Melanie schaute verdutzt hinter ihm her.

Doch er kam bald wieder. »Mist, nicht erwischt, der war plötzlich weg. Da hat was geblinkt, wie wenn ein Sonnenstrahl auf ein Objektiv trifft und jemand ist weggerannt, als ich hinschaute. Aber bis ich an der Stelle war, wo es blinkte, war da nichts mehr. Ich glaube, da hat uns einer fotografiert.«

Melanie zog einen Block aus ihrer Tasche und nahm die

detaillierte Personenbeschreibung auf, die Frau Angermann ihr gab. Bereitwillig gab sie auch noch ihre Adresse
an. Irgendwie schien sie einige Zentimeter gewachsen
zu sein.

Als sie außer Hörweite waren, sagte Jörg: »Das war
vielleicht der Typ von gestern, den unsere famose Frau
Angermann gesehen hat. Hier schleicht jemand herum
und fotografiert Leute.«

»Vielleicht hat er gestern den Täter fotografiert?«

»Oder er ist der Täter. Vielleicht ist die Schraube, die
du gefunden hast, von seiner Kamera.«

»Wir bringen sie gleich zu Clarissa, die soll sie sofort
untersuchen.«

Sie fanden Dr. Clarissa Haber, Leiterin der kriminaltech-
nischen Abteilung, in der Cafeteria. »Kann man nicht
einmal in Ruhe einen Kaffee trinken?«

Melanie zog den Plastikbeutel heraus und legte ihn
auf den Tisch.

»Hat der Jörg …«

»… eine Schraube verloren? Megawitzig.« Jörg gab
sich beleidigt.

Melanie lehnte sich zurück. »Das ist alles, neben den
Spuren auf der Leiche, was wir gefunden haben.«

»Fingerabdruck passt da keiner drauf.« Clarissa
beäugte das Fundstück.

»Aber vielleicht hat derjenige, der sie verloren hat,
das Teil angefasst, wo sie drin war und es hängt irgendwas dran, woraus du die DNA heraus kristallisieren
kannst.«

»Danke, Herr Kenner, dass Sie mir meine Arbeit
erklären.«

»Sind wir jetzt wieder per Sie, oder was, Frau Mimose?«

Dr. Clarissa Haber schob ihren Stuhl zurück. »Ich mache mich sofort dran und gebe Bescheid, o. k.? Bis morgen müsste ich ein Ergebnis haben.«

»Wovon könnte die denn sein?«, rief Jörg ihr nach.

»Bin ich Hellseherin? Ich werte Spuren aus, den Rest, der um die Schraube drum herum war, musst du mir schon bringen. Dann sage ich dir, was es ist.« Weg war sie.

*

Lena Lange lief gestresst um den Rheinauer See **52**, als ihr Mobiltelefon klingelte. Die Stimme ihrer neuen Mandantin klang schrill.

»Er war an der Tür! Er hat mich bedroht! Sie müssen mir helfen! Ich soll meine Aussage zurück ziehen. Aber ich will das nicht. Der soll dahin, wo er hin gehört, ins Gefängnis. Der soll büßen für seine Tat. Das geht doch nicht! Ich soll an seine Frau und an seine Kinder denken, sagt er. Das ist doch unerhört! Wer denkt an mich?«

Lena unternahm einen Versuch, den Redefluss der Frau zu unterbrechen. Doch die redete einfach weiter, drehte sich in einer Gesprächsschleife, in der sie unentwegt immer wieder dasselbe erzählte. »Frau Just!«, das war energischer, als sie vorgehabt hatte.

Ein verwirrtes »Ja?«, war die Antwort.

»Fühlen Sie sich bedroht?«

»Ja.«

»Sind Sie in Ihrer Wohnung?«

»Ja.«

»Dann bleiben Sie dort und öffnen Sie niemanden.

Ich versuche, den Staatsanwalt zu erreichen. Vielleicht ist es möglich, dass ein Streifenwagen heute Nacht des Öfteren bei Ihnen vorbei fährt. Ich kann Ihnen nichts versprechen, aber ich versuche es. Und öffnen Sie niemanden die Tür, ja?«

Lena beendete das Gespräch und suchte in Ihren Kontakten nach der Telefonnummer des zuständigen Staatsanwalts Thorsten Demsch. Leider sprang da nur die Mailbox an. Sie bat um seinen Rückruf.

Mittlerweile war es dämmrig geworden, aber Lena registrierte dies nicht, ebenso wenig wie das Klicken eines Fotoapparates.

Er hatte sie schon eine Weile beobachtet. Die lief da in ihren kreischrosa Jogging-Klamotten und quakte in ihr Telefon. Konnte Barbie nicht zuhause telefonieren? Das war eine akustische Umweltverschmutzung der besonderen Art. Er war in sicherer Entfernung geblieben, hinter dicken Baumstämmen verborgen. Leichtsinnig von ihr, bei Dämmerung ganz alleine am See. Ihm sollte es Recht sein. Selbst schuld! Ein paar Regeln konnten Frauen schließlich beachten, nicht wahr? Etwa die, wenn es bereits anfängt, dunkel zu werden, nicht alleine unterwegs zu sein. Mit einigem Abstand lief er hinter ihr her. Als sie sich eingelaufen hatte, erreichte die ein ganz schönes Tempo. Das gefiel ihm. Auch er lief gerne. Das steigerte seinen Jagdtrieb. In seinen Lenden kribbelte es. Als er festgelegt hatte, dass es nun so weit sei, holte er auf und war bald hinter ihr.

Lena war in ihre Gedanken vertieft. Sie nahm sich vor, gleich nochmals zu versuchen, den Staatsanwalt Thorsten Demsch zu erreichen. Vielleicht rief er ja auch zurück, sie hatte auf seine Mailbox gesprochen und es ziemlich dringend gemacht. Hoffentlich hörte er seine Mailbox bald ab. Als sie die Laufschritte hinter sich endlich wahrnahm, dachte sie, warum läuft dieser Trottel hinter mir her und überholt mich nicht?

*

Angeline schmiss das Telefon auf den Schreibtisch. Lena war seit gestern Abend nicht erreichbar, ihre wichtigste Ratgeberin in Sachen Verträgen. Sie wollte den Vertrag mit Dr. Meier-Mann, der ihr soeben per Mailanhang zugegangen war, absolut wasserdicht machen. Da war das Fachwissen einer Anwältin nicht unnütz, denn so einer wie Meier-Mann war mit allen Wassern gewaschen. Sie hatte jedoch nur Gloria Vondung erreichen können, Lenas Sekretärin. Gloria war völlig aufgelöst, es gelang Angeline nicht, sie zu beruhigen. Gloria hatte bereits sämtliche Krankenhäuser abtelefoniert und überlegte nun, eine Vermisstenanzeige bei der Polizei aufzugeben. Gloria war völlig aufgelöst gewesen und als sie zu heulen anfing, beendete Angeline das Gespräch. Es war wohl das Beste, sie sah selbst nach ihr.

Angeline ging jetzt auf direktem Weg zu Gloria, es war wichtig, dass sie Lena möglichst bald wegen der Vertragsdetails sprechen konnte. Die mollige Gloria war ziemlich besorgt um ihre Chefin. »Die Lena sagt mir immer, wenn sie nicht kommt. Und ich kann sie immer erreichen. Weißt du«, sie zog die Nase hörbar hoch und kramte in der Schreibtischschublade nach einem weiteren Taschentuch, »wir können jeden Auftrag gebrauchen. Wirklich jeden. Und deshalb muss ich die Lena immer erreichen können, wenn hier ein Klient auf der Matte steht. In ihrer Wohnung ist sie jedenfalls nicht. Ich habe einen Schlüssel für ihre Wohnung, weil ich immer ihre Blumen gieß', wenn sie weg ist.« Aus ihren großen blauen Augen perlten zwei Tränen, die mit einem satten ›Plopp‹ auf ihrem Busen landeten.

Angeline starrte sie an. »Wir gehen am besten sofort zur Polizei und melden Lena als vermisst. Irgendetwas stimmt da nicht.«

Gloria nickte unglücklich. Wieder kamen die Tränen und rannen über ihre Wangen, tropften auf ihre weiße, perfekt gebügelte Anwaltsgehilfinnenbluse in Übergröße. »Das macht die nicht, dass die einfach wegfährt, ohne mir was zu sagen! Da ist was passiert, ich bin mir ganz sicher.«

Gloria Vondung betrat zögerlich das Innenstadtrevier der Mannheimer Polizei. Langsam setzte sie einen Fuß vor den anderen, so, als ob diese zerbrächen, wenn sie sie zu fest aufsetzte. Angeline begleitete sie. Der diensthabende Polizeibeamte mit dem Namensschild »Eduard Binder« fragte nach einem kurzen Blick: »Wollen Sie sich setzen?«

Gloria wankte. Wieselflink war der Mann bei ihr, schob ihr einen Stuhl unter und drückte sie drauf. »Bleiben Sie sitzen, ich bringe Ihnen ein Glas Wasser.«

Eduard Binder verschwand, um kurz darauf wieder mit dem Wasser zu kommen. Gloria nippte kurz daran.

»Was führt Sie zu uns?«, fragte Binder.

»Meine Chefin ist vermisst. Sie *müssen* eine Anzeige aufnehmen. Ich mache mir solche furchtbaren Sorgen.

Sie sagt mir immer, wo sie ist, verstehen Sie, immer.« Ein tiefes Schluchzen entwand sich ihrem Körper.

Binder sah sie aufmerksam an. »Wer ist denn ihre Chefin?«

»Lena Andernach. Sie ist Juristin, eine sehr gute, wissen Sie. Ja, und sie ist 32 Jahre alt. Sie ist mittelgroß, hat braune schulterlange Haare ...«

Binder dachte an die Meldung über die Tote vom letzten Abend und unterbrach sie.

»Geht Frau Andernach joggen?«

»Joggen? Ja, zwei Mal die Woche, manchmal auch drei Mal. Aber warum fragen Sie das?«

»Bleiben Sie hier sitzen. Ich hole eine Kollegin von der Kripo.«

Eduard Binder holte Melanie Härter direkt aus der Soko-Sitzung heraus.

Melanies Chef, Klöppner, war ziemlich außer sich. Zwei Morde an Frauen in Mannheim, und das auch noch innerhalb kürzester Zeit. Das zweite Opfer hatte gestern Abend noch versucht, Staatsanwalt Thorsten Demsch telefonisch zu erreichen. Aber auf der Mailbox hatte sie leider nicht hinterlassen, worum es ging, nur um Rückruf gebeten. Der Staatsanwalt machte Druck, wollte schnelle Ergebnisse.

Melanie war sehr überrascht, Angeline schon wieder zu treffen.

Angeline stellte ihr Gloria vor. »Wir sind hier, wegen unserer Freundin.«

»Chefin«, ergänzte Gloria. »Sie ist verschwunden, wir wollen sie als vermisst melden.«

Melanie hörte sich aufmerksam die Beschreibung Glorias an, die diese von Lena gab. »Ich habe eine schlechte

Nachricht für Sie. Ihre Beschreibung passt exakt auf eine Frau, die gestern Abend gefunden wurde.«

»Gefunden …?« echote Gloria.

Melanie nickte Angeline zu. »Es gibt ein zweites Mordopfer. Und jetzt erzählen Sie mir ganz genau, in welcher Verbindung Sie zu Lena Andernach stehen.«

Angeline schaffte es irgendwie, Gloria nach Hause zu bringen. Sie war selbst wie betäubt. Zwei tote Frauen innerhalb von zwei Tagen, und zu beiden Fällen hatte sie Berührungspunkte. Sie verfrachtete Gloria auf die Couch und suchte dann deren Kühlschrank nach etwas Trinkbaren ab. Ein Schnaps würde ihr jetzt gut tun. Oder doch lieber ein Kaffee? Sie wusste selbst nicht, was besser wäre. Obwohl, falls sie doch noch den Arzt holen müsste, damit der sich um Gloria kümmerte, wäre es besser, keine Alkoholfahne zu haben. Also setzte sie mit einem Knopfdruck Glorias Kaffeeautomaten in Betrieb. Mit zwei gefüllten Tassen ging sie ins Wohnzimmer.

Gloria fragte matt »Wer macht so etwas? Lena hat doch niemand etwas getan. Sie war immer für alle da, immer.«

Angeline wunderte sich, aus welchem Reservoir immer noch die Tränen kamen, die Gloria verströmte. Eigentlich hätte ihr Körper über keine Flüssigkeitsreserven mehr verfügen dürfen. Sie setzte sich neben Gloria.

Gloria fasste nach ihrer Hand.

Aus Angelines Handtasche erklang eine Melodie.

»Hallo, spreche ich mit Frau Knusper? Herr Dr. Meier-Mann bestellt Sie für morgen 11 h in sein Büro. Wissen Sie, wo das ist?« Die Frauenstimme machte eine Pause.

»Ja.«

Hoppla, das ging ja sehr flott weiter.

Als sie Gloria verließ und nach Hause fuhr, leuchtete die SAP-Arena 53 in rot und blau. Das waren die Farben der Adler Mannheim, und wenn die spielten, wurde die Arena in deren Vereinsfarben angestrahlt.

Dieses Mal trafen sie sich in seinem Büro. Angeline war gesagt worden, sie dürfe auf dem reservierten Platz für Gäste parken, der vor dem Haus freigehalten wurde. Im Gegensatz zu dem denkmalgeschützten Haus am Heidelberger Schlossberg, von dem aus sein Vermögen verwaltet wurde, war dieses hier eine moderne Konstruktion aus Stahl und viel Glas.

In der großen Eingangshalle empfingen den Besucher kühle Designer-Möbel, bei denen die Farbe schwarz überwog. Großformatige bunte Bilder bekannter Maler hingen an Atelier-Leisten. Angeline war kurz versucht, durch die Zähne zu pfeifen, hielt sich aber zurück. Hinter einer Theke hing ein Lächeln im Raum. Eine bis zur Aufdringlichkeit smarte Frau unbestimmbaren Alters erkundigte sich nach ihren Wünschen.

»Herr Dr. Meier-Mann erwartet mich.« Angeline musterte sie interessiert. Sie versuchte zu ergründen, weshalb das Alter dieses weiblichen Wesens so schwer zu schätzen war.

»Sie sind Frau Knusper, nicht wahr?« Die Dame reichte ihr ein lasches Eis-Händchen. Die Haut über ihren Wangenknochen spannte.

Nun realisierte Angeline, weshalb die Dame so eigenartig wirkte, beinahe künstlich. Da war wohl ein teurer Chirurg am Werk gewesen, mit dessen Hilfe die Frau wacker gegen die sichtbaren Zeichen des Älterwerdens ankämpfte. Den Falten auf ihrer Hand hatte sich der ästhetische Chirurg wohl noch nicht gewidmet. Angeline beugte sich vor. Die Empfangsdame schien in ihr knappes Oberteil hineingeschossen worden zu sein. Ein tiefes Dekolleté zeigte eine üppige Welt an Busen. Ein Schild wies sie als ›Frau Lieblich‹ aus, das war beinahe zuviel für Angeline. Sie war kurz davor, in ein haltloses Wiehern auszubrechen. Doch das Eis im Blick von Frau Lieblich ließ sie innehalten, der zwanghafte Anfall zu Lachen verpuffte flugs und war bereits verflogen, bevor Angeline den Mund öffnete. »Herr Meier-Mann erwartet mich.« Sie legte einen möglichst rauchigen Klang in ihre Stimme. Sollte doch Frau Lieblich denken, was immer sie wollte.

Frau Lieblich senkte ihre Lider kaum merklich. Vermutlich war die Haut ums Auge herum so gestrafft, dass sie sie selbst zum Schlafen nicht mehr schließen konnte. »Herr Meier-Mann wird sich eine Kleinigkeit verspäten, es tut ihm leid, er lässt sich dafür entschuldigen. Ich darf Sie solange ins Besucherzimmer führen.« Sie stöckelte voraus, ihren perfekt geformten Hintern von einem zu engen Rock betont. Den gabs wohl nicht in Ihrer Größe?, hätte Angeline gerne gefragt, hielt sich aber zurück.

Na warte, mein lieber Meier-Mann, das kriegst du zurück. Das Warten ist doch nur eine Retourkutsche für den hohen Preis, den ich dir aufgenötigt habe. Angeline strich ihre Mähne zurück und folgte Frau Lieblich in einen Raum, der eher wie die Lounge in einem guten Hotel wirkte, in einem sehr guten Hotel.

Mit den Worten »Entspannen Sie sich etwas und bedienen Sie sich gerne bei den Getränken«, entschwebte Frau Lieblich.

Angeline war alleine in dem Raum. Sie ging mit eiligen

Schritten auf und ab. Was maßte sich dieser Typ an, sie hier warten zu lassen? Frechheit! Das machte der doch mit Absicht. Plötzlich besann sie sich. Dem war zuzutrauen, dass der Raum kameraüberwacht war und sie hier wie auf einer Bühne saß. Na, Dicker, dann kriegst du jetzt deine Show. Angeline nahm auf einem der bequemen Stühle Platz und packte ihren Laptop aus. Sie nahm einen konzentrierten Ausdruck an und begann zu schreiben.

Nach wenigen Minuten erschien Frau Lieblich und bat sie, ihr zu folgen. »Herr Dr. Meier-Mann ist nun für Sie da.« Die Erwähnung des Namens ihres Chefs schien unerhörte Glücksgefühle bei ihr auszulösen. Sie entblößte makellose Zähne. Ob die zum selben Zahnarzt ging wie ihr Chef? Angeline klappte ihren Laptop zusammen. Sie musste sich beherrschen, Frau Lieblich nicht mit überelastischen Schritten zu folgen. Die Künstlichkeit dieser Frau löste bei Angeline einen spontanen Bewegungsdrang aus. Ob aus der Blut floss, wenn man ihr eine Nadel in den Arm piekste? Oder flüssiges Silikon? Oder womöglich gar nichts, weil es eigentlich ein Androide war? Nach Outsourcing in Billiglohnländer hielten nun künstliche Menschen Einzug in die Vorzimmer und Empfangshallen? Frau Lieblich führte Angeline zu einem eleganten Aufzug, der sie in die zweite Etage brachte. Ein dicker weißer Teppich schluckte jegliches Geräusch. Wie die den bloß sauber hielten? Wahrscheinlich wuselte hier nachts ein ganzes Heer an emsigen Putzleuten herum. Die sich diskret zurückzogen, bevor die Menschen, die hier repräsentierten, wieder ihre Plätze bezogen.

Meier-Mann belegte eine ganze Suite, in seinem Büro hätte eine zehnköpfige Familie wohnen können. Frau

Lieblichs rauchblaue Augen verdunkelten sich angesichts ihres Chefs. Mit einem angedeuteten Nicken entschwand sie. Jemand hatte bereits ein Tablett mit Getränken auf den Tisch bei der kleinen Sitzgruppe abgestellt. Offenbar gab es hier ein paar dienstbare Geister, die unsichtbar blieben. Meier-Mann hob den Blick, stand umständlich hinter seinem Schreibtisch auf. Beinahe so, als könne er sich nur sehr schwer von dem trennen. Die Tischplatte war aus Glas und ohne ein Stäubchen. Angeline stellte sich vor, wie Frau Lieblich diesen Tisch zusätzlich zu den Bemühungen des nächtlichen Putztrupps mehrmals am Tag blank wischte, damit ihr Chef keinen Staub erblickte. Und nun, als er sich erhob, sah sie es: Meier-Mann trug ein Toupet. Sein volles Haar war nicht sein eigenes. Grundgütiger, ist denn hier gar nichts echt?, blitzte es durch ihren Kopf, während sie ihm forsch die Hand entgegenstreckte und seine kräftig schüttelte. Als wolle sie mit diesem Händedruck prüfen, ob Meier-Mann ein echter Mensch aus Fleisch und Blut war.

Meier-Mann lächelte selbstsicher. »Wie schön, dass Sie es einrichten konnten, zu kommen. Ich darf mich für die kleine Verspätung entschuldigen. Es hat Ihnen hoffentlich keine Unannehmlichkeit bereitet, die Wartezeit zu überbrücken.« Mit einer generösen Bewegung wies er auf die schwarze Sitzgruppe aus Leder. »Lassen Sie uns Platz nehmen.«

Angeline folgte ihm. Die Sessel hatten Übergröße und Meier-Mann wirkte in ihnen nicht so massig wie neulich auf dem grazilen Barhocker des Dormit-Hotels. »Mein Vertrag ist Ihnen zugegangen?«

Angeline nickte, ohne zu lächeln.

»Einer meiner Juristen hat ihn aufgesetzt. Haben Sie ihn zur Unterzeichnung dabei?«

Angeline zog das Papier aus ihrer Tasche. »Da ist ein Punkt, den ich ändern will. Ich soll zehn Jahre stillschweigen über mein Ghosting.«

Meier-Mann hob die Augenbrauen. Sein Haaransatz folgte der Bewegung seiner Stirn nicht. »Nach zehn Jahren können Sie überall herum erzählen, dass Sie die Autorin sind. Aber auf den zehn Jahren bestehe ich. Kein Jahr darunter.« Ein trotzig-entschlossener Ausdruck beherrschte seinen Mund.

Angeline beugte sich nach vorne. »Herr Meier-Mann, ich »erzähle« nichts herum. Ich mache ordentliche Arbeit.« Sie lehnte sich wieder zurück und ergänzte kühl: »Sie können den Passus streichen.«

Meier-Mann schaute sie verblüfft an: »Sie wollen nach der Zehn-Jahres-Frist nicht als Autorin meiner Memoiren geoutet werden?«

»Nein.«

»Darf ich nach Ihren Gründen fragen?« Er hüstelte. Es überstieg ganz offensichtlich sein Vorstellungsvermögen, dass sich jemand nicht damit schmücken wollte, für ihn gearbeitet zu haben.

Angeline lächelte genüsslich. »Nennen wir es Bescheidenheit, Herr Meier-Mann.« Sie zog ihren Laptop aus der Tasche und drückte ihren Rücken durch. »Und nun wollen wir nicht weiter Zeit verschwenden, sondern mit unserer Arbeit beginnen.« Sie stellte ihren Laptop auf ›Aufzeichnung‹ und sah ihn entspannt an. »Wollen wir ganz am Anfang beginnen?« Irritiert versuchte Meier-Mann, seinen Gesichtsausdruck zu sammeln. Unter dem künstlichen Haaransatz auf der Stirn perlte eine kleine silbrig glänzende Schweißperle heraus. Er zog das gelb-farbene seidene Einstecktuch aus seiner Anzugjacke und tupfte sie sorgfältig weg. Das Einstecktuch legte er anschließend auf den Tisch.

Angeline beobachtete ihn aufmerksam, während er sich selbst verbal in poetischer Breite darstellte. Es waren die üblichen Statements der Alpha-Männchen, die sie schon mehrmals gegen Geld zu Papier gebracht hatte. Das bestärkte sie in der Richtigkeit, sich mit dem Schreiben der Memoiren Meier-Manns auch nicht in zehn Jahren »schmücken« zu wollen. Dieses selbstbeweihräuchernde Geplapper, das sich zu einer Lobeshymne auf die eigene Person verstieg und sich dabei immer höher schraubte, war schon jetzt schwer zu ertragen. Ihre ganze, mit den Jahren erworbene Professionalität war nötig, um ein Business-Gesicht aufzusetzen und den Eindruck zu erwecken, aufmerksam zuzuhören. Kerzengerade saß sie da. Hier und da flocht sie ein paar Fragen ein, was eigentlich gar nicht nötig gewesen wäre, da der Redefluss kaum mehr zu steigern war. Nach einer Stunde sah Meier-Mann während des Sprechens auf seine Uhr, die schlicht aussah. So, wie sie ihn einschätzte, war diese Schlichtheit teuer.

»Für heute muss ich leider abbrechen, ich muss noch zu einem Termin. Mein Chauffeur fährt mich nach Frankfurt.« Er schien zu überlegen. »Wollen Sie uns begleiten? Wir könnten während der Fahrt weiter reden. Mein Gespräch in Frankfurt dauert nicht lange, ich habe nichts dagegen, wenn Sie dabei sind. Wir fahren in zwei Stunden hier ab, ich muss noch einige Kleinigkeiten vorbereiten.« Sein Tonfall zeigte allerdings, dass er erwartete, dass sie mitkäme.

Angeline gab nach. Bei dem Tagessatz war es ihr egal,

ob sie in seinem Büro seinen Suaden lauschte oder in den Tiefen seiner Auto-Rückbank.

Meier-Mann telefonierte und gab seinem Chauffeur die Anweisung, Angeline später abzuholen. Er wusste, er konnte sich auf ihn verlassen. Er arbeitete schon seit langem für ihn und es verband sie mehr, als es der Augenschein hätte vermuten lassen.

So schnell also sah er sie wieder. Es irritierte ihn, dass dieses Wiedersehen im Beisein seines Chefs statt fand. Das passte nicht in sein Schema, mit dem der er seine zwei Leben immer penibel trennte. Er brauchte diesen Job, trotz aller Verachtung, die er für Meier-Mann und überhaupt für alle erfolgreichen Menschen empfand. Aus zu vielen Jobs und zu vielen Ausbildungen und davor Schulen war er geflogen. Trotz des hohen IQs, dem man ihm bescheinigte. Er solle sie bei ihr zuhause abholen, bevor sein Chef dann zustieg, so lautete sein Auftrag.

Es war eine neue Variante, dass er eine Frau vorher persönlich kennen lernte.

Angeline war fertig, als Christoph Rau bei ihr klingelte. Sie fand ihn gut aussehend, mit seinem Dreitage-Bart, den braunen Augen und dem freundlichen Lächeln. Immerhin schien Meier-Mann also auch sympathische Menschen zu beschäftigen, das war ja ein richtiger Pluspunkt.

Christoph nahm ihr die Tasche ab und öffnete die Tür zur Rückbank. So konnte er sie besser im Spiegel beobachten, als wenn sie neben ihm säße.

»Legen Sie bitte den Gurt an?« Christoph wartete, bis Angeline angeschnallt war. Er wollte, wenn sie in eine

Verkehrskontrolle gerieten, nicht wegen solcher Details unnötig auffallen.

»Ja, klar.« Es klackte auf der Rückbank.

»Und Sie schreiben also die Biographie vom Big Boss?« Sie lächelte. »Das hat er Ihnen erzählt?«

»Na ja, das nicht gerade, aber ich saß in der Bar neben dran.«

»Verstehe, Sie haben uns belauscht.« Sie lachte.

»Es ist doch gut, immer über seine Umgebung Bescheid zu wissen.«

»Sie sind also nicht nur sein Chauffeur, sondern Sie kontrollieren ihn auch?« Sie wollte ihn ein wenig provozieren.

Die Ampel sprang auf gelb, er trat hart auf die Bremse. »Zahlt er Ihnen denn nun, was Sie wollen?«

Sie drehte ihr Gesicht zur Seite und schaute aus dem Fenster. »Wollen Sie etwa von mir auch alles wissen?«

Er schwieg und versuchte mit Hilfe des Spiegels, den Ausdruck ihrer Augen zu ergründen.

»Was machen Sie denn sonst noch so, wenn Sie nicht gerade Ihren Chef durch die Gegend fahren?«

»Ich fotografiere.«

»Ah, interessant. Und was?«

»Eigentlich alles, was mir vor die Linse kommt.«

Angeline beugte sich leicht nach vorne. »Auch schöne Frauen?«

Mann, die ging aber ran. »Wie wäre es mit Ihnen als Motiv?«

»Wenn ich meine Kleider anbehalten darf.«

»Was denken Sie denn! Big Boss würde mir was flüstern, wenn ich seine Ghost-Writerin nackt ablichten würde.«

»Er weiß also auch alles über Sie?« Das klang spöttisch.

Er hielt vorm Bürohaus, ließ das Handy einmal klingeln und Meier-Mann nahm ebenfalls auf dem Rücksitz Platz.

Frau Lieblich stellte seine schwere Aktentasche auf den Vordersitz.

»Wir können fahren.« Meier-Mann wandte sich Melanie zu. »Haben Sie sich bekannt gemacht? Christoph ist mein langjähriger Mitarbeiter. Sie können ihm absolut vertrauen, ich tue es auch, und zwar bedingungslos.«

*

Die Soko Maulbeerinsel arbeitete auf Hochtouren. Zwei Morde an jungen Frauen in zwei Tagen, das füllte die Zeitungsseiten und verunsicherte die Bürger. Die Identität des ersten Opfers war immer noch nicht geklärt. Vielleicht gab es doch eine Verbindung zwischen den beiden ermordeten Frauen?

Melanie ging deutschlandweit die Vermisstenanzeigen durch.

»Das Problem ist, dass nicht alle Erwachsenen auch als vermisst gemeldet werden.«

Jörg nickte. »Hmhm. Vielleicht haben wir ja Glück, und genau die Frau ist in der Datei drin.«

Sie saßen nebeneinander und studierten die Fotos. »Die sieht nett aus.«

Melanie nickte. »Stimmt. Aber sie sieht unserem Opfer nicht besonders ähnlich.« Sie tippte auf das ausgedruckte Foto, das sie vor sich liegen hatten.

Jörg scrollte am Bildschirm weiter. Ein paar Seiten weiter stieß er auf ein Bild, das ihn innehalten ließ. »Da, schau mal, da wird eine junge Frau vermisst, die könnte passen, sie heißt Sandra Halberstadt. Die hat zwar eine andere Haarfarbe. Aber trotzdem, die sieht ihr sehr ähnlich.« Er nahm das Foto der Toten in die Hand. Irgendjemand hatte die Mär in die Welt gesetzt, das Tote friedlich aussähen und seitdem hielt sich dieses Gerücht hartnäckig. Doch die Toten, die *er* zu Gesicht bekam, sahen nie so aus, als stünden sie an der Schwelle zum Paradies. Der Tod entstellte die meisten Menschen, auch diese junge Frau, die auf dem Foto in ihrem Computer sehr attraktiv wirkte. Jörg sah den Tod nicht als Zäsur, dem eine andere Daseinsstufe folgte, sondern als absoluten Endpunkt. »Du hast Recht, das könnte sie sein. Darmstadt steht hier, da hat sie gewohnt.«

»Wir informieren die hessischen Kollegen, die sollen die Adresse für uns checken.«

»Ich rufe gleich dort an.« Jörg verließ Melanies Büro. Ihr Telefon klingelte.

»Hi Mellie.«

Thorsten Demsch, der Staatsanwalt. Endlich mal wieder seine Stimme.

»Ich wollte mal bei dir nachfragen. Habt ihr schon eine Spur, wer die Tote auf der Maulbeerinsel war?«

»Wir haben in der Vermisstendatei ein Foto einer jungen Frau aus Darmstadt, Jörg telefoniert grade mit Hessen. Ich gebe dir Bescheid, falls diese Spur was bringt.«

»Persönlich?«

Melanie lachte. »Ist das eine Einladung?«

»Zwanzig Uhr bei mir?«

»In Ordnung. Kochst du uns was?«

Ihre Bürotür öffnete sich, Jörg kam zurück. Alles musste er auch nicht von ihr mitbekommen, deshalb sagte sie schnell »Gut, bis dann also« in den Hörer und legte auf. Ihr T-Shirt verrutschte und gab den Blick auf das kleine Tattoo auf ihrer Schulter frei.

»Haben wir heute noch ein Date?« Jörg grinste anzüglich.

»Wir?« Sie zog die Brauen hoch. »Hast du was raus bekommen mit Darmstadt?«

»Diese Sandra Halberstadt ist bei ihren Eltern in Darmstadt gemeldet. Sie macht ihren Master in Mannheim und wohnt bei einer Freundin, bei der sie aber nicht gemeldet ist. Sie hat offiziell ihren Wohnsitz bei ihren Eltern behalten. Der Kollege ist mit einem Ausdruck des Fotos aus der Datei unterwegs zu ihren Eltern. Er wird sie bitten, nach Heidelberg in die Gerichtsmedizin zu fahren, um dort die Person zu identifizieren, die sehr wahrscheinlich ihre Tochter ist.«

»Hat Klöppner endlich den Bericht aus der Gerichtsmedizin?«

»Ich habe ihn vorhin gelesen. Bei beiden Frauen Tod durch Strangulation, keine Verletzungen und auch keine Spermaspuren im vaginalen Bereich. Dafür Sperma auf der Kleidung.«

»Das heißt also ...«

»Sieht so aus, als würde da draußen ein ziemlich perverser Triebtäter herum laufen. Und ich hoffe doch sehr, du fährst heute Nacht nicht mit deinem Fahrrad durch die Gegend. Nimm die Straßenbahn und lass dich an der Haltestelle abholen.« Er sah sie eindringlich an.

»O. K., ich fahre nicht mit dem Fahrrad.«

»Da draußen ist ein Irrer unterwegs, der es auf attraktive Frauen abgesehen hat. Ich möchte wirklich nicht, dass du die nächste bist.«

Jörg hatte sie schon einmal aus einer sehr brenzligen Lage befreit. Wäre er ein wenig später gekommen, säße sie jetzt nicht hier. Sie schaute ihn an und legte ihre Hand auf seinen Arm. »Ich passe auf mich auf, versprochen.«

✳

Angeline war ein wenig aufgeregt. Sie hatten sich im Bürohaus Meier-Manns verabredet. Sie trug ein helles Kostüm und hochhakige Schuhe. Dieser Christoph hatte etwas an sich, das sie nicht einzuordnen vermochte. Er verbarg etwas, das spürte sie. Vielleicht konnte sie es heute Abend ergründen. Sie war voll kribbeliger Vorfreude, denn wann traf man sonst schon Männer, die aufregend waren? Typen wie Meier-Mann mit ihrem übersteigerten Selbstdarstellungsdrang hingegen ließen sie völlig kalt.

Sie kam eine dreiviertel Stunde zu spät. Es schien ihr besser, ihn ein wenig warten zu lassen. Auf ihr Klingeln surrte der Öffner und die Tür ließ sich aufdrücken. Sie benutzte den Aufzug, er hatte ihr gesagt, sie solle in den zweiten Stock fahren.

Er erwartete sie im feinen Büro seines Chefs, dem Zentrum von dessen Macht. Seine Kamera lag auf dem Schreibtisch. Er kam auf sie zu und streifte ihre Jacke ab. Darunter trug sie den Hauch eines exklusiven Oberteils.

»Stell dich ans Fenster«, forderte er.

Angeline ging ans Fenster und schaute hinaus. Er stand nah hinter ihr, das glaubte sie zu spüren. Was erwartete sie von diesem Abend? Sie wusste es selbst nicht so genau. Wäre das der Anfang einer neuen Beziehung? Die letzte lag eine Weile hinter ihr und hatte nicht eben erquicklich geendet. Sie sei eine Egoistin, hatte ihr Erwin an den Kopf geschleudert, die nur um sich selber kreise. Angeline sog die Luft ein und streckte den Rücken durch. Sie war bereit für etwas Neues. Sie schloss die Augen und drehte sich um.

Doch er küsste sie nicht. Irritiert öffnete sie die Lider. Er saß auf der Couch. »Komm zu mir her.«

Was war das denn für ein Spiel? Normalerweise waren die Kerle ganz verrückt danach, sie zu küssen. Das konnte sie gut, sie wusste es. Irritiert setzte sie sich in Bewegung.

»Ihr seid doch alle gleich.« Er musterte sie. »Ihr glaubt, ihr habt uns in der Hand, könnt uns beherrschen. Doch ihr beherrscht nichts, nichts und niemanden. Weiber sind nichts wert.«

Was sollte das? »Hast du sie nicht mehr alle?«

»Schau dich doch mal an. Du meinst, mit deinem Aussehen kriegst du sie alle. Und dann fressen sie dir aus der Hand.«

»Was willst du?« Angeline griff nach ihrer Jacke.

»Ich sage, wann du gehst.«

»Du bist ja total verrückt. Was meinst du eigentlich, wer du bist?« fauchte sie.

Es gefiel ihm, dass sie sich aufregte. Es gefiel ihm sogar sehr. Wenn sie jetzt auch noch ein wenig Angst zeigen würde, wäre es perfekt. Er erhob sich und kam auf sie zu. Als er ganz nahe vor ihr stand, legte er seine Hände um ihren Hals, ganz fest. Er würde ein wenig mit ihr spielen. Sämtliche Spuren würde er danach in aller Ruhe beseitigen können, Meier-Mann war morgen nicht da und hatte ihm frei gegeben. »Du wirst die Nächste sein.« Er schaute ihr in die Augen und genoss ihre Verwirrung.

Dann, nach einem Augenblick, sah er, dass sie verstand, was er ihr damit sagen wollte.

Plötzlich wusste sie, was er getan hatte. Sie las es in seinem Gesicht, spürte es an seinen Händen, die eng um ihren Hals lagen und deren Griff nun noch fester wurde. Wie dumm von ihr, nicht auf ihre Intuition zu vertrauen. Etwas an dem Typ war ihr doch von Anfang an seltsam und interessant vorgekommen. Nun wusste sie, was es war. Er war nicht ganz richtig im Kopf. Er war es, der die Frau auf der Maulbeerinsel und ihre Freundin getötet hatte. Ein Verrückter, der aus irgendeinem Grund Frauen hasste. Attraktive Frauen wie sie selbst eine war. Sie versuchte, locker zu wirken. Jetzt bloß keine Angst zeigen! In ihren Jugendjahren war sie eine erfolgreiche Kampfsportlerin gewesen. Dort brachten sie einem richtig gute Kniffe bei, die man zur Selbstverteidigung brauchte. Eine Taktik hatte ihr es besonders angetan, sie war bislang noch nie dazu gekommen, sie auszuprobieren, obwohl sie das immer bedauert hatte. Doch in Gedanken hatte sie den Ablauf immer und immer wieder durchgespielt, so oft, dass sie immer noch ganz genau wusste, was zu tun war. Manche Dinge verlernte man nicht, das war wie mit dem Autofahren. Das verlernte man auch nicht, auch wenn man zwischendurch darauf verzichtete. Sie fixierte ihn. Nun würde es so weit sein, endlich konnte sie ihre Taktik einsetzen. Es kam darauf an, dass sie alles richtig machte, den exakten Moment wählte.

Sie verpasste ihm eine feste Ohrfeige. Irritiert ließ er ihren Hals los und wich einen Schritt zurück, um gleich darauf voller Wut nach vorne zu schnellen.

Doch Angeline war ebenfalls einen Schritt zurück getreten, hatte den Kopf eingezogen und schnellte nun im richtigen Moment damit nach oben, seinen eigenen Schwung gegen ihn ausnutzend. Es gab ein lautes Knacken, als seine Nase brach. Ungläubig starrte er auf seine Brust, auf die hellrotes Blut strömte. Er sank auf die Knie und krümmte sich vor Schmerz.

Angeline schnappte sich blitzschnell ihre Tasche und rannte in den Flur. Jetzt war absolute Eile angesagt. Im Treppenhaus hörte sie ihn schreien. Verdammt, die Haustür ging nicht auf. Wie war das, als sie neulich von Frau Lieblich hier empfangen wurde? Die hatte kurz, bevor sie hinausging, irgendwas an ihrer Empfangstheke gemacht. Angeline wirbelte herum. Sie hörte Schritte auf der Treppe. Christoph war offenbar hart im Nehmen, hatte sich wieder aufgerappelt und war jetzt hinter ihr her. Angeline lief an das Pult von Frau Lieblich. Am rechten Rand war ein Schalter, auf den schlug sie jetzt heftig mit der Faust drauf. Die Schritte von der Treppe klangen näher, begleitet von einem Stöhnen. Angeline sprintete in Richtung des Ausgangs.

»Ich kriege dich!« hörte sie ihn schreien. Er war bereits am Ende der Treppe angelangt. Von seinem eigenen Blut besudelt starrte er sie voller Hass an.

Angeline packte den Türgriff mit beiden Händen und stieß dagegen. Offensichtlich war es der richtige Schalter gewesen, den sie betätigt hatte, denn die Tür gab nach. Angeline gelangte nach draußen und drückte, da Christoph nun die Tür von innen erreicht hatte, heftig dagegen, bis sie einschnappte.

Christoph zog von innen am Griff. Doch die war wieder verriegelt und er musste erneut den Schalter betätigen. Dazu würde er nach hinten zur Theke rennen und einmal drum herum gehen müssen.

Angeline nahm den Autoschlüssel aus ihrer Tasche und raste an ihr Auto, das direkt neben der Tür auf dem Besucherplatz stand. Die Zeit war knapp, jede Sekunde zählte. Mit zitternden Händen steckte sie den Schlüssel ins Zündschloss und startete den Motor. Sie legte den Rückwärtsgang ein und setzte den Wagen zurück. Dann gab sie Gas, schnellte nach vorne und stellte ihn direkt vor der Eingangstür ab, so, dass die Tür sich nicht mehr nach außen aufdrücken ließ.

Christophs Augen waren voller Hass, als sich ihre Blicke trafen. Sein blutverschmiertes Gesicht mit der demolierten Nase war vollends zur wutverzerrten Grimasse geworden. Er hämmerte mit beiden Fäusten gegen die verglaste Tür.

Angeline musste regelrecht in ihr Handy schreien, doch Melanie Härter, deren Visitenkarte sie immer noch einstecken hatte, verstand sie trotzdem.

Melanie verständigte die Zentrale und ein Streifenwagen, der zufällig in der Nähe des Bürohauses war, fuhr rasch zu Angeline und sie konnte das Auto verlassen. Erst jetzt bemerkte sie, dass ihre Knie zitterten. Sie setzte sich, bleich im Gesicht, auf die Bank vor dem Haus.

Einer der beiden uniformierten Polizisten fuhr Angelines Wagen von der Eingangstür weg. Da der blutverschmierte Mann im Haus keinerlei Anstalten machte, die Tür zu öffnen, ging der andere an den Kofferraum des Streifenwagens, holte etwas heraus und öffnete damit die Tür.

»Ich brauche einen Arzt«, stöhnte Christoph, der nun doch heraus kam. »Die Kuh hat mich angegriffen! Einfach so! Eine durchgeknallte Fotze! Sie hat mir die Nase gebrochen.« Jammernd fuhr er sich mit der Hand ins Gesicht und fuchtelte mit seinem Arm in Richtung Angeline.

Nun war auch Melanie Härter angekommen. Entgegen ihrem Versprechen Jörg gegenüber war sie doch mit dem Fahrrad unterwegs.

Sie nahm neben Angeline Platz. »Ich vermute, Ihre Version der Geschichte weicht von seiner ab?«

»Das ist der Mann, der die beiden Frauen getötet hat.«

»Hat er Ihnen das gesagt?«

»Ich weiß es, das sagt mir meine Intuition. Außerdem hat er versucht, mich zu töten. Damit haben Sie ihn erst Mal. Und die zwei Morde, die können sie jetzt aufklären. Ich bin mir sicher, dass er es war.«

»Warum sind Sie alleine zu ihm gegangen?«

Angeline dachte nach. »Einem Mörder sieht man den Umstand, dass er ein Mörder ist, nicht an, nicht wahr? Er wollte eine Foto-Session mit mir machen und ich fand nichts Komisches dabei. Erst in der Situation vorhin habe ich gemerkt, was wirklich mit ihm los ist. Der Typ ist nicht ganz dicht, voll krank.«

»Brauchen Sie einen Arzt? Ich lasse einen rufen.«

»Nein, schon gut. Ich werde damit fertig. Aber der Typ hat eine meiner besten Freundinnen ermordet. Weisen Sie ihm das nach und sorgen Sie dafür, dass er seine Strafe bekommt.«

Melanie nickte. Genau das würde sie tun. »Ich muss Sie aber trotzdem bitten, sich zur Spurensicherung in die Rechtsmedizin zu begeben. Damit wir auch handfeste Beweise für den Mordversuch an Ihnen haben. Überall dort, wo er Sie angefasst hat, hat er Hautpartikel hinterlassen, die gilt es zu sichern. Sonst steht vor Gericht bloß Aussage gegen Aussage.«

»Einverstanden.« Klar, würde sie helfen, das Schwein hinter Gitter zu bringen.

47 Der jüdische Friedhof in der Feudenheimer Scheffelstraße ist ein Kulturdenkmal.

48 Der Wasserturm aus dem Jahr 1905 prägt das Erscheinungsbild Feudenheims.

49 Seit Jahrzehnten ist die Maulbeerinsel schon ein Naturschutzgebiet und beliebtes Naherholungsgebiet. Sie liegt eingebettet zwischen dem Altneckar und dem Neckarkanal. Hinter der Spitze der Insel vereinen sich die beiden Flussarme wieder, die sich kurz hinter Ladenburg trennen und die Gemeinde Ilvesheim, die sie im weiteren Verlauf umschließen, zur Insel machen.

Die Bäume, denen die Insel ihren Namen verdankt, waren gepflanzt worden, um Seidenspinnerraupen zu nähren. Großherzogin Stephanie, die nach Baden verheiratete Adoptivtochter Napoleons, hatte damals die Schirmherrschaft übernommen. Ziemlich jung, weit davon entfernt, erwachsen zu sein, musste sie aus dynastischen Gründen Paris verlassen und einen Mann heiraten, dessen Sprache sie nicht teilte und dessen Familie sie ablehnte. Doch Stephanie nahm ihr Schicksal an und erwarb sich als badische Fürstin mit französischen Wurzeln nachhaltig breites Ansehen bei der Bevölkerung.

50 Schmuckes Gasthaus in Feudenheims Hauptstraße 70, 1632 erbaut. Mannheims ältestes Gasthaus, das immer noch in Betrieb ist. Sehr schöner Biergarten!

51 Mannheim hatte während des zweiten Weltkrieges viele Angriffe hinzunehmen. Im Feudenheimer Hochbunker war Platz für 7000 Menschen. Er wurde später in eine Wohnanlage integriert.

52 Beliebter Badesee in Rheinau-Süd.

53 Die SAP-Arena ist die Spielstätte des erfolgreichen Eishockey-Clubs Adler Mannheim. Die große Halle wird hauptsächlich für ihre Spiele genutzt. Aber es finden auch Konzerte bekannter Stars und andere Veranstaltungen wie Boxkämpfe statt. Programm auf www.saparena.de

SPEED DATING

Es war beinahe Mittag, als Gislinde Bauer endlich aus der Badewanne stieg, ihr Haar trocknete, die Nägel lackierte, sich ankleidete und von Mannheims grünem Stadtteil Lindenhof zum Frühstück nach Neckarau fuhr. Sie trug ein rotes Leinenkleid in Größe 42 und dunkle Riemchenschuhe. Eine große schicke Tasche vervollständigte ihr Outfit. Ihre Augen waren sorgfältig geschminkt und das braune Haar hoch gesteckt. Die Anzeige am Thermometer war auf fast dreißig Grad geklettert. Gislinde lenkte ihr rotes Cabriolet über die Friedrichstraße an der Alten Seilerei **54** vorbei und fand dann anschließend rasch einen Parkplatz. Sie stöckelte in Richtung eines Cafés am Marktplatz, auf dem heute der Markttag **55** abgehalten wurde. Beim Betrachten der Auslage entdeckte sie jemanden, der ihr zuwinkte. Es war einer ihrer besten Kunden. Hermann Walther beschleunigte seinen Schritt, ergriff ihren Arm, Küsschen links, Küsschen rechts. Er tätschelte ihre Hüfte und hielt ihre Hand fest.

»Gislinde! Schön wie immer!« Er strahlte zu ihr hoch, denn er war fast einen Kopf kleiner als sie.

»Hermann, wie geht's?« Gislinde machte rasch ihre Hand frei.

»Alles klar, Gislinde, alles klar. Aber leider bin ich auf dem Weg zu einem wichtigen Termin.«

Er betonte das Wort wichtig, strich seine Krawatte glatt und blickte ihr dabei in die Augen. Er hatte sie schon so oft um ein Date gebeten, aber nie hatte sie ihn erhört. Zu blöde, dass er jetzt keine Zeit hatte, wo er sie grade zufällig traf.

»Tschau, Bella!« Gislinde winkte ihm nach. Bislang hatte sie sich nicht mit Kunden verabredet. Es schien ihr besser zu sein, Privates und Berufliches zu trennen. Und dieser Hermann war so gar nicht ihr Typ.

Gislinde war freie Unternehmerin. Sie selbst hatte vor zwei Jahren die nahezu grandiose Idee mit den Speed-Datings gehabt, die sie in extra für diesen Abend gemieteten Restaurants veranstaltete. Dabei gab es ein sechsgängiges Menü und nach jeder Essensfolge ertönte ein Gong. Der männliche Part verabschiedete sich von der Frau, um am nächsten Zweiertisch Platz zu nehmen. Während der einzelnen Gänge hatten die Partner Gelegenheit, den jeweils anderen für sich zu interessieren. Am Ende des Abends füllte jeder eine Karte aus, auf der er seinen Wunschpartner eintrug. Gislinde wertete die Karten aus und übermittelte bei übereinstimmenden Angaben die Handynummern den Teilnehmern per SMS. Die Idee war ein voller Erfolg und schlug ein wie eine Bombe. Bald würde sie expandieren können.

Gislinde fand einen freien Platz. Das Café war um diese Uhrzeit noch nicht ganz voll. Erst in einer halben Stunde, wenn die meisten Angestellten der Geschäfte und Büros ihre Mittagspause machten, würde sich das schlagartig ändern. Gislinde strich ihr Haar zurück und bestellte bei der lasziv herbei geschlenderten Bedienung das »Mannem-Frühstück« mit Wurstplatte und einem großen Milchkaffee. Die Damen neben ihr tranken Sekt und kicherten.

Der Inhaber des Cafés, Eduard Michelmeier, von seinen Kumpels Edi genannt, machte seine Runde durchs Café, wechselte mit vielen Leuten ein paar Worte und verteilte Wangenküsschen. Ohne sie zu fragen setzte er sich jovial zu Gislinde und winkte die Bedienung herbei. Der schöne Edi war zwar hoch gewachsen, neigte aber in letzter Zeit zu einem kleinen Bauchansatz. »Du trinkst doch ein Glas mit mir?«

Gislinde lächelte den beiden Damen nebenan, die sie nun unverhohlen neugierig musterten, gelassen zu. Sie saß aufrecht da, die langen Beine übereinander geschlagen, die beiden obersten Knöpfe ihres roten Leinenkleides kokett geöffnet. Sie hatte eben erst an ihrem Espresso genippt. Eduard ließ zwei Gläser Prosecco bringen.

»Gislinde«, er legte seine Hand auf ihr Knie, »wir müssen mal was zusammen machen.«

Gislinde beugte ihren Kopf vor und schaute ihm in die grünen Augen. Bizarr, diese Augenfarbe. Bei Edi hätte sie schon mal schwach werden können, alleine schon wegen seiner Augen. Sie legte ihre Hand auf seine.

»Gerne«, gurrte sie.

»Gislinde, wie wäre es, wenn wir mal einen Event zusammen gestalten würden. So etwas ganz Großes. Für alle Singles dieser Stadt. Die so wie du und ich viel zu beschäftigt sind, jemanden zu finden.«

Gislindes Lächeln gefror zu Eis, was Eduard aber nicht zu bemerken schien. Er fuhr mit seiner Hand leicht an der Innenseite ihres Oberschenkels hoch, bevor er sie zurück zog.

»Wir sind bekannt in der Szene und könnten das prima organisieren. Du hast eine tolle Kundenkartei, und ich habe eine klasse Location. Wir beide passen doch super zusammen!«

Er nahm sein Glas in die Hand und prostete ihr zu.

»Denk mal drüber nach, und dann rufst du mich an, ja?« Er griff ihr mit der Hand unters Kinn.

»Was für eine großartige Idee, Eduard«, log Gislinde und strich mit ihrem Zeigefinger sacht über seinen Oberarm. Diese alte Leier mal wieder! Er hatte schön öfters versucht, sie zur Zusammenarbeit zu überreden. Was dabei heraus käme, war Gislinde klar. Edi wäre bald der Chef und sie vielleicht noch seine Assistentin, wenn er sie nicht sogar ganz hinausdrängen würde. Sie durchschaute ihn voll. Bisher hatte sie es aber immer geschafft, ihn mit Ausreden hinzuhalten und das wollte sie auch dies Mal wieder durchziehen.

Sie schlug ihre Beine anders herum übereinander und vermied es, ihm eine direkte Antwort zu geben:

»Ich melde mich.«

»Dein Frühstück geht aufs Haus, Gislinde«, Eduard nickte der Bedienung in dem knappen Rock zu.

»Danke, Schatz«, Gislinde kräuselte ihren Mund. Eigentlich hätte sie ihr Essen lieber selbst bezahlt. Aber sie durfte ihn nicht vor den Kopf stoßen, denn sie lebte von Mundpropaganda. Waren die Kunden zufrieden, gaben sie den Tipp weiter und es kamen noch mehr Leute zu ihren Veranstaltungen. Und sie konnte es ganz und gar nicht gebrauchen, das blöde Sachen über sie in Umlauf waren. Zu einem Date mit Edi hätte sie sich ja gerne verabredet, aber so ein Deal, wie er ihm vorschwebte, war für sie völlig inaktzeptabel. *Sie* würde so einen Abend organisieren, von dem die ganze Stadt lange sprach. Sie allein – ohne Eduard! Diesen Glanz wollte sie alleine auf sich strahlen lassen. Und zwar bald. Irgendwie würde sie diesen Eduard los werden müssen. Ob Hermann Walther wohl für sie …? Sollte sie vielleicht doch mal eine seiner Einladungen annehmen? Sie hieb ihre Schneidezähne in das Brötchen. Brösel spritzten auf ihr Kleid. Doch dann ließ sie den Rest des Frühstücks unberührt, plötzlich war ihr der Appetit verdorben. Sie musste sich wirklich etwas einfallen lassen.

Auf dem Weg zu ihrem Auto traf sie einen weiteren Bekannten, der ihre Laune blitzartig aufhellte. Bis vor wenigen Monaten war er öfters Kunde bei ihren Speed-Datings gewesen, aber in letzter Zeit sah sie ihn dort zu ihrem Bedauern nicht mehr. Leider war er in weiblicher Begleitung, und die sah auch noch verboten attraktiv aus. Drahtig, der Typ, dachte sie, als er auf sie zukam und Erkennen auf seinem Gesicht lesbar wurde.

»Gislinde, hallo!«

»Jörg, sieht man sich mal wieder. Du machst dich ja ziemlich rar in letzter Zeit.«

»Viel zu tun.«

»Wirklich?«

»Darf ich vorstellen: meine Kollegin Kriminalhauptkommissarin Melanie Härter und Gislinde Bauer …«

»Unternehmerin, selbstständig. Sind die Verbrechen in Neckarau so zahlreich, dass ihr zu zweit herumschwirren müsst?« Sie lächelte.

Melanie ergriff das Wort: »Wir treten grundsätzlich zu zweit auf, denn dann wird mein Kollege nicht immer so angebaggert.«

»Ach, der verträgt das, nicht wahr Jörg?« Gislinde schenkte ihm einen Augenaufschlag, der einen Tick zu lang dauerte.

»Hast du eigentlich meine Karte?« Jörg fingerte in seiner Jeansjacke nach seiner Visitenkarte und reichte sie ihr.

»Kripo Mannheim. Na, da kann mir ja nichts mehr passieren.«

»Du, wir müssen weiter. Wenn du mich brauchst, ruf an.«

Kaum waren sie weiter gegangen, kniff Melanie ihn in die Seite. »Sag mal, ich dachte, du bist in deiner neuen Beziehung treu?«

»Hab' ich etwa irgendwas gemacht, was dagegen spricht? Mann, ich habe mich mit der Frau unterhalten, verstehst du, unterhalten!«

Melanie schüttelte den Kopf. »Und die Sache mit deiner Karte?«

Jörg machte eine abweisende Handbewegung. »Übertreib doch nicht so!«

»Welche Art von Unternehmen hat die Dame denn eigentlich?«

»Na ja, wie soll ich das erklären …« Jörg suchte nach den richtigen Worten.

»Moment, du erzählst mir jetzt aber nicht …«

»Sag mal, hast du sie nicht alle? Die sieht doch nicht aus wie eine vom Fach, oder?«

»Hab ich doch auch gar nicht gesagt. Sag mir einfach, was sie macht.«

»Sie hat eine Speed-Dating-Agentur.«

Melanie prustete los. »Speed-Datings? Hammer! Und zu so was gehst du?«

»Naja, ich war da schon eine Weile nicht mehr. War aber immer ganz lustig.«

Die beiden waren vor dem Haus angekommen, in dem

sie jemand persönlich zur Vernehmung einladen wollten, das heißt, eigentlich wollten sie die Person gleich mitnehmen.

Den restlichen Nachmittag verbrachte Gislinde an ihrem Schreibtisch, der in ihrem Wohnzimmer stand. Ihr Mobiltelefon meldete den Eingang einer SMS. »Erwarte Antwort! Ruf mich heute Abend an. E.« Gislinde runzelte die Stirn. Irgendwie begann der Typ sie mächtig zu nerven. Mit Hinhalten war es dies Mal womöglich nicht getan.

Abends rief er dann auch noch an. Sie drückte den Anruf auf dem Handy einfach weg. Daraufhin kam sofort nochmals eine SMS. Brannte dem der Hintern, oder was? Waren seine finanziellen Probleme schon so groß, dass er sie derart bedrängen musste?

Sie musste etwas in die Wege leiten, um Edi los zu werden. Solche Typen kannte sie. Erst spielten sie den Geschäftspartner und dann rissen sie den ganzen Laden an sich. Nicht mir ihr! Die Speed Dating-Agentur war ihr Baby, da ließ sie niemand anderen dran.

Angestrengt dachte sie über eine Möglichkeit nach, dann stand sie auf und fischte aus ihrer Handtasche die Karte mit der Telefonnummer dieses Polizisten, den sie heute zufällig mit seiner Kollegin getroffen hatte. Vielleicht war es ein Fingerzeig gewesen, dass sie Jörg grade heute getroffen hatte? Ruf mich an, hatte der zu ihr gesagt, wenn du mich brauchst. Vielleicht konnte der dem klarmachen, dass er sie in Ruhe lassen sollte, imposant genug sah er ja aus. Sie spielte mit der Karte und überlegte, wie sie Jörg Kenner dazu bringen könnte, ihr zu helfen. Dann rief sie ihn an und verabredete sich mit ihm am Strandbad **56**.

»Warst du als Kind auch immer am Stollenwörthweier 57 ?«

Jörg sah in Jeans, grünem T-Shirt und schwarzer Lederjacke kein bisschen nach Bulle aus. Aber wer sah ohne Uniform schon danach aus? Und als Kriminalbeamter trug er sowieso keine.

»Ja, beinahe täglich«, antwortete Gislinde. »Auch hier im Strandbad waren wir oft. Gehört irgendwie dazu, wenn man in Mannheim aufwächst.«

An den vielen Jugendlichen, die in Gruppen beisammen saßen und standen, sahen die beiden, dass es immer noch Trend für die jungen Mannheimer war, sich im Strandbad am Rhein zu treffen. Gislinde zog ihre Schuhe aus und nahm sie in die Hand. »Wollen wir ein Stück laufen?«

Sie folgten stromabwärts den Strandbadweg. Die Abendsonne ließ das Licht auf den Wellen tanzen, die ein langer Schleppverband erzeugte. Auf dem vorderen Kahn befand sich eine Kabine mit Häkelgardinen und Geranien vor den Fenstern. Und ein kleines rotes Auto stand auf dem schwimmenden Heim.

Gislinde hakte sich bei Jörg unter, als sie auf Höhe der Reiss-Insel 58 angelangt waren, auf die im Sommer der Zugang verwehrt war.

»Lilli!«

Jörg drehte sich um. Diese Stimme kannte er doch?

»Lilli! Lilli!«

Wenn ihn nicht alles täuschte, rief da Felix, der Sohn seiner Kollegin Melanie Härter. Aber nach wem rief er da? Nach einer Frau? Jörg drehte sich um und entdeckte Felix ungefähr fünfzig Meter von ihm und Gislinde entfernt. Felix wirkte gehetzt, und nun sah auch er Jörg. Er rannte zu ihm.

»Die Lilli ist weg.«

»Lilli? Ist dir deine Freundin ausgebüxt?«

Felix fuhr sich mit beiden Händen übers Gesicht. »Quatsch, der Hund heißt so. Der Hund von Oma Grete, die bei uns im Haus wohnt. Ich sollte mit Lilli eine besonders lange Runde drehen, Mann, und jetzt ist sie einfach weg!«

»Wieso lässt du sie auch von der Leine?«

»Hab ich doch gar nicht! Die ist mitsamt ihrer Leine abgehauen.«

»Und nun?«, Gislinde mischte sich in die Unterhaltung ein.

Felix zuckte mit den Schultern. »Keine Ahnung.«

»Hallo! Hallo, Sie da!« Ein Mann kam auf sie zu. Auf seinem Arm trug er ein Malteser-Hündchen, in der anderen Hand hielt er eine Leine, mit der er einen weißen Terrier hinter sich her zog.

»Lilli!« Felix stürzte ihr entgegen.

»So geht das aber nicht«, ereiferte sich der Mann. »Der Hund wollte meine Sybilla verführen!«

Felix griff nach der Leine und lachte. »Mann, das ist doch selbst ein Weibchen!«

Gekränkt ging der Mann mit Sybilla auf dem Arm weiter.

Jörg klopfte Felix auf den Arm. »Na, Sportsfreund, wieder alles klar? Dann halt sie jetzt mal besser fest, deine Lilli.«

Lilli lag auf dem Boden, weiß wie ein Unschuldslamm und mit einem Blick, als ob sie kein Wässerchen trüben könnte.

»Mistköter«, schimpfte Felix. »Also, ich geh dann wieder weiter, alla, tschüß.«

An den Rheinterrassen **59** bot sich Gislinde und Jörg ein buntes Bild. Menschen aus verschiedenen Herkunftsländern saßen auf der Wiese, grillten Essen, machten Spiele und Musik. Zum Glück wurde in einem der angrenzenden Gasthäuser soeben ein kleiner Tisch frei, die beiden beeilten sich und ergatterten die beiden Plätze. Sie bestellten Weißwein, und Jörg musste an Melanies Schwester Lisa denken, die ein Weingut in Rehheim betrieb.

»Mich drückt da was«, leitete Gislinde ihr Anliegen ein.

Jörg schob seinen Stuhl ein klein wenig zurück. Das also war der Grund für das Date gewesen, die Dame hatte ein Problem und suchte jemand, der es für sie löste. Das schmeichelte seinem Ego nicht gerade. Trotzdem lauschte er interessiert Gislindes Ausführung.

»Wenn dich der Kerl erpresst, dann musst du ihn anzeigen.«

»Der macht das doch so clever, dass ich keinen einzigen Beweis gegen ihn habe. Aber er lässt mich nicht in Ruhe. Komm doch einfach mal mit und sag ihm, er soll seine Finger von mir lassen, sonst ...«

»Sonst, was?«

»Du kannst ihm doch ein bisschen seine Grenzen aufzeigen. Ich brauche deine Hilfe! Der wird sicher nicht aufgeben. Und ich als Frau ...«

Jörg fühlte sich unwohl in der Rolle, die ihm eben angetragen wurde. In seiner Freizeit jemand einschüchtern? Viel lieber wäre er als Polizist dorthin gegangen und hätte ermittelt.

»Du willst mir also nicht helfen.«

»Zeig ihn an, dann können wir der Sache nachgehen.«

Gislinde war unzufrieden mit dem Verlauf des

Gesprächs. Kurz bevor sie sich trennten, ging sie in die Offensive »Zu dir oder zu mir?«

Jörg suchte nach Worten. Er wohnte mit seiner Freundin zusammen, er konnte Gislinde nicht mitnehmen. Auch über Nacht ausbleiben schied aus. »Du, tut mir echt leid, aber ich muss morgen absolut früh raus.« Und weg war er.

Sauber, dachte Gislinde, was für ein blöder Abend.

Am nächsten Tag verließ Gislinde ihre Wohnung, um einige Besorgungen zu tätigen. Sie fuhr an dem schlanken Wasserturm in der Nähe des Neckarauer High-Tech-Parks vorbei und passierte kurz darauf die denkmalgeschützte imposante Industriehalle, die zu den ehemaligen Schildkröt-Werken 60 , welche die berühmten Puppen produzierten, gehört hatten. Auch Gislindes Mutter hatte so eine Puppe gehabt, sie saß im Wohnzimmer auf einem Regal und sie erinnerte sich, dass sie damit nicht spielen, sondern sie nur bewundern durfte.

Als Gislinde nach dem Einkauf ihr Auto aus der Parklücke manövriert hatte, bemerkte sie einen blauen SUV, der sich ebenfalls in Bewegung setzte und hinter ihr her fuhr. Sie überlegte, ob sie jemand kannte, der ein blaues Auto fuhr, ihr fiel aber niemand ein. Metallic silbern war angesagt oder schwarz. Blau, das war so eine Familienkutschen-Farbe, dazu sah das Auto auch noch irgendwie so praktisch aus. So einer, mit dem man in beinahe jede Parklücke kam. Gislinde hatte keine Bekannten mit kleinen Kindern. Jedes Mal, wenn sie anhielt, hielt das Auto auch an. Fuhr sie weiter, rollte auch das blaue Auto weiter. Nun wollte sie wirklich wissen, ob es ihr folgte oder ob sie sich das nur einbildete. Vor der Lanz-Kapelle **61** legte Gislinde plötzlich unvermittelt eine Vollbremsung ein. Sie hörte Reifen quietschen, kniff die Augen zusammen und wartete auf den Knall des Aufpralls.

Doch der blieb aus. Da blaue SUV stand knapp hinter ihr, vermutlich passte nur noch ein Frauenhaar zwischen die beiden Stoßstangen. Die Frau am Steuer verbarg ihr Gesicht hinter einer riesengroßen Sonnenbrille. Gislinde fuhr weiter und bog bei der Johanniskirche **62** ab zum Hanns-Glückstein-Platz **63**, nur um zu sehen, ob sie ihr weiterhin folgte. Dann fuhr sie zurück in ihre Wohnstraße. Da wie üblich alles vollgeparkt war, fuhr sie ans Stephanienufer **64**, parkte dort und beschloss, ihre Einkäufe später zu holen. Beim Aussteigen registrierte sie, dass die Frau weg fuhr. Gislinde hatte nicht die geringste Ahnung, wer sie sein könnte und was sie von ihr wollte. Edi hatte doch nicht etwa jemanden auf sie angesetzt, der sie beobachtete und ihr hinterher spionierte? Sie ging an der steinernen Figur der badischen Fürstin Stephanie vorbei und nickte ihr wie immer zu.

An diesem Nachmittag bekam sie zwei SMS, beide mit demselben Inhalt »Erwarte Zusage. Morgen 20 h bei mir.« Dem schien das Wasser bis zum Hals zu stehen, wenn er sie derart bedrängte. Wenn er wirklich nichts mehr zu verlieren hatte, dann würde er keine Ruhe geben, bis sie sich geschäftlich mit ihm zusammen tat. Gislinde nagte an ihrer Unterlippe. Sie wollte ganz gewiss keinen Geschäftspartner. Sie allein war die Chefin ihrer Agentur. Es musste jetzt dringend etwas passieren, der Typ begann, sie gewaltig zu nerven. Sie musste dem irgendwie klar machen, dass er sie in Ruhe lassen sollte. Und ihn auch wegen dieser Verfolgungsfahrt am Nachmittag zur Rede stellen. Jörg Kenner musste sie begleiten, ob er wollte oder nicht. Der Bulle sah imposant aus, vielleicht konnte er seine Wumme mitnehmen und Edi damit zum Stillhalten bringen. Edis Büro lag neben seinem Weinkeller. Niemand würde es hören können, wenn Jörg Edi eine kleine Abreibung gab.

Doch es war nicht so leicht, wie Gislinde sich vorgestellt hatte, Jörg Kenner dazu zu bewegen, sie zu begleiten.

»Mir wäre es echt lieber, du würdest eine Anzeige machen.«

»Was soll ich denn anzeigen? Dass der Typ nicht blöd ist, habe ich doch schon gesagt. Es gibt überhaupt keinen einzigen Beweis für eine Erpressung. Du musst mir einfach helfen. Wenn du mich begleitest und ihm sagst, er soll mich in Ruhe lassen, bringt das sicher was. Manche Männer nehmen eine Frau ohne Mann einfach nicht ernst. Tu mir doch bitte den Gefallen und gib dich als mein Freund aus, dann lässt der mich bestimmt in Ruhe. Ich hatte heute Nachmittag echt Angst, als mich dieser blaue SUV verfolgte. Bestimmt steckt er da auch dahinter.«

Widerstrebend gab Jörg schließlich nach. Er würde versuchen, den Typen zu einer Wiederholung der Erpressung in seinem Beisein zu veranlassen. Dann konnte er als Zeuge für Gislinde aussagen und sie hatten einen Ermittlungstatbestand. Und er musste sich eine Ausrede für seine Freundin zurechtlegen, wieso er heute Abend schon wieder »Überstunden« schieben würde. Einen Mordfall konnte er schlecht vortäuschen, darüber würde die Regionalzeitung berichten. Er musste sich etwas anderes einfallen lassen.

Gislinde trug abends ein extravagantes grünes Kleid, in dem ihre üppigen Formen besonders gut zur Geltung kamen. Jörg hoffte inniglich, dass ihm seine Freundin die Ausrede geglaubt und ihm nicht heimlich gefolgt sei. Aber ein dienstliches Treffen hätte sie ihm beim Anblick von Gislinde wohl kaum abgenommen.

Gislinde begrüßte ihn mit zwei Wangenküsschen und hakte sich bei ihm ein. »Du, das ist echt toll, dass du mir hilfst. Der Kerl bringt mich allmählich in die Bredouille. Ich mache es auch gut bei dir, du bekommst Freikarten von mir.«

»Toll!« Jörg hatte keine Verwendung mehr für Freikarten zu Speed-Datings, er wollte die Situation zuhause nicht überreizen.

»Da vorne ist es. Er ist um diese Uhrzeit bestimmt in seinem Büro. Wir müssen zum Hintereingang, dann die Treppe hinunter und am Weinkeller vorbei.«

»Deine Ortskenntnisse sind erstaunlich gut.«

»Ach was«, lenkte Gislinde ab, »kriminalistischer Spürsinn!«

Im Dunkel stieß Gislinde gegen eine Mülltonne. Die Kellertür stand offen, das Licht war an. Hier war es nicht ganz so aufgeräumt wie vorne im Lokal. Kisten waren übereinander gestapelt, leere Flaschen standen herum. Von dem kleinen Flur, der über die Küche auch vom Lokal her erreichbar war, ging eine Treppe nach unten. Da war Edis Büro. Eigentlich eine etwas größere Abstellkammer, in der er seinen Schreibkram erledigte. Gislinde ging, gefolgt von Jörg, die Treppe hinunter. Sie führte in das Gewölbe mit dem Weinkeller, von dem eine Tür in Edis Büro abzweigte. Auch diese Tür stand offen. Gislinde trat hinein. Ehe sie wusste, was geschah, stürzte eine Frau mit kurzen Haaren auf sie zu. »Da ist ja deine neue Schlampe!« In ihrer Hand blitzte ein langes Messer. Sie hob den Arm und ließ das Messer auf Gislinde nieder sausen. Doch die konnte sich im letzten Moment wegducken und so streifte das Messer Jörg, der hinter Gislinde den Raum betreten hatte. Es schlitzte seinen Jackenärmel auf. Jörg packte die Frau mit eisernem Griff ums Handgelenk, so dass sie das Messer fallen ließ. Sie starrte ihn kurz fassungslos an und trat ihm dann voller Wucht gegen das Schienbein. Dadurch lockerte Jörg seinen Griff, sie befreite sich mit einer Drehung des Handgelenks, schubste ihn dann zur Seite und rannte hinaus.

Edi lag zusammen gesunken über seinem Schreibtisch. Aus mehreren Wunden sprudelte Blut.

Gislinde stieß einen Schrei aus.

»Sei still«, Jörg fingerte nach seinem Mobiltelefon, um den Kriminaldauerdienst zu verständigen. Und einen Rettungswagen. Ein Blick auf Edi ließ ihn die Reihenfolge seiner Anrufe ändern. Er hoffte, dass ihm, bis die Kollegen da waren, ein plausibler Grund für seine Anwesenheit am Tatort einfiel.

Während Jörg lediglich einen Kratzer von dem Messer abbekommen hatte, war Edi nicht mehr zu helfen. Er kam nicht lebend im Krankenhaus an. Aufgrund der genauen Personenbeschreibung und der Überprüfung des persönlichen Umfeldes war rasch klar, dass Edis Ehefrau seine Mörderin war.

Ohne dass jemand in Neckarau davon wusste, hatte der schicke Edi in Michelstadt **65** Frau und Kinder sitzen. In Neckarau führte er ein flottes Singleleben. Das hatte seine Frau mehr und mehr gequält. Darum hatte sie angefangen, ihn nachzuspionieren. Als sie ihn mit Gislinde im Lokal beobachtete, hielt sie das für einen neuerlichen Flirt. Sie war es, die Gislinde verfolgt hatte, weil sie heraus finden wollte, ob Edi sich mit ihr traf. Bei der Auseinandersetzung in seinem Büro hatte sie ihm auf dem Kopf zugesagt, dass er sich gegen ihre Absprache schon wieder ein Flittchen hielt. Edi hatte nur gequält gelächelt und gesagt, wenn sie wüsste, was hier wirklich los sei! Das Wasser stünde ihm bis zum Hals und demnächst müssten sie das gemeinsame Haus verkaufen, das seine Frau aus dem Erbe ihrer Eltern mitfinanziert hatte. Als er sie dann noch spöttisch musterte und fragte, ob sie wieder etwas angezogen hätte, was die Nachbarn in den Altkleider-Sack gesteckt und für die nächste Sammlung vors Haus gelegt hatten, war sie ausgetickt und hatte mit dem Messer, das sie bei ihrem Weg durch die Küche aus einem Impuls heraus eingesteckt hatte, zugestochen.

Gislinde gelang es, Edis Café zu einem günstigen Preis aus der Konkursmasse zu erwerben. Nun musste sie keine Räume mehr für ihre Speed-Datings anmieten.

54 In der ehemaligen Seilfabrik finden neben vielfältigen Veranstaltungen auch beliebte Tanzpartys statt. www.alteseilerei-mannheim.de

55 Eine Übersicht über sämtliche Mannheimer Wochenmärkte findet sich auf der Website der Stadt Mannheim: www.mannheim.de/wochenmaerkte

56 Gut frequentierter Treffpunkt in der Nähe der Reißinsel im Stadtteil Neckarau mit Spielflächen und Grillzone. Mit Parkplatz, es ist aber auch mit dem Bus erreichbar, ideal für Spaziergänge am Rhein. Das Baden in dem mit Schiffen befahrenen Rhein ist nicht erlaubt.

57 Beliebtes Freibad in Neckarau. www.stollenwörthweiher.de

58 Vom 1. März bis zum 30. Juni ist die Reissinsel jeweils für Gäste gesperrt, um brütende Vögel zu schützen. Je nach Wetterbedingung kann die Sperrung auch länger dauern, so wie im Jahr 2013, als nach den Hochwassern Aufräumarbeiten notwendig wurden. Erst nach Ende der Brutzeit ist es wieder erlaubt, das zauberhafte Naturschutzgebiet, das die Geschwister Reiß der Stadt Mannheim vermacht haben, zu betreten.

59 Die große Wiese am Rhein im Stadtteil Lindenhof ist für jede neue Generation von Mannheimer Jugendlichen DER Treffpunkt. Aber auch Familien finden sich ein und genießen ihre Freizeit. An Wochenenden empfiehlt sich die Ankunft mit öffentlichen Verkehrsmitteln.

60 Das ehemalige Gelände der Firma, in dem die berühmten Schildkröt-Puppen produziert wurden, mutet stadtteilgroß an. Einige Teile sind noch vorhanden, wie der Wasserturm und einige denkmalgeschützte Hallen.

61 Die ehemalige Krankenhaus-Kapelle in der Meerfeldstraße kann als Veranstaltungsort gemietet werden.
www.big-lindenhof.org

62 In der imposanten Jugendstil-Kirche (Windeckstraße) finden auch Konzerte statt.

63 Der Platz erinnert an den Mannheimer Dichter Hanns Glückstein, der in Pfälzer Mundart schrieb.

64 Benannt nach Stephanie von Baden, zu deren Erinnerung eine Büste aufgestellt wurde. Nach dem Tod ihres Mannes wurde das Mannheimer Schloss für vier Jahrzehnte ihr Witwensitz. Auf ihren Wunsch wurde der Schlosspark angelegt, der bereits damals zu großen Teilen für die Öffentlichkeit zugänglich war.

65 Beliebtes Ausflugsziel im Odenwald. Reizende Fachwerkstatt, auch bekannt für seinen stimmungsvollen Weihnachtsmarkt.

PERSONENSCHUTZ

Lisas Augen wurden zu engen Schlitzen. »Du!? Warum kommst ausgerechnet du? Ich dachte, Frau Härter übernimmt meinen Personenschutz.«

Silke schob sie energisch von der Tür weg und in das Loft zurück. »Sag mal, warum öffnest du einfach, ohne zu prüfen, wer draußen steht? Das kann ja wohl nicht wahr sein!« Ihre Sommersprossen, die gleichmäßig auf ihrem runden Gesicht verteilt waren, schienen zu glühen.

Lisa ließ die Arme sinken. »Ich wusste doch, dass es jemand von der Polizei ist. Die Uhrzeit war schließlich verabredet.«

»Naiv, wie deine Detektivgeschichten, die du dir immerzu ausdenkst! Und die Kollegin Härter, die arbeitet an einem anderen Fall, da kann sie unmöglich abgezogen werden.« Silke streckte sich. »Pack das Nötigste, wir fahren sofort.« Das war ein Befehl.

»Wir fahren? Aber wohin? Ich will hier bleiben! Ich will zuhause geschützt werden!« Lisa baute ihre schmalen 155 Zentimeter energisch vor Silke auf: »Zuhause, verstehst du? In zwei Wochen ist Deadline! Bis dahin muss das neue Manuskript bei meinem Verlag sein. Sonst werde ich vertragsbrüchig. Was das heißt, muss ich dir ja wohl nicht erklären.« Sie hob die Hände mit den Innenflächen nach oben und streckte sie weit von sich, was ihr einen Ausdruck von Hilflosigkeit verlieh.

Silke schnaubte. »Deadline? Es wird was ganz anderes tot sein, wenn du hier bliebst. Du nämlich, und zwar mausetot.« Sie hieb mit der Kante ihrer Hand durch die

Luft und deutete eine Enthauptung an. »So, wie du meinen Kollegen deine Bedrohung geschildert hast, bist du nämlich in allergrößter Gefahr. Du musst hier weg und das möglichst schnell.« Sie fand Lisas theatralische Gesten schon immer übertrieben. Zu allem Überfluss waren sie nämlich schon gemeinsam zur Schule gegangen. Sie kannten sich seit einer gefühlten Ewigkeit. Viel zu lange für ihr Gefühl.

Lisa sackte in sich zusammen. »Dieser Thriller ist endlich mein ganz großer Durchbruch! Es gibt bereits ganz viele Vorbestellungen. Das wird mein großer Wurf! Sogar »Buchfrisch« hat schon angefragt und will ihn in der Sendung vorstellen. Ich muss ihn unbedingt fertig schreiben. Jetzt bin ich endlich da, wo ich seit Jahren hin will. Wofür ich all die Jahre geackert habe. Verstehst du das?«

»Geackert? Du hast geackert? Du sitzt hier in deinem Loft und lässt deine Gedanken spazieren, und das nennst du harte Arbeit? Ich fasse es nicht. Hast du überhaupt eine Ahnung davon, wie andere Leute ihr Geld verdienen?«

»Du meinst so wie du, zum Beispiel?« Lisas Augen verengten sich. »Du hältst deinen Arsch dafür hin, dass andere Leute sicher leben.«

»Ja, genau das tue ich.« Silke fasste Lisa nun an den Schultern und sah sie eindringlich an: »Und deshalb packst du nun deinen Krempel zusammen, meine Liebe. Sonst helfe ich dir, auch wenn dann nicht alles so perfekt aufeinander abgestimmt sein wird, wie wenn du es selbst auswählst. Im Moment setze ich meinen Arsch nämlich verdammt noch mal für dich ganz persönlich ein. Wir müssen hier ganz dringend weg.« Sie zerrte sie zu ihrem Schlafzimmerschrank und öffnete eine der Türen.

»Weißt du überhaupt, wie viele Opfer von ihren Stalkern ermordet werden? Das darf man echt nicht unterschätzen. Du hättest dich viel früher bei uns melden sollen! Es war wirklich grob fahrlässig, so lange zu warten, also wirklich.«

»Wo bringst du mich überhaupt hin, wenn ich schon weg muss?«

»Das ist streng geheim und dennoch verrate ich es dir.« Silkes Augen blitzten.

»Ach, so was, wolltest du mich etwa mit verbundenen Augen da hin fahren? Ist es so geheim?«

Silke wischte den Einwand mit einer Handbewegung weg. »Komm, pack jetzt endlich dein Zeug. Mein Ex hat eine Gartenlaube auf der Friesenheimer Insel 66 . Dort vermutet dich niemand.«

»Eine Gartenlaube? Am Altrhein?« Lisa kreischte. Ihr Blick wurde hektisch. »Voll mit Spinnweben und ohne Klo? Das ist doch nicht dein Ernst?« Doch ein Blick in Silkes angespanntes Gesicht überzeugte sie rasch vom Gegenteil.

»Doch, meine Liebe. Es muss etwas sein, wo dich niemand vermutet, wirklich niemand. Denn natürlich hat deine Sicherheit die oberste Priorität.«

»Muss es denn ausgerechnet die Friesenheimer Insel sein?«

»Klingt nicht sexy genug?«

»Quatsch, als ob es mir darum ginge. Und was ist eigentlich, wenn der Stalker uns folgt? Dann hätten wir doch genauso gut auch hier bleiben können, wo ich weiterarbeiten kann.«

»Niemand wird uns folgen! Das garantiere ich dir. Du hältst mich doch nicht etwa für eine Anfängerin?«

Lisa wich einen Schritt zurück »Wieso siehst du heute eigentlich so fett aus?«

»Liebes, auch du wirst gleich fett aussehen.« Silke zog ihr T-Shirt ein Stück hoch.

»Du trägst eine schusssichere Weste? Und ich …?«

»Genau, richtig kapiert. Du ziehst auch eine an. Ist in meiner Sporttasche.«

»Trägst du eine Waffe?«

»Natürlich, du Schaf.«

»Kann ich sie sehen?«

»Nein. Lass jetzt die Spielchen, Frau Detektivin, und pack endlich! Ich habe die Diskussion jetzt echt über. So glaub mir doch endlich, dass du hier weg musst.«

»Ist ja gut, lass mich noch eine rauchen. Eine einzige, ja?« Lisa zündete sich eine Zigarette an und ging zu der raumhoch verglasten Seite an der Stirnseite ihres Lofts. Ihr Blick glitt über das Wasser des Altrheins. Sie mochte den Mannheimer Hafen **67**. Die aufgestapelten Schiffs-Container mit ihren verschiedenen Farben liebte sie besonders. Sie malte sich so gerne aus, was sie enthielten und wohin sie unterwegs waren. Die würde sie nun solange nicht sehen können, bis dieser Irre gefasst war. Wenn das Buch, an dem sie gerade schrieb, wirklich der Erfolg wurde, von dem sie träumte, dann würde sie sich zur Belohnung eine monatelange Reise mit einem Frachtschiff gönnen.

Sie mochte den Jungbusch **68**, wo sie seit einigen Jahren lebte, auch wegen seines rauen herzhaften Charmes. Im ehemaligen Hafenarbeiterviertel verkroch sich in manchen Ritzen alter Schmutz. Der war nicht einfach wegzukratzen oder zu übertünchen. Es hatte sich einen leicht anrüchigen Touch bewahrt, vor allem nachts, wenn wegen der Kneipen viel los war. Es war das Nebeneinander von modernem Leben und rauem Alltag, welches zum eigenwilligen, manchmal trotzig anmutenden Charme beitrug. Künstler und Kreative fühlten sich davon angezogen. Die Popakademie Mannheim **69**, wo Lisa des Öfteren zu Konzerten der jungen Künstler ging, hatte ihren Sitz in einem modernen Bau am Wasser, unweit vom ehemaligen Vorratskasten Speicher 7. Immerhin war Mannheim schon seit Kurfürst Carl Theodors Zeiten eine Musikstadt **70**. Sogar Mozart hatte an seinem Hof gastiert und den Kindern seiner in den Adelsstand erhobenen Mätresse Klavierunterricht erteilt. Ein berühmter Musiker und Mannemer Bu von heute ist Xavier Naidoo **71**, dessen CDs Lisa immer als eine der Ersten kaufte.

Es war diese kreative Mischung, die Lisa ihre eigene Lebendigkeit spüren ließ, sie dazu anregte, sich immer wieder selbst zu hinterfragen und als Künstlerin neu zu erfinden. Die Zigarette war zu Ende geraucht.

Silke mahnte erneut zum Aufbruch und wollte nun keinen Aufschub mehr hinnehmen. »Wir müssen weg. Mach jetzt endlich, aber flott.«

Silke hatte ihren braunen Ford zwei Straßen weiter geparkt. »Ich habe alles im Blick. Du brauchst nur neben mir herzugehen. Und schau dich nicht so auffällig um, das weckt nur völlig unnötig Aufmerksamkeit.«

»Können wir nicht in einer Bar **72** noch kurz was trinken?«

»Das meinst du jetzt aber nicht ernst, oder?«

Sie fuhr mit Silke durch die Industriestraße, bog ab auf die Inselstraße und setzte an der Kammerschleuse auf die Friesenheimer Insel über.

»Ganz schön abgelegen«, murmelte Lisa.

»Genau deshalb fahren wir ja auch hierher. Die Klause von meinem Ex ist eine der ältesten hier. Genügt natürlich längst nicht mehr den heutigen Anforderungen an so eine Naherholungsparzelle. Deshalb war er auch seit Jahren nicht mehr dort. Ist ziemlich verfallen, keiner lässt sich hier blicken. Absolut ideal für unseren Honeymoon. Was Besseres gibt's gar nicht.«

Lisa schauderte. Eine aufgelassene Schrebergartenhütte? Solche Ecken dachte sie sich zwar gerne als Handlungsorte in ihren Kriminalromanen aus, aber selbst an so einem Ort zu sein? Mitten in der Nacht? Silke hatte telefonisch vorgeschlagen, dass sie mit ihrer Fahrt bis zum Einbruch der Dunkelheit warteten und war deshalb erst abends zu ihr gekommen. Dann würde wohl niemand mehr vermuten, dass sie noch mal wegfuhren. Auch dieser verrückte Fan nicht, der Lisa seit Wochen mit Briefen und Telefonaten terrorisierte. Die Briefe waren eindeutig: er liebe sie und wolle, dass sie ihm ganz gehöre. Am Telefon war immer nur ein lautes Schnaufen zu hören, das nach hoher Erregung klang. Als er nun auch noch offensichtlich vor dem Haus auftauchte, im dem sich Lisas Loft befand und vor ihrer Wohnungstür Blumen ablegte, hatte sie endlich die Polizei informiert. Die ging nach Durchsicht der Briefe und einer Sprachanalyse durch einen Experten von einem hochgradig gefährlichen Psychopathen aus und ordnete Personenschutz für sie an. Der ja nun gekommen war.

Silke lenkte den Wagen in eine Schneise. Nachdem sie das Gepäck aus dem Kofferraum entnommen hatten, legte sie eine dunkelgrüne Plane über den Wagen und zerrte die langen Äste der eng stehenden Büsche darüber.

»Komm!« sie ging voraus, ohne sich nochmals nach Lisa umzusehen. Lisa stolperte im Dunkeln hinter ihr her. »Mach nicht so einen Lärm«, fauchte Silke sie an.

»Aber warum denn, hier ist doch sowieso keiner!«

Statt einer Antwort packte Silke sie am Arm und zerrte sie weiter durch das niedrige Tor zum Garten, das mit einem Ächzen nachgab. Lisa konnte grade noch einen Aufschrei unterdrücken, als eine Spinnwebe über ihr Gesicht strich. Silke verriegelte die Tür von innen. Dann machte sie Licht.

»Aha, immerhin ist es hier hell.«

»Klar, es gibt hier so eine halb verrottete Leitung, die spuckt noch etwas Saft aus. Hat zwar manchmal kleine Aussetzer, funktioniert im Prinzip aber bestens.«

»Wie beruhigend. Gibt es auch eine Wasserleitung, die sporadisch was ausspuckt?«

»Hinter der Hütte ist ein Brunnen.«

»Und eine Toilette? Gibt es die auch?« Lisa ließ ihren Blick durch die Hütte schweifen.

Silke stieß eine niedrige Tür auf. »Voilà!«, sie wies auf eine Chemietoilette.

»Das ist jetzt nicht dein Ernst, oder?«

»Schätzchen, wenn du meinst, das sei hier ein Luxus-Ressort, das dir dein Verlag schon mal als Vorschuss spendiert, dann liegst du damit leider völlig daneben. Du wurdest bedroht, erinnerst du dich? Nach deinen Worten sogar sehr massiv. So massiv, dass du persönlichen Schutz durch eine der besten Beamtinnen der gesamten Abteilung erhältst. Kannst dir was drauf einbilden!«

»Aha. Naja, vielleicht sollte ich es als Recherche ansehen.«

Silke lächelte. »Wenn du meinst, Schätzchen. Man soll aus jeder Situation das Beste machen, nicht wahr?«

»W-Lan? Ich habe hier doch sicherlich W-Lan?« Lisa sank auf einen der Stühle, der ächzend nachgab.

Silke lachte laut. »W-Lan? Wo soll das denn hier herkommen? Ich war den ganzen gestrigen Tag unterwegs, um für dieses Heim hier alles zu besorgen, was wir für eine Woche brauchen. Einschließlich einer Chemietoilette. Dann habe ich versucht, das Ganze möglichst unauffällig hier unter zu bringen, ohne das jemand Verdacht schöpft, dass hier jemand einziehen könnte. Denkst du im Ernst, ich hätte auch noch die Zeit gehabt, ein Glasfaserkabel zu verbuddeln, damit unsere Erfolgsautorin hier im Internet surfen kann, während ich sie bewache?«

»Und Handy? Was ist mit Funknetz? Kann ich hier wenigstens telefonieren?«

Silkes Lachen wurde gemein. »Du wirst hier gar nichts. Weder im Internet surfen noch telefonieren.«

»Aber«, begann Lisa, und jetzt standen Tränen in ihren Augen. »Ich habe meiner Lektorin nicht Bescheid gegeben, wo ich in den nächsten Tagen bin. Sie wird versuchen, mich zu erreichen. Wir müssen noch den Schluss besprechen. Denn ich bin mir noch nicht sicher, ob Meinolf der Mörder ist oder vielleicht doch …«

Silke unterbrach sie unerbittlich: »Das interessiert jetzt einfach nicht, weißt du! Niemanden! Es geht nur darum, dass du nicht das Opfer wirst, und zwar im realen Leben. Am besten legst du dich jetzt hin und schläfst.«

Nachts schreckten sie beide hoch. Instinktiv schnappte sich Silke ihre Waffe, die griffbereit neben ihr lag. Lisas Augen waren weit aufgerissen. Mühsam versuchte sie, in der Dunkelheit irgendetwas zu erkennen.

Silke schwang beide Beine aus dem Bett und richtete sich auf. Das Geräusch kam vom Dach. Es klang so, als ob jemand da oben wäre. Nur die Ruhe bewahren. Sie zog ihre schusssichere Weste über und schärfte Lisa in scharfem Ton ein: »Du bleibst hier drin!«, entsicherte die Waffe und ging dann mit ihrer Taschenlampe nach draußen.

Kaum hatte sie die Tür hinter sich zugezogen, wurden die Schritte auf dem Dach hektischer. Lisas Finger krallten sich in die dünne Decke. Sie hatte sich aufgesetzt, lehnte mit dem Rücken an der Holzwand und lauschte angestrengt. Was passierte da draußen? Was wäre, wenn Lisa überwältigt würde? Sie selbst hatte keine Waffe. Sie ging zu dem alten Büfett und tastete nach der Schublade, zog sie auf und suchte nach Messern. Nur kleine Brotmesser! Kein großes respektables mit scharfer Klinge. Wie konnte Silke sie hier drin nur unbewaffnet zurück lassen? Schritte an der Tür. Gleich würde sie aufgehen. Sie drückte ihren Rücken gegen das Büfett und merkte, wie sie zu hyperventilieren begann. Kalter Schweiß rann ihren Rücken herunter. Waren das Schritte auf dem Dach? So wie es hier aussah, war die Anlage doch unbenutzt. Es war Schwachsinn, hierher zu kommen. Hätte sie ihr bloß nicht geglaubt.

Die Tür öffnete sich und der Strahl einer starken Taschenlampe streifte durch den Raum und richtete sich dann auf ihr Gesicht. Verängstigt klammerte sie sich mit beiden Händen an der Kante des Büffets hinter sich fest.

»Kann ich bitte ein Autogramm haben? Sie sind doch die bekannte Autorin, die Erfinderin von Günther Mayer, dem genialen Detektiv mit dem leicht trotteligen Einschlag.«

Lisa sog die Luft ein. Silke lachte schallend und zog die Tür hinter sich zu. »Das waren nur ein paar Marder.«

»Marder? Und die machen so einen Höllenlärm?«

»Die Viecher sind übers Dach getrampelt.« Nun bog Silke sich vor Lachen. »Du hättest dich eben sehen sollen. Wäre wirklich ein tolles Foto für dein neues Buch-Cover geworden.« Sie sicherte ihre Waffe und legte die schusssichere Weste ab. »Autorin in Angst und Schrecken, was hältst du von dem Titel?«

Von Lisa glitt die Angst herunter wie ein feuchtes Kleidungsstück, das man ablegt. »Das finde ich überhaupt nicht witzig«, meinte sie gekränkt und legte sich wieder hin, wobei sie Silke den Rücken zuwandte.

Als sie aufwachte, war es endlich hell. Sie konnte sich jetzt in der Bruchbude besser umsehen. Angeekelt erhob sie sich von der Matratze, die auch schon bessere Zeiten hinter sich gebracht hatte. Immerhin schien draußen die Sonne. Sie öffnete eine der Türen an dem Büffet. Ihre Großmutter hatte auch so eines gehabt. Wenigstens lag etwas Essbares im Fach. Das war ja immerhin ein Lichtblick. Als sich hinter ihr die Tür mit einem klagenden Knarren öffnete, drehte sich Lisa blitzartig einmal um die eigene Achse.

Silke hob abwehrend die Hände. »Ich bin's bloß, don't panic!«

»Warst du Brötchen holen?«

»Klar, wir sind hier ja in Holidays. Entschuldige bitte, für den Moment habe ich völlig vergessen, das wir ja hier Urlaub machen.« Sie wies auf den Schrank. »Bedien dich, was anderes wirst du in den nächsten Tagen nicht bekommen.«

»Wie geht's jetzt weiter?«

Silke glitt auf einen der Stühle, »Meine Kollegen werden den Typen fassen.«

»Aber wie? Ich weiß doch noch nicht mal, wer das ist?«

Silkes Stimme klang fest: »Da sitzen unsere besten Leute dran. Ein Profiler versucht heraus zu kriegen, wie der Typ tickt. Dein Umfeld wird erforscht.«

In Lisas Augen blitzte es. »Und wie gehen die vor? Kann ich da nicht dabei sein? Das klingt hoch interessant!«

Silke fasste sie mit ihrem Blick: »Das sind keine Spielereien, Schätzchen. Da wird ernsthaft gearbeitet.« Sie tippte mit ihrem Zeigefinger an ihre Stirn, »das passiert nicht da drinnen, sondern im realen Leben. Das Leben ist kein Spiel, das sich ein Autor ausgedacht hat.«

Silke seufzte. »Du wirst es wohl nie kapieren. Ich bediene die Fantasien der Leute, nicht ihre Sehnsucht nach Alltag. Von dem haben sie selbst mehr als genug.« Sie verschränkte ihre Arme unter der Brust. »Wieso kommst du eigentlich nie zu meinen Lesungen? Ich habe dich oft genug eingeladen. Sogar bezahlte Karten habe ich schon an der Kasse für dich hinterlegen lassen.« Sie zog die Brauen hoch.

»Zu wenig Zeit, weißt du. Die Arbeit.«

»Und ich dachte, du könntest ein bisschen Anteil nehmen an meinem Erfolg. Schließlich kennen wir uns nun schon so lange.«

Silke stand auf und wandte sich ab. »Willst du Tee?«

Träge schlichen die Stunden dahin. Lisa durfte die Hütte nicht verlassen. Sie versuchte, sich mit einem Buch abzulenken, was aber nicht so recht gelang. Sie kribbelte vor innerer Ungeduld, denn sie konnte nicht an ihrem Roman arbeiten, wenn sie nicht an ihrem gewohnten Arbeitsplatz saß. Dort funktionierte sie beinahe automatisch, aber sie brauchte ihre Rituale. Den Laptop mit leichtem Surren hochfahren, eine dampfende Tasse Kaffee neben sich und dank schalldichter Scheiben im Arbeitszimmer absolute Ruhe. Wenn das alles stimmte, dann tauchte sie ab in ihre innere Welt, schöpfte aus ihrer Fantasie. »Kann ich mal kurz raus?«

»Was denkst du? Natürlich nicht. Du bleibst schön hier drin.«

Lisa presste die Nase an die kleine Butzenscheibe der Hütte. Wildromantisch sah der Garten aus, die ehemaligen Gemüsebeete überwachsen von meterhohem Unkraut. Ein Rosenstrauch wucherte auch ohne Pflege und entfaltete eine geradezu verschwenderische Blütenpracht.

Abends saß Lisa am Tisch und trommelte ungeduldig mit den Fingern auf die Tischplatte. Plötzlich schluchzte sie laut auf. »Dieser Scheiß-Typ vermasselt mir meine ganze Karriere. Es gibt so viele Vorbestellungen für das Buch wie noch nie für einen meiner Romane. Ein richtig guter Thriller wird das dies Mal. Und da kommt dieses Ekel-Paket daher …«

»Das hättest du dir damals überlegen sollen, als du dich mit ihm eingelassen hast.«

»Ich habe mich gar nicht mit dem eingelassen! Ich weiß ja noch nicht mal, wer das ist! Kann ich ahnen, dass sich ein Verrückter hoffnungslos in mich verliebt? Ich habe nie irgendetwas gemacht, was irgendjemand zu dieser Annahme hätte verführen können.« Sie strich ihr blondes Haar zurück.

»Natürlich nicht. So wenig wie damals bei Gernot.«

»Gernot? Mein Gott, wie lange ist das denn her? Du trägst mir das doch nicht etwa immer noch nach?«

»Gernot war mein Freund. Bis zu unserer Abi-Feier.« Silkes Augen wurden kalt.

»Ich konnte wirklich nichts dafür. Ich dachte, ihr hättet euch getrennt.«

»Haben wir auch. Nachdem er mich mit dir betrogen hatte. Und deine Mutter es meiner erzählt hat, über den Zaun. So von Nachbarin zu Nachbarin.«

»Für das gesteigerte Kommunikationsbedürfnis unserer Mütter bin ich nicht verantwortlich«, wehrte sich Lisa.

Silke ignorierte den Einwand. »Du hast dich doch erst so richtig bedroht gefühlt, als dir der Kerl rote Gerbera vor die Wohnungstür legte.«

Lisa setzte sich kerzengerade hin. »Rote Gerbera?« Langsam formulierte sie die Worte, spie jede Silbe einzeln aus. »Ich sprach deinen Kollegen gegenüber von Blumen, nie von roten Gerbera.«

Silkes Mund lächelte. »Rote Gerbera steckten beim Abi-Ball in deinem Haar.« Ihre Augen blieben kalt. »Wusstest du, dass ich damals ein Kind von Gernot erwartete?«

»Du warst schwanger? Was hat das bitte sehr mit mir zu tun?«

»Du hast mir damals alles kaputt gemacht. Nach der Abtreibung wollte ich nicht mehr Lehrerin werden. Täglich kleine Kinder sehen, ohne je selbst eines haben zu können.«

»Du hättest dein Kind doch kriegen können!« Lisas Augen funkelten.

»Hah, mein Kind! Es war unser Kind, verstehst du, Gernots und mein Kind, das Kind von uns beiden. Du hast dich damals einfach zwischen uns gedrängt.« Tiefe Verachtung lag jetzt in Silkes Blick. »Bei der Abtreibung ist was schief gelaufen.«

Lisa sagte tonlos: »Und dann hast du dich bei der Polizeischule beworben.«

»Ja, so bekam mein Leben wieder einen Sinn.«

»Und der Sinn besteht jetzt darin, dass ausgerechnet du mich bewachst, das ist doch absurd.« Lisas Schultern sackten nach unten.

Silke maß sie mit ihrem Blick. »Die erfolgreiche Autorin! Wie schmeckt das, ganz oben zu stehen? Die Online-Bestseller-Listen anzuführen? Muss doch ein Triumph sein! Hast du deine Autorenkollegen auch alle so ausgebootet wie mich damals?«

»Du bist doch krank! Wie sollte man die denn ausbooten? Entweder, der Verlag nimmt dich oder er nimmt dich nicht.«

»Und wenn man der Lektorin steckt, dass die liebe Kollegin schon einmal wegen einer Schreibblockade in tiefe Depressionen verfiel und sich wochenlang behandeln lassen musste? Dass die ihre ›Deadlines‹ nicht einhält? Dein Weg ist gepflastert mit Leichen!«

»Woher zum Teufel noch mal …«, Lisas Lippen wurden schmal.

Silke lachte. »Vergiss nicht, ich bin Polizistin. Eine verdammt gute sogar.«

Lisa gab sich einen Ruck. »Du hättest Gernot damals gerne wieder haben können.«

Silke sah sie an. »Nachdem du genug von ihm hattest? Als du ihn nicht mehr haben wolltest? Du meinst, die Brosamen von deinem Tisch wären gut genug für mich?«

Lisa sah sie durchdringend an. »Was erzählst du mir hier von deinen Problemen?« Sie schlug mit der flachen Hand auf den Tisch. »Ich habe hier ja wohl das größte Problem! Ich werde bedroht, schon vergessen? Mein Leben ist in Gefahr!«

»Stimmt ja, da draußen läuft ein Irrer herum.« Silke erhob sich mechanisch. »Aber ich glaube, ich werde dir nicht helfen können. Tut mit wirklich leid für dich. Übrigens ist Gernot vor einigen Wochen gestorben, an Bauchspeicheldrüsenkrebs.«

»Wir müssen alle irgendwann mal sterben.« Lisa zuckte mit ihren Schultern.

»So ist es, meine Liebe.« Silke entsicherte ihre Waffe. »Es ist aus, Lisa. Endlich Schluss damit, dass du andere Menschen nur für deine Zwecke benutzt, sie instrumentalisierst, ihre Gefühle studierst und sie dann in deinen Büchern verbrätst. Und dass du dich in deinen sogenannten Krimis über meine Arbeit lustig machst. Es ist vorbei damit, für immer. Dieser Irre, der dich bedroht, wird hereinkommen, mich überwältigen, mir die Waffe entreißen und dich töten. Ich werde nichts dagegen tun können, er ist zu schnell für mich.« Sie versuchte ein Lächeln, das nicht so recht gelingen wollte. »Ich habe DNA-Spuren eines flüchtigen Täters von seinem letzten Tatort sichergestellt, die werde ich hier platzieren. Auf einen Mord mehr oder weniger kommt es bei dem auch nicht an.« Ihre kalten Augen wurden zu schmalen Schlitzen. Ihre Körperhaltung drückte tiefe Verachtung aus. »Ich werde dich leider nicht schützen können. Wie du eben so treffend formuliertest müssen wir alle irgendwann mal sterben. Und ich habe beschlossen, für dich ist der Zeitpunkt jetzt gekommen.«

Lisa begriff. »Du bist der Stalker ...«

Weiter kam sie nicht. Ein Schuss in die Stirn schnitt ihr das Wort ab. Draußen stob ein Schwarm Vögel auf.

66 Auf der Friesenheimer Insel zwischen Rhein und Altrhein haben sich industrielle Betriebe gemeinsam mit dem Industrie-Hafen zu einer eindrucksvollen Kulisse angesiedelt. Die Stadt Mannheim betreibt auf der Insel ein Müllheizkraftwerk. An der Spitze der Insel steht ein kleiner Wald, das Weidenschlägel.

67 Mannheims Hafen ist einer der größten Binnenhäfen Deutschlands.

68 Früheres Arbeiterviertel, heute erfolgt hier eine gezielte Ansiedlung von Unternehmen und Kreativen. Aktionen wie »Nachtwandel im Jungbusch«, bei dem sich Künstler präsentieren, locken viele Gäste in den lebendigen Stadtteil, in dem auch viele Bürger mit Migrationshintergrund leben. Im Jungbusch steht eine der größten Moscheen Deutschlands, in unmittelbarer Nachbarschaft zu einer christlichen Kirche. Nicht allzu weit davon entfernt wurde in den Quadraten die jüdische Synagoge neu errichtet. Dies ist auch ein Sinnbild für das friedliche und respektvolle Miteinander, das in Mannheim erfolgreich gelebt wird.

69 Musik hat in Mannheim Tradition. Kurfürst Carl Theodor gründete einst die sogenannte Mannheimer Schule. An diese Tradition als Musikstadt wird mit der Pop-Akademie erfolgreich angeknüpft. Immer wieder erringen Absolventen große Aufmerksam-

keit mit ihren Hits. Die Studierenden geben auch Konzerte.
www.popakademie.de

70 Die Metropolregion Rhein-Neckar hat neuerdings ein eigenes großes mehrtätiges Musik-Festival. Im Jahr 2013 startete Rock'n'Heim am Hockenheimring, wo sonst PS-starke Autos die Motoren aufheulen lassen. Für Mannheimer ideal mit dem öffentlichen Verkehrsmittel zu erreichen.
www.rock-n-heim.com

71 Der Sänger Xavier Naidoo ist einer der erfolgreichsten Mannheimer Künstler. Sein Name ist untrennbar mit seiner Heimatstadt verbunden, wo er zahlreiche Fans hat. Xavier Naidoo sang zu Beginn seiner Karriere in einem Musical des Capitols. Konzerte mit ihm sind meist rasch ausverkauft.

72 In der Innenstadt, im Jungbusch und um den Friedrichsring findet sich eine Vielzahl von Bars, am besten testen Sie selbst!

MUTTERBLUES

Ob es draußen dunkel ist? Allmählich verliere ich jedes Zeitgefühl. Die kleine Funsel hier drinnen hellt noch nicht mal den Raum ganz aus. Der Kühlschrank brummt, davon bekomme ich Kopfschmerzen. Aber Kopfschmerzen sind im Moment das kleinere Übel.

Am meisten ärgert mich meine eigene Blödheit. Es war irgendwie total bescheuert von mir, hierher zu kommen, zu dem alten Haus. Freistehend, kein weiteres Haus in der Nähe. Direkt neben den Gleisen. Jeder vorbei fahrende Zug setzt das Haus in leichte Schwingung. So als ob es tanzen möchte. Ich glaube, das Eingesperrtsein schlägt mir allmählich auf den Verstand. Tanzende Häuser!

Ich könne das Haus mieten, hieß es, zu einem günstigen Preis. Klar, dass ich da anbeiße. In meiner Situation. Klar wie Kloßbrühe und berechenbar wie ein Dreisatz.

Während ich schlafe, wird der Kühlschrank aufgefüllt und auch der Eimer mit Deckel geleert. Das mit dem Eimer ist richtig ekelhaft. Das Fenster ist von außen mit Brettern zugenagelt, ziemlich dicht. Keine Chance, nach draußen zu schauen. Kein Licht dringt zu mir herein. Ich bin völlig abgeschnitten.

Die ganze Zeit über niemanden zu sehen ist fürchterlich. Nicht zu wissen, wie lange das hier dauern soll, auch. Gerne würde ich duschen, dünste wie eine brünstige Bärin.

Ich bekomme echt bald den Koller, wenn ich hier nicht raus komme. Lange halte ich das nicht mehr durch.

*

Michéle stürmte die breite Treppe hinunter, riss das wuchtige Holztor auf und eilte nach draußen. Gleißende Sonne, sie blinzelte. Eine riesengroße Wut trieb sie an. Dieser Idiot! Dieser kurzsichtige Ignorant!

»Was soll das werden? Das 1001te Buch über Kaspar Hauser?« Professor Dr. Kasimir Schott von Hoffs Gesicht hatte sich zu einer höhnischen Grimasse verzogen, seine dunklen, von weißen Strähnen durchzogenen Locken schienen wie mit Strom aufgeladen ekstatisch abzustehen. »Ich dachte, dieses Kapitel der Rezeptionsgeschichte sei abgeschlossen. Beerdigt, sozusagen. Hätte nicht gedacht, dass diese Mottenkiste noch mal von jemanden geöffnet wird. Das grenzt ja beinahe an Leichenschändung! Und dann noch dazu von einer jungen Frau! Die Esprit hat! Mein Gott, Mädchen! Sie haben ein Einser-Examen gemacht – wollen Sie Ihr Talent nun wirklich an dieses ausgelutschte Thema vergeuden? Wer um Himmels Willen soll das lesen wollen? Und gelesen werden wollen wir doch alle, nicht wahr?« Maliziös grinsend stand er vor seiner Bücherwand. Mindestens ein Regalmeter Buchrücken trug seinen Namen. Mehrere Exemplare seiner eigenen Dissertation standen an exponierter Stelle.

Michéles Gesicht war wie versteinert, als sie ihm zu verstehen gab, dass sie unbedingt an dem Thema ihrer Doktorarbeit festhalten wolle. Kerzengerade richtete sie ihre 176 Zentimeter auf und sah trotzig zu ihm hinunter. »Ich will aber unbedingt eine Arbeit über Kaspar Hauser anfertigen!«

»Ich als Ihr Doktorvater akzeptiere dieses Thema nicht. Ende der Diskussion. Suchen Sie sich ein anderes. Eines, das die Fachwelt auch wirklich interessiert.«

Er wandte sich wieder seinem Manuskriptstapel zu, der vor ihm auf dem Schreibtisch lag. Dies war ein eindeutiges Signal für das Ende des Gesprächs.

»Ist noch irgend was?«, er schaute sie über den Rand seiner Lesebrille hinweg an, während seine Finger ein Stakkato auf die Schreibtischplatte trommelten.

»Ich werde über Kaspar Hauser schreiben. Schon Anselm von Feuerbach …«

Professor Schott von Hoff schlug mit der flachen Hand auf den Tisch, das Wasser in dem Glas, das darauf stand, schwappte bedenklich. »Nun ist es aber genug, Frau Schress. Ich bin der Ansicht, Ihnen meine Meinung zu diesem Thema über Gebühr mitgeteilt zu haben.«

Traurig hatte Michéle sein Büro verlassen und die Tür hinter sich zugezogen. Auf dem weitläufigen Flur war sie ans Fenster gegangen und hatte in den Schlosshof geschaut und auf den prächtigen Mittelbau des Mannheimer Schlosses **73** mit dem Rittersaal **74**, flankiert von den beiden langgestreckten Flügeln. Ihre Traurigkeit verwandelte sich in Wut, steigerte sich zu regelrechtem Zorn. Am liebsten hätte sie sich umgedreht und mit beiden Fäusten gegen die Tür des Büros gehämmert. Ihre Abschlussarbeit hatte sie über Goethe geschrieben, war das etwa ein topaktuelles Thema? Und nun, da sie auf ein wirklich außergewöhnliches Schicksal gestoßen war, das sie faszinierte wie bislang noch nie irgendetwas in ihrem Leben, sollte sie das einfach so aufgeben? Weil es dem Herrn Professor nicht genügend interessierte? Sie dachte nicht im Traum daran, Kaspar Hauser aufzugeben. Sie wollte sich intensiv damit auseinander setzen. Na und, dann schrieb sie eben das 1001te Buch über den berühmten Findling, das scherte sie nicht. Notfalls würde sie sich eben einen anderen Doktorvater suchen.

Flirrende Hitze umfing sie auf dem gepflasterten Schlosshof. Schon der Kurfürst war vor der Mannheimer Gluthitze in sein Schwetzinger Sommerschloss **75** geflohen. Zum Glück hatte sie sich heute Morgen für ein leichtes Leinenkleid entschieden. Grün, das passte gut zu ihren braunen Haaren mit dem leichten Stich ins rote. Sie hatte extra etwas ausgewählt, das ihren Typ unterstrich, für dieses Gespräch, das ihr so wichtig und dass nun derart blöd verlaufen war. Sie warf ihr schulterlanges Haar zurück. Sollten doch die Fliegen tot von der Decke dieses Typen fallen, am besten gleich in sein Wasserglas.

Sie wollte die Bismarckstraße beim Palais Bretzenheim **76** überqueren, als sie von der Seite angesprochen wurde.

»Hi, wie geht's?«

Michéle blinzelte gegen die Sonne. Clemens Puffer stand vor ihr. Sollte sie wahrheitsgemäß antworten oder eine Floskel loslassen? Sie entschied sich für den Mittelweg.

»Naja, so lálá.«

»Ach, komm schon. Heute ist so ein schöner Tag. Trinkst Du einen Kaffee mit mir?«

Keine schlechte Idee, sich von Clemens zuquatschen und ablenken zu lassen. »Aber nicht hier.«

»O.k., ich muss eh noch was in den Quadraten erledigen. Lass uns zum Rosengarten gehen, da muss ich sowieso hin.«

In der Hitze kam ihr die Fußstrecke quälend lange vor. Am Wasserturm **77** tauchte sie beide Arme bis zu den Ellenbogen in die langgezogenen Becken mit Wasser, die stufenförmig in ein großes Becken führten. »Schön, der Friedrichsplatz, gell?« Der Friedrichsplatz wurde umrahmt vom Rosengarten `78`, dem Kongress-Zentrum mit seiner Jugendstilfassade, der Kunsthalle und den zwei Arkadengebäuden mit den imposanten Glaskuppeln, hinter denen die Augustaanlage `79` begann. Sie steuerten auf die Arkaden zu.

»Wie wäre es mit dem Café da vorne?«

Michéle ließ ihrem Blick der Richtung folgen, in die Clemens ausgestreckter Arm wies. »Einverstanden.«

Die Bedienung kam, schob mit dem Fuß nach einem vorwurfsvollen Blick Clemens Tasche zur Seite, die er wie so oft gedankenlos mitten in den Weg gelegt hatte. Sie stellte ihre Frage nach den Wünschen.

Als sie wieder weg war, sagte Clemens mit ernster Miene: »Und jetzt erzählst du mir, worüber du dich derart geärgert hast.«

»Ich habe so ein cooles Thema für meine Dissertation entdeckt und mein Doktorvater lehnt es ab.«

»Welches Thema denn?«, nun war Clemens neugierig. Er selbst schrieb an einer Dissertation über Shakespeare und das schon seit einigen Jahren.

»Kaspar Hauser.« Sie schaute ihn erwartungsvoll an.

»Kaspar Hauser?«, kam es gedehnt zurück. »Entdeckt!? Also wirklich, über den sind doch schon viele drüber gefallen! Da gibt es doch mindestens …«, weiter kam er nicht, Michéle fuhr ihm ins Wort.

»1001 Bücher! Ich weiß das doch auch! Aber«, ihr Blick bohrte sich leidenschaftlich in seinen, »ich werde *das* Buch über Kaspar Hauser schreiben, verstehst du, so eines, das es noch nie über ihn gab!«

Clemens deutete ein Gähnen an. »Na, da bin ich aber wahnsinnig gespannt.«

»Kannst du dir überhaupt vorstellen, wie es ist, zwölf lange Jahre eingesperrt zu sein? Ohne Licht? Erst zählst du die Tage, dann die Wochen, Monate, Jahre. Bestimmt denkst du anfangs, du kommst da wieder raus. Bald. Dann denkst du, du kommst irgendwann mal wieder raus. Bist du irgendwann aufgibst. Dahinvegetierst. Verkümmerst.« Sie schaute ihn erwartungsvoll an.

»Klingt grausig. Erinnert irgendwie an Fälle in der jüngsten Kriminalgeschichte Österreichs.«

»Das ist es ja auch! Ein Verbrechen an der Seele eines Menschen! Eben genau dies ist der Untertitel des Buches des berühmten Rechtsgelehrten Anselm von Feuerbach! Er war auch einer der ersten, der die Theorie vom vertauschten badischen Prinzen entwarf.«

»Das durfte der damals laut sagen?«

»Nein, eben nicht. Das mit dem ausgetauschten Baby hat er nur in einem vertraulichem Brief geäußert.«

»Irre vertraulich, wenn sogar du davon weißt. 200 Jahre später.« Clemens lachte.

Michéle ignorierte seinen Einwand. »Weißt du, vieles wurde vernichtet. Es gibt gar nicht viele Dokumente von damals. Da hatte jemand ein gehöriges Interesse daran, die Wahrheit zu verschleiern.« Ihre Augen funkelten.

»Dokumente vernichtet? So wie es über den historischen Dr. Johann Georg Faust beinahe nichts an Fakten gibt?«

»Ja«, ereiferte sich Michéle. »Solche Leute werden einfach in der Erinnerung ausgelöscht. Grade so, als ob es sie nie gegeben hätte. Nur weil sie irgendjemand anderen nicht in den Kram passen. Da führt sich jemand beinahe wie Gott auf und löscht im Nachhinein ein Leben aus.«

»Ist der nicht auch tatsächlich ausgelöscht worden?«

»Kaspar Hauser wurde ermordet, das stimmt. Nach seiner Freilassung hat er noch fünf Jahre in Freiheit gelebt. Pikanter Weise wurde er kurz nach dem Tod seines Beschützers Anselm von Feuerbach ermordet. Und der wurde vermutlich vergiftet …«

Clemens fiel ihr ins Wort: »Meine Liebe, du solltest aufpassen. Du willst doch eine Dissertation schreiben und keinen Krimi!«

»Eigentlich gar keine schlechte Idee. Ein Krimi wird bestimmt öfter verkauft als eine wissenschaftliche Arbeit.«

In dem Moment trat eine zierliche, brünette Frau an ihren Tisch. Sie war in etwa im selben Alter wie Michéle, nur deutlich kleiner als sie. Michéles Mine hellte sich auf, als sie auf die Frau sah.

»Dorit! Dich habe ich ja schon seit Ewigkeiten nicht mehr gesehen! Komm, setz dich zu uns. Clemens kennst du ja auch.«

Michéle packte ihre rote Uni-Tasche von dem Stuhl neben sich und stellte sie unter den Tisch. »Du strahlst ja regelrecht, Dorit. Was ist denn mit dir los?«

»Du hast doch hoffentlich kein radioaktives Brennmaterial verschluckt, oder? Pass bloß auf, wegen dieser neuen Steuer!« Clemens konnte das Flachsen einfach nicht lassen. Michéle kickte ihn mit der Spitze ihres Schuhes gegen den Unterschenkel. Dorit, die mittlerweile Platz genommen hatte, lächelte glücklich vor sich hin.

»Ich erwarte ein Baby.«

»Von wem?«, fragte Michéle mit offenem Mund. »Und wie willst du es ernähren?«, schob sie gleich hinterher.

»Sein Vater hat megaviel Kohle. Also, an Geld fehlt es echt nicht.« Doch trotz dieser Worte schob sich ein Schatten über ihr Gesicht.

Michéle legte ihre Hand auf Dorits Unterarm. »Was ist los? Eben hast du dich doch noch so gefreut.«

Dorit schob Michéles Hand weg. »Ich habe dir doch vor einer Weile von meinem neuen Freund erzählt. Ich habe den bei einer Vernissage kennengelernt, als ich mal gejobbt habe. Da hat er seine Firma vertreten, die haben die Ausstellung gesponsert. Er ist der Vorstandsvorsitzende dieser Firma.«

Clemens pfiff durch die Zähne. »Wow! Ein Herr Vorstandsvorsitzender. Echt cool! Da braucht man sich nicht zu wundern, bei so einer Konkurrenz, das unsereiner leer ausgeht.«

Michéle schenkte ihm einen strafenden Blick. »Dorit weiß, dass du dir nichts aus Frauen machst.«

»Ich mache mir nichts aus Frauen?« Clemens warf sich in die Brust. »Warum sitze ich dann hier mit euch beiden herum, kannst du mir das bitte schön erklären?«

Michéle guckte genervt. »Nun lass doch Dorit endlich weitererzählen, du elender Gockel.«

Dorit hatte gar kein Ohr gehabt für das Geplänkel der beiden. »Es gibt da ein kleines Problem. Naja«, sie drehte eine ihrer brünetten Locken zwischen den Fingern, »eigentlich ist das schon eher ein großes Problem. Berni ist verheiratet. Aber …«

»Lass mich raten: zwischen den beiden läuft nichts mehr und Berni ist nur noch pro forma mit seiner Frau zusammen, weil von wegen gemeinsamer Villa und dem schönen Schein und trallala.« Clemens grinste.

Dorit sah ihn groß an. »Ja, genau! So ist es! Die beiden leben schon seit Jahren nebeneinander her und haben getrennte Schlafzimmer. Ich bin die erste Frau, in die sich Berni verliebt hat, seit er mit Erna zusammen ist. Vorher war er ihr immer treu.«

»Amen!« Clemens bekreuzigte sich. »Und der Teufel trinkt Weihwasser!«

»Bitte?« Dorit schaute ihn verständnislos an.

»Ach, nichts. Also ihr beiden, ihr wollt euch sicher noch ausquatschen und so. Ich hab noch einiges zu erledigen. Mädels, ich verlasse euch!« Er legte das abgezählte Geld für sein Getränk auf den Tisch, stand auf, verbeugte sich theatralisch vor den beiden und entschwand.

»Berni weiß noch nichts von dem Kind. Er wird sicher ausflippen vor Freude. Also, ich will ja unser Kind selbst aufziehen, das soll nicht in ein teures Internat in England oder in der Schweiz. Gemeinsam mit Berni ziehe ich es auf.« Sie lächelte selig.

»Und was ist mit Erna? Wird sie ihn herausrücken?«

»Wie, heraus rücken? Mein Berni ist doch kein Möbelstück, das man da oder dorthin schiebt.« Dorits Blick war trotzig. »Berni ist ein kluger Mann, sonst hätte er beruflich nie und nimmer diese Position, die er hat. Er wird die richtige Entscheidung treffen.«

»Was sagen denn deine Eltern dazu, Dorit?«

»Meine Eltern habe ich schon ewig nicht mehr gesehen.« Sie lachte. »Im Moment muss ich jeden Morgen spucken. Das ist wirklich unangenehm. Meine Eltern, hmm, ich glaube nicht, dass sie sich dafür interessieren, was ich mache. Seit ich auf der Welt bin, bin ich ihnen ziemlich egal. Meine beiden Geschwister waren ja schon groß und da kam ich dann noch. Die hatten einfach nicht mehr mit einem Kind gerechnet.«

»Du musst es ihnen ja auch gar nicht sagen. Regt sie womöglich nur unnötig auf.« Michéle rührte mit dem Löffel in ihrem Eiscafé. »Wann willst du denn deinem Bernie die frohe Botschaft verkünden?«

»Er ist im Moment beruflich in Japan. So bald er zurück ist, werde ich es ihm sagen. Ich denke, er wird dann sofort die Scheidung einreichen. Meinst du, ich kann in weiß heiraten? Noch sieht man ja nichts.« Sie strich über ihren Bauch.

»Schätzchen, du kannst in jeder Farbe heiraten«, sagte Michéle und fügte in Gedanken hinzu, falls du je heiraten solltest.

Zuhause angekommen, sah Michéle das Lämpchen am Telefon blinken. Jemand hatte auf ihren Anrufbeantworter gesprochen. »Michéle, ich bin's, Barbara. Ruf doch zurück, ja?«

Seit sie denken konnte, nannte sie ihre Mutter beim Vornamen.

»Hi, Barbara, na, was gibt's?«

»Michéle, mein Lieblingskind!«

»Barbara, du hast nur ein Kind!« Michéle musste schmunzeln.

»Wie war dein Gespräch mit deinem Doktorvater?«

»Hör mir auf mit diesem Typen! Der will einfach nicht, dass ich über Kaspar Hauser promoviere. Und ich will die gesamte Rezeptionsgeschichte aufarbeiten.«

»Muss es denn unbedingt dieses Thema sein?«

»Dieses oder keines.«

»Aber was ist dir so wichtig grade an diesem Thema?«

Das konnte Michéle auch nicht in Worte fassen, geschweige denn, überhaupt erklären. Das Thema des verborgenen Kindes, dem jegliche menschliche Nähe, jeglicher soziale Kontakt entzogen wird, traf sie mitten in ihrem Lebensnerv, wühlte sie völlig auf. Sie konnte selbst nicht begründen, weshalb das so war.

»Ach, Barbara, ich finde es absolut aufregend. Und immerhin hat das Thema damals halb Europa beschäftigt! Das war ein regelrechter Krimi, was da abgegangen ist!«

Barbara lachte. »Und was machst du nun?«

»Ich arbeite an diesem Thema, Punkt. Notfalls suche ich mir einen anderen Doktorvater oder eine Doktormutter. Jedenfalls fange ich damit an, ich will jetzt einfach loslegen. Was heißt ich will – ich muss!« Damit das Gespräch nicht in unerwünschte mütterliche Ratschläge münden konnte, schummelte Michéle: »Ich komme eben vom Joggen, ich muss jetzt gleich unter die Dusche, um mich nicht zu erkälten. Tschüss!«

Eigentlich hatte sie ein sehr gutes Verhältnis zu ihrer Mutter. Über ihren Vater sprachen sie seit seinem Selbstmord nicht. Sie waren damals sogar in eine andere Stadt gezogen, hatten ihren gesamten Bekanntenkreis aufgegeben. Lernten neue Menschen kennen, Menschen, die ihren Vater nicht kannten und nicht nach ihm fragten. Michéle hatte sich so sehr daran gewöhnt, nicht mehr über ihren Vater zu sprechen, dass selbst die Erinnerung an ihn verblasste, bis auch die ganz verschwunden war. Es war beinahe so, als hätte Michéles Vater gar nie existiert. Zumindest spielte er keinerlei Rolle mehr in ihrem Leben.

Als sie aus dem Bad kam, schaltete sie den Fernseher ein. Sie zappte sich bis zu den Nachrichten durch. Es wurde das Bild einer Frau gezeigt, die in einem Gerichtssaal saß und ihr Gesicht hinter einem Aktenordner verbarg. Als die Sprecherin die Fakten vortrug, wurde Michéle beinahe übel. Die Frau hatte ihr eigenes Kind verhungern lassen. Die Qual des Kindes war so schlimm, dass es sogar seine eigenen Haare aufgegessen hatte. Niemand in der Nachbarschaft wollte etwas bemerkt haben von diesem grausamen Martyrium. Eine starke Erregung nahm Besitz von Michéle. Sie ballte ihre Hände zu Fäusten und bohrte die Fingernägel in die Handflächen. So ging man nicht mit Kindern um! Wie krank konnten Menschen sein? Tränen liefen ihr über das Gesicht, als über das Gewicht des Mädchens berichtet wurde. Sie schaltete den Fernseher ab und versuchte, sich mit einem Buch abzulenken.

Bald jedoch legte sie das Buch zur Seite. Sie, Michéle Schress, würde mit ihrer Dissertation die endgültige Wahrheit über Kaspar Hauser zu Tage fördern und ihn damit für immer rehabilitieren. Denn damals gab es Stimmen, die Kaspar Hauser als Hochstapler diskreditierten. Wenn ihre Arbeit erst mal publiziert worden war, würde mit Sicherheit der Leichnam aus Ansbach in die letzte Ruhestätte derer von Baden nach Pforzheim gebracht werden. Dann wäre er endlich angekommen, wo er hingehörte, eingebettet zwischen den Ruhestätten seiner Eltern. Der Leichnam des vertauschten Säuglings, der in der Gruft zwischen den Eltern lag, war ohnehin verschwunden. Vielleicht bekam sie sogar das Bundesverdienstkreuz dafür, weil sie diesen Kriminalfall, denn das war er ja zweifelsohne, mit ihrer Dissertation nach beinahe 200 Jahren aufklären würde! Bestimmt würden die Nachfahren der drei Töchter der badischen Fürstin Stephanie, die wahrscheinlich die Mutter von Kaspar Hauser war, zu dem Anlass kommen.

Das Klingeln des Telefons ließ sie aus ihren Überlegungen auftauchen. Michéle hörte erst nur ein Schluchzen, als sie den Hörer abnahm und erschrak fürchterlich. Sie dachte, Barbara wäre am anderen Ende der Leitung. Aber es war Dorit. Zwischen Heulen und Schniefen fragte sie, ob sie gleich vorbei kommen könne. »Natürlich«, sagte Michéle und legte verwirrt wieder auf.

Eine völlig verheulte Dorit stand kurz darauf vor ihr. »Stell dir vor, ich habe mit Berni gesprochen, vorhin. Er war früher als geplant nach Deutschland zurück gekommen und wollte mich sofort sehen.«

»Das hattest du doch gesagt, dass du das machen willst. Setz dich.« Michéle führte sie zum Sofa. »Tee?«

»Ja, gerne«, Dorit schniefte in ihr zerknülltes Taschentuch.

Michéle brachte eine ganze Kanne und stellte zwei Tassen dazu auf den Wohnzimmertisch. Sie nahm gegenüber Dorit Platz.

»Ja, also. Berni hat doch immer gesagt, dass er sowieso nichts mehr hat mit seiner Frau und dass ich überhaupt seine erste Freundin bin, seit er verheiratet ist.« Dorits zarter Körper wurde von einem Weinkrampf geschüttelt.

»Jetzt hat er sich getrennt! Ja, getrennt!« Dies war nun fast ein Aufschrei Dorits. Michéle schob ihr eine neue Packung Papiertaschentücher über den Tisch. »Aber nicht von seiner Frau, verstehst du?«

Michéle verstand sofort. Der feine Herr Berni hatte sich von seiner Freundin getrennt. Sie seufzte. Als Geliebte wusste man doch, worauf man sich einließ, du lieber Himmel. Dass man wie einige prominente Politiker sich jedes Mal für die jüngere Geliebte scheiden ließ und die aktuelle Herzensdame heiratete, war die Ausnahme. Darauf konnte man sich doch nicht verlassen. Dorit war also ins Aus gekickt worden.

»Schätzchen«, Michéle stand auf und legte den Arm um Dorit, »die Welt geht doch nicht unter wegen diesen blöden Kerls. Aber immerhin hast du ja noch das Kind, auf das du dich so freust.« Sie versuchte ein Lächeln.

Dorit erwiderte dieses Lächeln nicht. »Das Kind! Das ist ja das Gemeine! Dieser Mistkerl! Wie konnte ich dem nur vertrauen! Stell dir vor, er bezweifelt, dass das Kind von ihm ist. Da könne ja jede daher kommen und ihm ein Kind anhängen, hat er gesagt. Das hätten schon mehrere vor mir versucht. MEHRERE!« Sie schien sich gleich ganz in Tränen aufzulösen. »Und mir hat er immer versichert, ich sei seine erste Freundin in dieser Ehe!«

Michéle war ratlos.

»Ich will dieses Kind auch gar nicht!«, schrie Dorit. »Wenn sein Vater sich nicht darauf freut, wozu ist es dann gut? Und ich habe keine Lust, vor Gericht um die Vaterschaft zu streiten. Das ist so entwürdigend! Und wie stehe ich dann da? Eine seiner vielen Geliebten, die ihm ein Kind anhängen will? Nein, da habe ich auch meinen Stolz. Ich werde dieses Kind nicht kriegen. Und irgendwann einmal wird es ihm leid tun, dass *er* unser Kind getötet hat. Bitter leid wird ihm das eines Tages hoffentlich tun!« Nun sprangen die Tränen hemmungslos über ihre Wangen.

Michéle wurde bleich. »Du darfst das Kind nicht töten«, sagte sie leise, aber sehr bestimmt.

»Ich habe nächste Woche einen Termin beim Gynäkologen.«

»Wieso das denn?« Eine Röte breitete sich vom Hals her aus, flog hoch über Michéles Gesicht.

»Ich brauche die Untersuchung und vor allem die Beratung für die soziale Indikation.«

»Aber du hast dich doch so gefreut auf dieses Kind!« Michéle war außer sich. Wie konnte Dorit nur so umschwenken?

»Auf ein Leben mit Berni hatte ich mich gefreut, gemeinsam mit unserem Kind. Aber *so* will ich dieses Kind nicht. Es eilt, ich habe nur noch ganz wenig Zeit. Wenn ich beim Gynäkologen war, fahre ich sofort in die Klinik.«

»Nein, Dorit, das darfst du nicht, auf keinen Fall! Jetzt bleibst du erst mal heute Nacht hier. Morgen sieht schon wieder alles ganz anders aus.«

Dorit verbrachte die Nacht auf Michéles Couch, während diese sich auf ihrem Bett hin und her wälzte.

Beim Frühstück versuchte Michéle, auf Dorit einzuwirken. »Es gibt doch so viele Alleinerziehende, und so viele Hilfen. Du schaffst das schon. Und ich helfe dir dabei. Ich kann auch mal auf dein Baby aufpassen.« Sie setzte ein optimistisches Strahlen auf.

»Du willst ihm Socken stricken, oder was? Michéle, hier geht's um mehr. Dieser Kerl hat mich nach Strich und Faden angelogen, der wollte mich nur in sein Bett kriegen, das war alles!« Empört riss sie ihre Augen auf. Dafür, dass Dorit gestern die große Heulbojennummer abgezogen hatte, konnte sie heute bereits wieder erstaunlich klar denken. »Ich will das Kind von diesem Arsch nicht kriegen! Womöglich ist das dann auch so ein Widerling wie er, der andere nur benutzt. Bei diesen Genen! Und für so was soll ich mich krumm legen? No, sorry, diese Nummer läuft nicht mit mir.«

»Aber das Kind kann doch auch nach dir kommen, Dorit. Es kann so sein wie du.«

»Und wenn es so aussieht wie er?«

»Aber du hast dich doch schließlich in ihn verliebt! So hässlich kann er doch gar nicht sein!«

Hierzu schwieg Dorit. Michéle war klar, der Status, das Auto, die schicken Restaurants, die teuren Hotels, das hatte für sie alles dazu gehört. Und die teuren Geschenke. Den Rest, den großen Altersunterschied, den Bauchansatz, das hatte sie in Kauf genommen. Und der erhofften Scheidung mit der Schwangerschaft vielleicht ein wenig auf die Sprünge helfen wollen.

*

Als sie sich angezogen hatte, holte sie die Zeitung aus dem Briefkasten. Da lag auch ein Brief. Der Brief sah irgendwie nicht gut aus. Schon das Kuvert hatte sie inne halten lassen. Absender war das Prüfungsamt der Universität. Michéle riss mit zittrigen Händen das Kuvert auf und entfaltete das Schreiben. Sie solle das endgültige Thema ihrer Dissertation auf dem beigefügten Formular nachreichen, stand da, und es sollte von ihrem Doktorvater unterzeichnet sein. Wenn das nicht binnen zweier Woche geschähe, könne ihre Anmeldung als Doktorandin der Universität nicht weiter bearbeitet werden. Michéle legte das Schreiben auf den Tisch. So ein Mist! Sie brauchte die Unterschrift ihres Professors ganz dringend.

Frau Kalbfleisch war eine schwer einnehmbare Bastion. Eine von der unüberwindbaren Sorte. Seit über zwanzig Jahren war sie die graue Vorzimmereminenz von Herrn Professor Kasimir Schott von Hoff, an ihr unbemerkt vorüberzukommen wäre gleichgekommen mit einem Vorbeischleichen an einer hochtechnisierten Elite-Einheit der Bundeswehr, ausgerüstet mit Radar und hochsensitiven Bewegungsmeldern. Frau Kalbfleisch war noch von der Sorte Vorzimmerdame, die für ihren Chef aufrechten Hauptes in den Tod schritt.

»Sie hawwe jetzt aber keinen Termin, beim Herrn Professor, gell, Frau Schress?« Ihre Betonfrisur saß wie immer perfekt, bewegte sich noch nicht mal beim Schütteln des Kopfes. Haar Nr. 12 lag unverrückbar fixiert zwischen Haar Nr. 11 und Haar Nr. 13. Sie verströmte einen intensiven Geruch nach 4711. Auch das seit über zwanzig Jahren.

»Frau Kalbfleisch, es ist wirklich dringend.« Michéle stand mit hängenden Schultern vor ihr, ihre große rote Tasche mit beiden Händen fest an sich gepresst. Sie wusste aus Erfahrung, dass es völlig ausgeschlossen war, diese Frau mit selbstbewusstem Auftreten einzuschüchtern. Also zog sie nun die Nummer arme Studentin will zum großen Herrn und Meister durch.

Frau Kalbfleisch ließ ihren starren Zeigefinger über ihren Tischkalender gleiten. Sie wartete noch eine Weile, um dann den Kopf zu heben und Michéle über die Lesebrille hinweg anzuschauen. Sie hob ihre aufgemalten Augenbrauen »Also Frau Schress, was ist denn nun gar so dringend?«

»Frau Kalbfleisch, bitte«, Michéle trippelte von einem Fuß auf den andern, innerlich hoffend, es mit ihren Schauspielkünsten nicht zu übertreiben. »Es geht um meine Doktorarbeit. Das Prüfungsamt …«

Das war das Sesam-öffne-dich-Wort. Auf die Dame vom Prüfungsamt war Frau Kalbfleisch nicht gut zu sprechen. Die war in einer ganz anderen Tarifgruppe als Frau Kalbfleisch. Dabei waren es doch Leute wie sie, Dorothea Kalbfleisch, die den Betrieb hier aufrecht erhielten! Was wäre der hochgeschätzte und verehrte Herr Professor ohne sie, seine rechte Hand! Sogar an den Geburtstag seiner Frau und dem der Tochter musste sie ihn erinnern! Ohne sie liefe doch hier gar nichts! Aber diese Frau Elfie Blindschleich hielt sich selbst für die wichtigste Person der ganzen Einrichtung. »Prüfungsamt?«, wiederholte sie, unerwartet aufgeschlossen und wissbegierig. »Was haben Sie denn da für einen Ärger, mit denen, Frau Schress?«

»Also, ich habe da so ein Schreiben gekriegt, ich soll denen das Thema meiner Doktorarbeit vorlegen, sonst kann ich mich nicht für das Promotionsstudium immatrikulieren. Und das ganze eilt ganz schrecklich. Die setzen mich regelrecht unter Druck, wissen Sie.«

»Aber Frau Schress, wegen so einer Bagatelle müssen wir doch nicht den Herrn Professor extra stören, nicht wahr, das legen wir ihm nachher vor, wenn er die heutige Post unterschreibt. Da kommen sie um 16 Uhr hier vorbei, bevor ich heimgeh, gell, Frau Schress, und dann können Sie die Bescheinigung hier direkt bei mir abholen. Geben Sie mir doch das Formular.« Verschwörerisch zwinkerte sie Michéle zu. Selbstverständlich würde der Herr Professor diese Bescheinigung unterschreiben, das hatte er sicherlich nur übersehen. Aber für so etwas hatte er schließlich sie mit ihrer langjährigen Erfahrung. Sie würde sie ihm zwischen die Briefe legen, da konnte er sie einfach gleich mitunterschreiben. Wegen so einer Bagatelle musste sie ihn wirklich nicht extra behelligen.

Als Michéle zur verabredeten Uhrzeit kam, übergab ihr Frau Kalbfleisch süß lächelnd die unterschriebene Bescheinigung. »Alla, dann tschüßle, ich muss weg. Sie haben ja jetzt alles, was sie brauchen, gell, sie können jetzt schön anfangen mit ihrer Doktorarbeit. Melden Sie sich in ein paar Monaten bei meinem Chef!« Sie schob Michéle zur Tür raus und schloss diese ab.

Nach zwei Tagen bekam Michéle die offizielle Bestätigung zugestellt, mit der sie sich für ein Promotionsstudium einschreiben konnte. Michéle war glücklich. Das war ein gutes Zeichen. Mehr noch, es war ein Symbol, ein schicksalhafter Fingerzeig, der ihr deutlich wies, dass sie auf dem rechten Weg war. Es fügte sich alles zusammen. Alle Zeichen waren auf grün.

Dorit rief an. Sie war ziemlich aufgebracht. »Michéle, du ahnst ja gar nicht, was mir passiert ist!«

Michéle hoffte inständig, irgendetwas sei passiert, das Dorit von der bevorstehenden Abtreibung abhalten würde, auch wenn sie eine Ahnung beschlich, dass dem nicht so war.

»Bernis Frau war bei mir! Es klopft, und da steht diese Person da! Kommt einfach ins Zimmer. Stell dir vor, die will mir mein Kind abkaufen!«

»Wie, Kind abkaufen?«, echote Michéle.

»Berni hat seiner Frau alles gebeichtet. Aber die war gar nicht sauer auf den. Die war sogar unheimlich nett zu mir. Dass sie es schön fände, dass ein Meiser-Holt geboren wird, und dass er natürlich den Namen seines

Vaters führen soll und es wäre doch das einfachste, sie würden das Kind adoptieren, man könne sich über eine einmalige Abfindung einigen. Also weißt du, Michéle, das gibt's ja wohl nicht. Da kommt so eine Frau daher und will mir mein Kind abkaufen. Das ist doch keine Ware, die man einfach so verscherbeln kann. Nee, weißt du, wenn ich Berni nicht haben kann, dann soll er auch das Kind nicht haben. Es bleibt bei meinem Termin. Die sollen bloß nicht glauben, dass man für Geld alles haben kann im Leben. Das habe ich dieser Person klipp und klar gesagt.«

Michéle biss sich auf die Lippe um nicht zu sagen, dass es schließlich Geld war, das Berni für Dorit derart attraktiv gemacht hatte. »Du darfst das Kind nicht abtreiben, Dorit! Das ist eine Sünde!«, schrie sie beinahe in den Hörer. »Wir schaffen das! Auch ohne Berni! Den brauchst du gar nicht!«

»Bist du jetzt völlig bekloppt?« Dorit knallte den Hörer hin.

Sie hatte sich das Ganze gut überlegt und bestens vorbereitet. Die Zeit drängte, sie musste rasch handeln. Es war zu gefährlich, dass Dorit das Kind abtrieb. Sie durfte das nicht zulassen! Beim Joggen lief sie oft an einem abgelegenen Haus, das schon seit einer Weile leer stand, vorbei. Es hatte ihr nicht wirklich Mühe bereitet, das marode Schloss an der Haustür zu knacken. Sie hatte sich gründlich umgesehen in dem Haus. Rattenkot und Mäuseköttelchen ließen auf ein sehr langes Leerstehen schließen. Seltsamerweise funktionierten die Wasserleitungen in der Küche und in der Toilette, auch die wenigen Glühbirnen ließen sich aktivieren. Das Haus war wohl selbst von der Energieversorgung völlig vergessen worden und der Strom deshalb nicht abgestellt. Im Erdgeschoss gab es neben einer Küche zwei Räume. Einer davon schien ihr ideal für ihr Vorhaben zu sein. Er hatte eine dicke Tür und nur ein Fenster zum Wald hin. Die hölzernen Fensterläden hatte sie von außen zunagelt und für die Tür zwei Vorhängeschlösser im Baumarkt besorgt.

Sie schaffte es tatsächlich, Dorit zu überreden, das Haus anzuschauen. »Das ist echt toll, es hat einen großen Garten, und die Miete ist echt billig. Da könnten wir zusammen einziehen und kräftig Miete sparen. Der Vermieter geht für einige Jahre ins Ausland und er will gute Mieter während seiner Abwesenheit, welche, auf die er sich verlassen kann. Deshalb schaut er auch nicht aufs Geld und vermietet das so total billig. Das ist echt eine Wahnsinnsgelegenheit! Du würdest mir wirklich einen Gefallen tun, wenn du mitkämst. Wir hatten doch schon öfter mal überlegt, zusammen zu ziehen.«

Dorit, völlig ahnungslos über das, was sie erwartete, sagte zu.

Sie hatten sich erst am Waldrand getroffen. Sie hielt es für besser, nicht zusammen mit Dorit gesehen zu werden.

Schweigend gingen sie den Weg längs. Sie waren am halb offenen Gartentor angelangt. Noch vor kurzem hatte es beim Aufmachen jämmerlich gequietscht. Nun gab es keinen Laut mehr von sich, schließlich war es frisch geölt. Freudig sah Dorit den verwilderten Garten. »Der ist ja total romantisch!« Sie freute sich wie ein Kind über die ausufernden Pflanzen. Nach einem Blick auf das Haus meinte sie jedoch: »So ganz neu ist das aber nicht mehr, oder?«

»Aber diese Lage!«, beeilte Michéle sich zu sagen. Sie musste sie bei Laune halten. »Da können wir ganz ungestört arbeiten! Und weit zum Bahnhof ist es doch echt nicht. Dort können wir unsere Fahrräder abstellen und mit dem Zug zum Hauptbahnhof fahren!«

Sie öffnete die Haustür und ging hinein. Auf dem Boden lag eine abgewetzte Tasche, da drinnen war das dicke Vorhängeschloss, das sie im Baumarkt gekauft hatte.

Dorit hatte die ehemalige Küche betreten. Wie Wunden sahen die Stellen aus, wo die Küchenmöbel herausgebrochen waren. Das Linoleum war verschlissen und löcherig. Eine Ameisenstraße führte quer durch die Küche. An der Decke baumelte eine speckige Glühbirne. Dorit wirkte angeekelt. Sie drehte sich um. »Also, ich weiß nicht. Das ist hier schon sehr herunter gekommen. Hat der Vermieter bis jetzt hier drin gewohnt? Irgendwie sieht das Ganze doch seit Jahren verlassen aus. Würde der noch renovieren? So wie das jetzt ist, kann ja kein Mensch einziehen!« Sie ging in den Flur und wandte sich zum Ausgang. »Ich habe genug gesehen. Ich glaube, für mich ist das nichts. Tut mir leid.«

Michéle ignorierte die Fragen. Der Schweiß sprang ihr aus allen Poren. Dorit durfte nicht aus dem Haus gehen! Unter gar keinen Umständen. Wenn sie die Nase jetzt bereits voll hatte, würde es schwierig werden, sie dazu zu bewegen, noch mal hinein zu gehen. Sie wollte keine körperliche Gewalt gegen sie anwenden. Schnell sagte sie: »Die Küche ist verlottert, das stimmt. Aber da ist noch ein Zimmer, das ist wirklich schön.«

»Ich habe echt genug gesehen. Nett, mir das zu zeigen, aber das gefällt mir wirklich nicht. Außerdem ist es mir zu abgelegen. Hier sagen sich ja Fuchs und Hase Gute Nacht! Hier besucht mich doch auch niemand, oder kommt mal auf einen Sprung vorbei. Nee, also wirklich. Das Zimmer im Studentenwohnheim reicht mir völlig. Das liegt so nah an den Quadraten, da kann ich auch spontan einfach mal losziehen, um was zu unternehmen.« Sie machte einen Schritt zur Tür und wollte nach ihrer Tasche greifen, die sie im Flur abgelegt hatte.

Michéle machte einen Satz zu Dorit hin und stellte sich zwischen sie und ihre Tasche. ›Mist, jetzt cool bleiben!‹, schoss ihr durch den Kopf, es galt nun, die Aktion nicht zu versauen. »Ich würde mir das Zimmer wirklich mal anschauen! Damit unterschreibt man ja noch keinen Mietvertrag!« Sie lächelte. Dorit merkte nicht, dass nur ihr Mund lächelte, nicht aber ihre Augen. Die beobachteten sie, musterten sie ganz genau.

»Na gut, wenn es so wichtig für dich zu sein scheint, schaue ich mir das Zimmer eben an. Aber das kann mich eigentlich gar nicht mehr überzeugen. Ich will hier nicht einziehen.«

Michéle hielt beinahe die Luft an vor Spannung. Was, wenn Dorit den Riegel bemerkte, den sie dort angebracht hatte? Und dann doch nicht hinein ging in den Raum?

Dorit trat in den Raum und betätigte den Lichtschalter. Michéle hatte eine matte Birne in die Fassung geschraubt, deren Licht nun schwach leuchtete.

»Ich komme gleich nach!«

Dorit seufzte. Wozu sollte ich diese Bruchbude hier mieten?, ging ihr durch den Kopf, als sie die Tür hinter sich zuschnappen hörte. Sofort danach erklang ein schweres Plopp. Dorit ging zur Tür, die sich jedoch nicht öffnen ließ. Sie legte ihre Tasche ab und rüttelte mit beiden Händen am Griff.

»Hallo!?« Sicher erlaubte Michéle sich einen Scherz mit ihr. Dorit fand das keineswegs lustig. Sie würde ihr ernsthaft sagen, dass sie solche Art von Scherzen dämlich fand. Ziemlich dämlich, sogar.

Michéle hatte Dorits Tasche genommen, die Haustür verschlossen und sich auf den Heimweg gemacht. Sie atmete tief durch. Dass es hätte schief gehen können, Dorit ohne körperliche Gewalt in den Raum zu bringen, hatte sie in ihrer Naivität überhaupt nicht bedacht. Sie schaute in den Himmel. Da oben meinte es jemand gut mit ihr, und war auf ihrer Seite, das spürte sie ganz genau. Wieder ein Zeichen. Es war genau richtig, was sie tat.

*

»Sie wollen also eine Person als vermisst melden. Wie lange ist die Vermisste schon weg?« Kriminalhauptkommissarin Melanie Härter zog unwillkürlich den Ausschnitt ihres T-Shirts leicht nach oben. Der massige Typ hatte sich ihr gegenüber auf den Stuhl gequält.

»Ich erreiche Sie seit gestern nicht.«

Melanie schob ihren Stuhl ein Stück zurück. »Entschuldigen Sie bitte, aber handelt es sich um ein Kind?«

»Ja, auch. Aber«, er schien nach den rechten Worten zu suchen, »nicht so richtig.«

»Ja, was denn nun? Wie alt ist die Vermisste?«

»26.«

»Also, dann tut es mir leid. Der Zeitraum ist viel zu kurz. Eine volljährige Person kommt schon mal über Nacht nicht nach Hause. Handelt es ich um Ihre Tochter?«

»Um mein Kind schon, ja. Aber es ist ungeboren. Und die verschwundene Person ist schwanger mit ihm.«

»Aha.« Melanie hatte Probleme, dem Mann inhaltlich zu folgen.

»Dorit Mettmann ist meine Geliebte. Aber bevor Sie jetzt auf falsche Gedanken kommen, meine Ehefrau weiß von ihr und freut sich mit mir auf unser Kind.«

»Und wie kann ich Ihnen jetzt helfen?«

»Seit gestern ist der Kontakt zu Dorit abgerissen. Wir wissen nicht, wo sie ist und möchten eine offizielle Suche nach ihr einleiten.«

»Herr …« Melanie sah ihn auffordernd an.

»Entschuldigung, mein Name, ja, natürlich.« Er fingerte an der Innentasche seines edlen Sakkos herum und förderte eine elfenbeinfarbene Visitenkarte ans Licht. Die legte er nun vor sich auf den Tisch, so gedreht, dass Melanie sie lesen konnte.

»Dr. Bertold Meiser-Holt.« Dazu eine Adresse. »Herr Dr. Meiser-Holt, also, die Lage ist so: Eine volljährige Person kann grundsätzlich selbst ihren Aufenthaltsort bestimmen. Und wenn keine Gefahr besteht, gibt es keinen Anlass, nach ihr zu suchen.«

»Doch, das genau ist der Punkt. Meine Frau und ich haben Grund zu der Annahme, dass Dorit unser Kind abtreiben will. Unser Kind ist in Gefahr, Sie müssen nach Dorit suchen!«

»Was wollen Sie mir eigentlich erzählen? Ist Ihre

Leihmutter verschwunden? Wollen Sie eine Selbstanzeige machen? Leihmutterschaft ist in Deutschland nicht erlaubt.«

»Um Himmels willen! Dorit ist doch nicht unsere Leihmutter, das klingt ja entsetzlich. Nein, nein, wir beide haben das Kind in Liebe gezeugt, das versichere ich ihnen. Völlig unbeabsichtigt, selbstverständlich. Aber nun, da es schon mal da ist, soll es auch ein standesgemäßes Leben führen. Ich würde mich natürlich nie scheiden lassen ...«

»Kommen Sie bitte auf den Punkt, Herr Dr. Meiser-Holt. Warum sind Sie hier? Doch nicht, um mir Ihre Lebensgeschichte zu erzählen?«

»Nein, wie ich schon sagte, ich will eine Vermisstenanzeige aufgeben.«

»Ich kann nur das eben Gesagte wiederholen. Eine volljährige Person kann ihren Aufenthaltsort selbst bestimmen.« Melanie konnte es kaum fassen. Sie hatte in ihrer beruflichen Laufbahn schon einiges erlebt und gesehen, vor allem an menschlichen Abgründen. Hier breitete sich etwas vor ihr aus, was sie gar nicht so genau wissen wollte, zumal offensichtlich kein Verbrechen vorlag, außer vielleicht in moralischer Hinsicht, aber dafür war sie nicht zuständig. »Ich kann keine Vermisstenanzeige aufnehmen.«

Meiser-Holt erhob sich mühevoll. »Danke für Ihre Offenheit, Frau ...?«

»Kriminalhauptkommissarin Melanie Härter.« Sie hatte keine Probleme damit, dass sich der Typ ihren Namen einprägte.

Er beugte sich leicht vor. »Ich sehe hin und wieder den Staatsanwalt persönlich.«

Melanie sah ihm direkt in die Augen. »Herr Dr. Meiser-Holt, das tue ich auch.«

Draußen unterdrückte Bertold Meiser-Holt einen Fluch. Diese Kriminalhauptkommissarin war aber auch zu begriffsstutzig. Wie die ihn angestarrt hatte! Um ihm dann zu erklären, dass das alles nicht ausreiche, um nach Dorit zu suchen.

Er musste selbst etwas tun. Wen hatte Dorit mal erwähnt? Gab es da irgendwelche Freunde von ihr, die wüssten, wo sie sein könne? Sie hatte doch mal mit jemand telefoniert, verflixt noch mal, wie war der Name? Er lockerte seinen Krawattenknoten. M, irgendwas mit M, so fing der Name von Dorits Freundin an. Michéle, jetzt fiel es ihm wieder ein. Er musste länger nachdenken, dann wusste er bestimmt auch den Nachnamen dazu. Vielleicht sollte er eine Runde spazieren gehen.

Michéle war überrascht, um diese Zeit ein Klopfen an ihrer Wohnungstür zu hören. Außerdem kannte sie den großen, schweren Mann, der nun vor ihr stand, überhaupt nicht.

»Ich suche Dorit. Sie sind doch ihre Freundin, Sie hat öfters mit Ihnen telefoniert.« Er drängte sich an Michéle vorbei und schloss die Tür hinter sich.

»Und warum suchen Sie Dorit ausgerechnet bei mir?« Bloß Haltung bewahren, dachte sie sich, und auf keinen Fall irgendetwas anmerken lassen.

»Dorit hat mir von Ihnen erzählt.«

Michéle sah an ihm vorbei.

»Dorit hat sich nicht bei mir gemeldet.« Er suchte nach Worten und fummelte mit seinen schwammigen

Händen in der Luft herum. »Wenn ich ehrlich bin, bin ich selbst schuld daran. Wir hatten eine kleine Auseinandersetzung.«

»Sie sind Berni?« Michéle unterdrückte einen Lachreiz. Nach Latin Lover sah der Typ echt nicht aus.

»So nannte sie mich, ja. Dann hat sie Ihnen also von mir erzählt?« Hoffnung machte sich auf seinem Gesicht breit. Er war ziemlich groß, Michéle musste trotz ihrer eigenen Größe zu ihm aufschauen. »Sie hat Sie mal erwähnt, so nebenbei« sagte sie und hoffte, dass es locker klang und fügte hinzu: »Woher kennen Sie Dorit?«

Das Gesicht von Bertold Meiser-Holt zuckte. »Wir, ...«, begann er und überlegte nun, mit welchen Worten er am besten umschrieb, woher er Dorit kannte. Michéle sah ihn auffordernd an. Irgendwie genoss sie es, dass der Typ nun nach Worten rang. War wohl nicht so einfach für jemanden in dieser Position, sich selbst des Ehe- und Treuebruchs zu bezichtigen. Sie kam ihm kein Stück weit entgegen.

Der Dicke kämpfte mit sich. Schweißperlen glänzten auf seiner Stirn. Er zog ein blütenweißes Taschentuch aus seiner Anzugtasche und tupfte sich damit ab. »Dorit erwartet mein Kind.« Offenbar hatte er sich für den direkten Weg entschieden. Seine Augen wanderten unruhig in Michéles Flur umher. »Das ist keine leichte Situation für mich, das gebe ich zu. Meine Ehefrau, die ich letztlich in die Lage eingeweiht habe, hat mich dazu gebracht, Dorit anzubieten, das Kind auszutragen und es zu adoptieren.«

Michéle musterte ihn. Natürlich hatte sie über Bertold Meiser-Holt gelesen. Kein Krieg auf der Welt, an dem Meiser-Holts nicht mitverdienten. Das beträchtliche Vermögen der Familie, das seine Frau hauptsächlich mit in die Ehe gebracht hatte, wurde in einer respektablen Villa am Rhein verwaltet. Hohe Mauern umzogen das Grundstück, zur Straßenseite hin gab es keine Fenster in der langen Front, lediglich eine schmale Tür. Ohne Klingel, dafür das Fischauge einer Kamera. Die Holding hielt Anteile an den wichtigsten Rüstungsgüterfirmen der Welt, für soziales Engagement waren Meiser-Holts hingegen nicht bekannt. Die Situation kam ihr absurd und irgendwie irreal vor. Da stand dieser Kerl in ihrem Flur stammelnd vor ihr. Sie musterte ihn. Man konnte es ihm nicht ansehen, womit er sein Geld verdiente. Wenn sie ehrlich war, sah er beinahe ein wenig mitleiderregend, wenn im Moment nicht sogar erbärmlich, aus. War das die »Banalität des Grauens«? Banal sah der Typ wirklich aus. Und wenn er die miesen Waffen-Geschäfte nicht tätigen würde, würde es dann nicht ein anderer für ihn tun? Standen die nicht alle Schlange, um sich am Elend der Welt zu bereichern? Was war mit dem Karma dieses Typen? Es musste unendlich schlecht sein. Sie hätte für kein Geld der Welt mit ihm tauschen wollen. Bertold Meiser-Holt sah sie flehentlich an. »Bitte, wenn Sie wissen, wo Dorit sich aufhält, Sie müssen es mir sagen. Ich muss mit ihr reden. Wir«, er straffte sich, »meine Frau und ich, wir wollen, dass dieses Kind geboren wird. Schließlich ist es ein Meiser-Holt. Er soll auch später diesen Namen tragen, nach seiner Erziehung und Ausbildung, bevor er in unser Unternehmen eintritt.«

Michéle schaute ihn fassungslos an. Der Typ hatte sie wohl nicht mehr alle. Dorit solle das Kind austragen, damit diese Familie wieder jemanden hätte, der ihre Geschäfte weiter führt? Sogar entgegen aller moralischen

Bedenken, dass dies ein illegitimes Kind war? Sie schaute ihn lange prüfend an, bevor sie sagte: »Ich weiß nicht, wo Dorit ist.« Sie hoffte, dies mit genügend Überzeugungskraft vorgebracht zu haben. »Und selbst wenn, würde ich es ihnen nicht sagen. Sie widern mich an!«

Meiser-Holt wurde blass. »Verstehen Sie mich doch bitte nicht falsch! Ich möchte für mein Kind sorgen!«

»Kommt das nicht ein bisschen spät?«

»Dann hat Dorit also mit Ihnen gesprochen? Über mein unverzeihliches Benehmen ihr gegenüber? Es tut mir ja so leid! Was muss sie nun von mir denken!«

Michéle biss sich auf die Unterlippe. Verdammt!

Der Typ kam näher. Sie konnte die feinen Schweißperlen auf seiner Stirn sehen und seinen Atem riechen.

»Ich war so gemein zu meiner kleinen Dorit. Ich habe ihr unterstellt, das Kind wäre nicht von mir. So ein Blödsinn. Außerdem lasse ich natürlich einen Vaterschaftstest machen, wenn es da ist. Sagen Sie mir, wo Dorit ist! Bitte!«

Michéle spürte den Geschmack ihres Blutes im Mund, so fest biss sie sich in die Unterlippe. Sie musste unbedingt versuchen, diesen Kerl wieder los zu werden. Der sollte das Kind nicht kriegen. Sollte er doch selber sehen, was aus seinem Karma wurde. Das war so mies, da war ohnehin nichts mehr zu verbessern. Sie schluckte das Blut hinunter. Es schmeckte rostig und brannte in der Kehle. »Ich weiß es wirklich nicht«, log sie ihm ins Gesicht. Sie versuchte, ihm möglichst fest in die Augen zu sehen, was ihr schwer fiel. Hieß es nicht immer, wer einem ohne Ausweichen in die Augen sah, sagte die Wahrheit? Zu Michéles großer Erleichterung klingelte in diesem Moment jemand an ihrer Wohnungstür. Wer auch immer es war, diese Person schickte der Himmel. Sie riss die Tür auf, zu ihrer großen Freude stand Clemens vor ihr. »Komm rein«, befahl sie ihm beinahe. Und zu Meiser-Holt gewandt: »Wenn Dorit sich bei mir meldet, gebe ich Ihnen umgehend Bescheid. Aber jetzt gehen Sie.«

Meiser-Holt gab ihr seine Karte. »Melden Sie sich sofort, bitte.«

Michéle drückte die Tür hinter ihm ins Schloss.

»Sag mal, was ist denn hier los?« Clemens war verwundert.

»Das erzähle ich dir gleich.« Michéle braute sehr starken Kaffee. Sie würde sehr vorsichtig sein müssen. Noch vorsichtiger als bisher. Und dieser Typ von eben würde das Baby nicht in seine wabbeligen Finger kriegen. Der nicht. Und seine Frau mit ihrem Waffenklan auch nicht. Der Kaffee brannte in der Wunde im Mund.

»Irgendwie können einem doch solche Leute beinahe leid tun, oder?«, meinte Clemens, als sie ihm erzählte, wer ihr Besuch war.

»Bleib mal auf dem Boden. Meinst du, dem tut es leid, wenn in Afrika jemand auf seine Tretminen tritt, an denen er verdient? Nee, das tut dem nichts. Der gießt sich abends einen sündteuren Wein ein und lässt sich den Feierabend von so was nicht vermiesen.«

Sie musste nach Dorit sehen, noch heute Nacht. Sie musste sich davon überzeugen, dass es ihr gut ging. Sie musste vorsichtig sein um sicherzugehen, dass ihr niemand folgte. Der Vollmond erhellte die Nacht. Ein Fuchs streifte am Waldrand über ihren Weg. Das Tier stand da und schaute sie unverwandt an. Ihr lief ein Schauder über den Rücken. Mitten aus dem absoluten Stillstand heraus sprang das Tier ohne Vorwarnung auf und jagte davon. Sie hatte das Haus erreicht. Idyllisch sah es aus, so vom Mond beschienen. Sie hielt inne. War da nicht ein Geräusch? Sie duckte sich am Wegesrand und wartete eine Weile, bis sie sich sicher wähnte, alleine zu sein. Sie schloss die Haustür von innen ab und öffnete erst dann das große Vorhängeschloss an Dorits Gefängnis. Sie machte einen Schritt hinein und schloss die Tür. Unvorbereitet spürte sie einen dumpfen Schlag im Rücken und gleich darauf bekam sie einen Tritt in die Kniekehle. Sie sackte nach vorne. Dorit warf sich auf sie drauf. Blitzschnell fuhr Michéle mit ihrer freien rechten Hand in die Hosentasche und griff nach ihrem Fallmesser. Sie ließ die Klinge raus springen und setzte sie an Dorits Hals. »Spinnst du?«, fauchte sie Dorit an.

Dorit funkelte böse. »Was fällt dir ein, mich hier einzusperren? Mich gefangen zu halten wie ein Tier?« Ihre Finger krallten sich an ihrem Hals fest. »Wir sind doch Freunde!«

»Lass mich los!« sie schlug mit ihren Knien gegen Dorits Gesäß.

Doch die krallte ihre Nägel nun richtig tief in ihren Hals.

Michéle blieb gar nichts anderes übrig, zumindest ihrer Meinung nach, als Dorits Haut am Hals zu ritzen. Blut tropfte auf deren Hände. Ungläubig starrte Dorit auf ihre Finger, nahm sie von Michéles Hals. In ihrer Erregung hatte sie den leichten Schnitt gar nicht gespürt. Nun griff sie mit weit aufgerissenen Augen an ihren Hals. Die Gelegenheit nutzend warf Michéle sie ab. Sie baute sich vor ihr auf, das Messer drohend in der Hand haltend. »Bist du verrückt? Was soll das hier? Du sollst dich doch in deinem Zustand nicht aufregen!«

Unendlich traurig blickte Dorit zu ihr hoch, die Hand auf ihrer Wunde. »Warum machst du das hier?«

»Warum ich das hier mache? Weil ich ein Leben retten muss! Das deines Kindes! Du kannst nicht einfach hergehen und das Kind umbringen!«

»Und deshalb sperrst du mich hier ein? Damit ich es nicht abtreiben kann?« Ein Hoffnungsschimmer erglomm in Dorits Gesicht. »Aber ich habe doch den letztmöglichen Termin verpasst! Jetzt wird es nicht mehr gemacht! Lass mich hier raus!« Sie sah nach der Tür. Ihr Gesicht nahm plötzlich einen entschiedenen Ausdruck an. »Ich gehe jetzt einfach. Du wirst mich doch nicht umbringen, ich muss ja deiner Meinung nach noch das Kind austragen.« Dorit erhob sich und ging in Richtung Tür.

Mit einem lauten Schrei riss Michéle Dorit zur Seite, warf sie auf den Boden. Sie sprang zur Tür, machte sie auf, hechtete nach draußen und hängte rasch das Schloss wieder ein. Von der anderen Seite hämmerte Dorit mit beiden Händen gegen die Tür. Michéle sank auf den Boden und weinte. Warum nur war Dorit derart widerspenstig? Sie konnte sie nicht herauslassen, sie konnte ihrem ungeborenen Kind immer noch was antun. Was wäre, wenn sie zu rauchen anfing oder maßlos zu trinken, um dem Fötus zu schaden? Nein, das Risiko, dass Dorit etwas gegen das Kind unternehmen würde, war zu groß. Sie konnte ihr unmöglich trauen und sie auf gar keinen Fall frei lassen.

Ihr Rucksack! Wo war der!? Verdammt, den hatte sie bei Dorit im Zimmer gelassen. Da wollte sie aber so schnell nicht wieder rein gehen. Sie überlegte fieberhaft, was alles im Rucksack war. Ihre Geldbörse. Ihre Kreditkarte. Wo war ihr Handy? Lag das auch im Rucksack? Verdammter Mist!

Atemlos, wie von Furien gejagt, kam sie zuhause an. Als sie sich im Badezimmerspiegel sah, erschrak sie. Ihr Gesicht sah übel aus: es war verschmiert mit getrocknetem Blut. Sie würde vorsichtiger sein müssen, wenn sie Dorit zu essen brachte. Voller Schreck fiel ihr ein, dass sie ihren Eimer nicht geleert hatte. Trotzig schob sie ihre Unterlippe vor. Da war die doch wirklich selbst daran schuld. Sich mit ihr, die für ihr gutes Karma sorgte, derart anzulegen, war ja wohl mehr als blöd. Und absolut überflüssig. Denn Michéle würde das bis zum Ende durchziehen. Zu ihrer Freude fand sie ihr Handy auf dem Wohnzimmertisch.

Die nächsten Besuche bei Dorit machte sie mit allergrößter Sorgfalt. Sie kam nur noch nachts, wenn sie sichergehen konnte, dass Dorit schlief. Michéle lauschte einige Minuten an der Tür, bevor sie hineinging, die Lebensmittel auffüllte, die leeren Verpackungen mitnahm und den vollen Eimer durch einen neuen ersetzte. Dorit hatte mächtig an Umfang zugenommen, ihr Bauch schien riesig zu werden. Michéle plante alle Bewegungen sorgfältig und hielt sich so kurz wie nur irgend möglich da drinnen auf, die Schlafende immer im Blick. So ein Vorfall wie kürzlich durfte nicht mehr passieren. Dorit durfte sich auf keinen Fall aufregen, das war bestimmt nicht gut für das Kind. Blitzschnell erledigte sie mit ein paar Handgriffen, was zu tun war und hielt sich kürzest möglich in dem Zimmer auf. Tagsüber arbeitete sie verbissen an ihrer Doktorarbeit über das verborgene Kind.

Michéle hatte einen fürchterlichen Traum. Sie träumte von einem großen Gräberfeld mitten auf einer Lichtung. Ein Zug schwarz gekleideter Menschen bewegte sich durch die Bäume hindurch in Richtung dieses Feldes. Sie gingen im Gegenlicht zur Sonne, Michéle konnte keine Gesichter erkennen, auch nicht, ob es Männer oder Frauen waren, die an diesem schweigsamen Zug teilnahmen. Nach einer Weile sah sie, dass alle kleine Bündel in ihrem Armen hielten. Die Dunkelmenschen verteilten sich auf dem Feld und legten ihre Bündel in kleine Gruben, die vor kleinen weißen Grabsteinen ausgehoben waren. Die Grabsteine leuchteten von innen heraus. Die kleinen Bündel zuckten, strampelten. Ein Wimmern war zu hören, schwoll an, die kläglichen Stimmen vereinten sich, wurden immer lauter. Die Dunkelmenschen begannen unbeirrt, mit bloßen Händen Erde auf die Bündel zu scharren. Das kollektive Wimmern wurde erst leiser, bis es dann ganz verstummte. Die grausigen Menschen zogen sich nach getaner Arbeit in den Wald zurück. Die Grabsteine leuchteten immer heller. Michéle schnellte hoch.

Ihr Telefon hatte geklingelt, laut schrillte es durch ihre Wohnung. Sie strich sich das nass geschwitzte Haar aus dem Gesicht. Sie wollte jetzt mit niemand telefonieren, fühlte sich nicht in der Lage dazu. Nach siebenmaligem Klingeln sprang ihr Anrufbeantworter an. »Wenn Sie eine Nachricht für Michéle Schress hinterlassen wollen, tun Sie das jetzt.« Es piepte laut und schrill, es war zu hören, dass jemand geräuschvoll die Luft einzog. Michéle schauderte. Wer war da wohl dran? Ließ Berni sie ausspionieren? Hatte der jemand auf sie angesetzt? Zum Glück hatte er selbst sich nicht mehr bei ihr blicken lassen. Sie würde trotzdem noch vorsichtiger sein als bisher.

Als Michéle eines Nachts den Raum betrat, sah sie die Wasserlache, in der Dorit lag. Das war doch viel zu früh! Um einige Wochen sogar. Dorits Fruchtblase war geplatzt, jetzt würde das Baby unaufhaltsam kommen. Dorit war wach und schaute sie mit glasigen Augen an. »Es tut so weh«, jammerte sie.

»Das kommt schon raus«, beschwichtigte Michéle, »raus kommen sie alle.«

»Red doch nicht so ein Blech. Dein saudummer Spruch hilft mir überhaupt nicht. Es kommt nicht raus. Es steckt irgendwie fest. Außerdem ist es doch viel zu früh, verdammt viel zu früh.«

»Du musst pressen!«

Dorit hielt sich mit schmerzverzerrtem Gesicht den Bauch. »Ich brauche einen Arzt. Oder willst du mich hier verrecken lassen?« Dorit überlegte. »Das Kind stirbt, wenn du keinen Arzt holst! Es muss auch sofort auf eine Station für Frühchen. Denn dann war das alles hier vergeblich. Du hast mich umsonst hier eingesperrt, wie ein Stück Vieh. Es stirbt. Es hat sich schon eine Weile nicht mehr bewegt. Es ist ganz ruhig. Hörst du mir überhaupt zu?«

Michéle kramte hektisch in ihrem Rucksack nach ihrem Mobiltelefon. »Ein Notfall! Eine Hausgeburt!«, schrie sie ins Telefon. Dorit sah sie bitterböse an. »Hausgeburt«, äffte sie nach.

Michéle beachtete ihren Einwand nicht und gab die

Adresse durch. »Kommen sie mit einem Hubschrauber. Es eilt wirklich! Es geht um Leben und Tod!« Sie sah sich um. »Ich werde neben dem Haus ein großes Laken ausbreiten. Landen sie dort.« Sie beendete das Gespräch, raffte ein Laken an sich und rannte nach draußen.

Voller Sehnsucht starrte Dorit zur geöffneten Tür. Sie biss die Zähne aufeinander und schob sich in Richtung Tür. Da brach eine neue Wehe mit archaischer Gewalt über sie herein, ging aus vom Rücken, durchstieß den ganzen Bauch, sammelte sich an der Bauchdecke, die sie zu durchbrechen drohte. Ein infernalischer Schmerz, der kaum auszuhalten war. Sie schrie wie ein schwer verletztes Tier laut auf. Solche Schmerzen hatte sie in ihrem ganzen Leben noch nie gehabt. Etwas schob nun ihre Beine auseinander, etwas, das aus ihrem Körper kam. Aber es blieb stecken. Dorit hob schweißnass ihr Becken an, wimmerte kläglich. Es tat so verdammt weh. Sie krallte sich mit beiden Händen in der Matratze fest. Sie bestand nur noch aus Schmerz, Tod und Blut.

Michéle kam zurück und sah entsetzt zwei kleine Füße aus Dorits Unterleib heraus ragen. Sie fasste nach den kleinen Füßen.

Dorit stieß einen unmenschlichen Schrei aus. Ihr Gesicht lief blau an.

»Stell dich nicht so an. Die Ärzte sind gleich da!« Michéle begriff nicht, dass Dorit am Ende war. Mit sich und der Welt. Vor allem aber mit ihr, die sie in diese ausweglose Lage gebracht hatte.

Dorit trat mit letzter Kraft um sich und traf Michéle, die sich über sie gebeugt hatte, mit dem Fuß am Kopf. Michéle wurde wütend. »Dumme Gans, ich will dir doch helfen!«

Draußen hörten sie den Lärm eines Hubschraubers. Das Geräusch wurde lauter und übertönte Dorits Schreie. Ein weiß gekleideter Mann mit einem Arztkoffer rannte zur Tür herein, warf einen Blick auf Dorit, schob Michéle zur Seite, bückte sich und öffnete seinen Koffer.

»Ganz ruhig, ganz ruhig«, redete er auf Dorit ein. »Sie kriegen jetzt erst Mal ein Schmerzmittel.« Und zu Michéle gewandt: »Weshalb holen Sie mich so spät? Das ist unverantwortlich!« Dem Sanitäter, der ihm gefolgt war, gab er die Anweisung, die Trage zu holen.

»Ich wollte das Baby retten!«, stammelte Michéle.

»Das Baby retten?«, fauchte der Arzt sie an. »Und dafür setzen Sie das Leben der Mutter aufs Spiel!? Das wird Folgen haben.« Er schnaubte: »So etwas habe ich ja noch nie gesehen.«

Als der Hubschrauber mit Dorit abgeflogen war, kam der Arzt auf Michéle zu. Ihr Gesicht war blutverschmiert, ebenso wie ihre Kleidung. »Und nun zu Ihnen. Gleich kommt ein Krankenwagen, der sie mitnimmt.«

»Ich? Krankenwagen? Wieso?«

»Sie sehen aus, als ob Sie einen Schock hätten. Es ist besser, Sie kommen auch in eine Klinik.« Der Arzt sah sich im Raum um. »Ziemlich düster hier, was? Ist da der Rollladen zu vorm Fenster? Sein Blick streifte den Eimer mit Deckel, der einen widerlichen Gestank verströmte. Die schmutzige Matratze lag nackt auf der Erde. »Was ist das hier eigentlich? So sieht doch keine Wohnung aus, in der man sich auf ein Kind freut! Das sieht ja aus hier, als wäre da jemand gefangen gehalten.«

Instinktiv duckte er sich. Michéle hatte mit dem Holzstuhl nach ihm geworfen, der nun krachend an der Wand zerbarst. Wie eine Furie ging sie auf ihn los. Plötzlich verfügte sie über eine Menge Kraft. Sie trat und biss, als der Arzt versuchte, sie an ihren Handgelenken zu fassen.

Das Geräusch eines Martinshorns kam näher, das machte Michéle noch wilder. »Sie haben überhaupt keine Ahnung! Ich habe das Baby gerettet! Ohne mich wäre es nämlich schon längst tot! Getötet von seiner eigenen Mutter! Die wollte das Kind abtreiben. Und nur mir«, keuchte sie, als es dem Arzt endlich gelang, sie an den Handgelenken zu packen und auf den Boden zu zwingen, »ist es zu verdanken, dass dies nicht geschah.«

Der Arzt hielt sie weiter fest und ließ seinen Blick durch das Zimmer schweifen. »Sie haben sie hier eingesperrt? Damit sie das Kind austragen muss?« Unfassbar, so was war ihm in seiner gesamten Laufbahn als Arzt noch nicht untergekommen. Es überstieg sein Vorstellungsvermögen. Er schüttelte seinen Kopf. »So etwas gibt es doch gar nicht.«

Das Martinshorn klang nun unerträglich laut, der Krankenwagen musste direkt vor der Haustür stehen. Zum Glück wurde das Signal eben abgestellt. Zwei Männer kamen herein.

»Tag, Kollege, was liegt an?«, sagte der Arzt des Krankenwagenteams zu Dr. Weißhaupt, der Michéle immer noch festhielt.

»Ziehen Sie bitte eine Beruhigungsspritze auf, bevor ich die Patientin loslasse.«

»Die kenne ich doch«, grübelte der zweite Arzt laut. Er dachte laut nach, während er routiniert eine Spritze aufzog. »Ich erinnere mich. Ein ganz schlimmer Fall. Damals, als ich junger Assistenzarzt war, in einem kleinen Ort im Schwarzwald. Sie waren eine meiner ersten Patientinnen.« Er beugte sich zu Michéle. »Ich habe

Sie nie vergessen. Manchmal sehe ich nachts ihr Gesicht vor mir. Sie haben sich kaum verändert. Wissen Sie, die ersten Fälle gehen einem besonders an die Nieren. Und besonders Ihr Fall war ganz schlimm für mich, ich war ja selbst ein junger Arzt.«

Michéle drehte das Gesicht zur Seite. »Ich kenne Sie nicht. Habe Sie nie gesehen.« Sie versuchte, sich dem Klammergriff zu entwenden, als ihr der Arzt die Spritze verpasste.

»Doch, doch, ich erinnere mich ganz genau. Ihre Mutter brachte Sie zu uns. Sie waren blutjung, beinahe selbst noch ein Kind. Ihr Vater hatte Sie missbraucht und nun erwarteten Sie ein Kind von ihm.« Er sprach mehr zu seinem Kollegen als zu Michéle, die die Augen schloss und mit beiden Händen ihre Ohren zuhielt. »Hören Sie auf«, fauchte sie.

»Ihre Mutter zwang sie, eine Abtreibung vornehmen zu lassen. Es gab Komplikationen, sie war ja noch so jung. Wir mussten die Gebärmutter entfernen. So konnte sie nie wieder Kinder kriegen. Und dieses eine Kind hatte sie behalten wollen. Ihre Mutter hat ihr nach ihrem Vater ein zweites Mal Gewalt angetan. Ging damals natürlich alles um in dem kleinen Ort, kann man ja nichts geheim halten. Ihr Vater hat sich noch in der Untersuchungshaft erhängt.«

Michéle öffnete ihre Augen »Es tut mir leid, ich kenne Sie nicht. Und für den Selbstmord meines Vaters trage ich keinerlei Schuld. Wie sprechen Sie überhaupt über meinen Vater? Frechheit! Sie verwechseln mich.«

»Ich habe Ihrer Mutter damals dringend geraten, Sie psychologisch betreuen zu lassen. Hat sie das nicht gemacht?«

»Psychologisch betreuen? Ja denken Sie, ich habe einen an der Waffel, oder was?«, schleuderte sie ihm entgegen. Sie entwand sich dem Griff seines Kollegen, sprang auf und warf sich gegen ihn. Während sie mit schlaffer werdenden Armen auf ihn einschlug, schrie sie mit quäkender Stimme: »Sie verwechseln mich! Ich habe keine Schuld!« Die Spritze wirkte immer mehr, bis sie schließlich zusammen brach.

»Gleich in die Psychiatrie, oder, Herr Kollege?« Die beiden Ärzte nickten sich traurig zu.

»Nicht aufgearbeitetes, schweres Trauma. Irgendetwas muss vor einiger Zeit passiert sein in ihrem Leben. Wahrscheinlich ist sie einer Person begegnet, mit der sie sich so identifiziert hat, dass sie sich über diesen Umweg ihrem schweren Traumata genähert hat. Akute Suizidgefährdung.«, sagte der Arzt, der sich an die blutjunge Michéle, die so unendlich schwer verletzt und verwundet worden war, erinnerte.

Sein Kollege gab dem Sanitäter, der daneben stand, die Anweisung: »Geschlossene Abteilung.« Er wirkte müde, als er sein Mobiltelefon aus der Tasche zog und die 110 eintippte. »Dr. Weißhaupt hier. Ich habe in Verbindung mit meiner Tätigkeit als Notarzt eine Straftat zu melden.«

73 Eines der größten Barockschlösser Europas, nach der Zerstörung im zweiten Weltkrieg mit rekonstruierter Fassade wieder aufgebaut. Die gesamte Anlage ist etwas unter einem halben Kilometer lang. Kurfürst Carl Philipp wandte der bisherigen Residenzstadt Heidelberg den Rücken zu und begann 1720 mit dem Bau des Mannheimer Schlosses, den sein Nachfolger Carl Theodor abschloss. Heute ist das Schloss Sitz der Universität. Vor wenigen Jahren wurde der Ehrenhof genannte Schlossvorplatz nach alten Vorlagen neu gepflastert und die schönen Grünanlagen und das große Wasserbecken, an denen die Studierenden in den Pausen entspannt sitzen konnten, entfernt.

74 Im Mittelbau des Schlosses wurden die historischen Räume einschließlich des Rittersaales rekonstruiert. Sie sind zu besichtigen, was alleine schon das imposante Treppenhaus lohnt.

75 Zum lichten, freundlichen Schloss in Schwetzingen gehört ein schöner Park, in dem sich neben einem großen Teich und anderem mehr auch eine kleine Moschee befindet. Entzückend ist das kleine Rokoko-Theater, in dem immer noch Aufführungen stattfinden, vor allem im Rahmen der Schwetzinger Festspiele und des Mannheimer Mozartsommers. Eine eigens angelegte Chaussee führte vom Mannheimer Schloss vorbei an der Schwetzingerstadt, einem heutigen Stadtteil Mannheims, in Richtung des kurfürstlichen Sommerschlosses in Schwetzingen.

76 Im dem den Schloss direkt gegenüberliegenden Palais Bretzenheim in A2 wohnte die Mätresse Carl Theodors mit ihren gemeinsamen Kindern. Die junge Josepha Seyffert-Haydeck war Tänzerin, sie starb im Kindbett nach der Geburt ihrer Zwillinge. Das Gebäude beherbergt seit einiger Zeit eine Außenstelle des Amtsgerichts Mannheims, u. a. das Familien-Betreuungsgericht.

77 Ein Industriedenkmal ist das Wahrzeichen der Stadt, 1889 am Friedrichsplatz fertiggestellt, nach dem 2. Weltkrieg wiederaufgebaut. Auf seiner Spitze thront die Meeresgöttin Amphitrite. Nachts leuchten die Fenster in blauem Licht. Jedem Mannheimer geht das Herz auf, wenn er nach Abwesenheit in seine Heimatstadt zurückkehrt und den Wasserturm wiedersieht!

78 Hinter der Jugendstilfassade des Rosengartens befindet sich ein modernes Kongress- und Veranstaltungszentrum. Der Rosengarten ist Teil des einmalig wunderschönen Jugendstil-Ensembles rund um den Friedrichsplatz.

79 Die beiden prächtigen Häuser mit ihren großen Glaskuppeln bilden den Übergang vom Friedrichsplatz zur Augusta-Anlage, an deren Ende der Mannheimer Kunstverein steht. Auf der Mitte der Prachtstraße begrüßen Blumenrabatten zwischen einer Platanen-Allee die von der Autobahn kommenden Gäste. Die hier aufgestellten Großskulpturen bilden die Skulpturenmeile Mannheim.

ABGEBLITZT

Blau. Ultramarineblau. Mit außergewöhnlich schönen Augen blickte Beatrice in die Welt. Aber was sie sah, gefiel ihr nicht immer. Just wie an diesem Frühjahrsmorgen in Mannheim auf dem Marktplatz **80**, über den sie eben lief, vorbei am Alten Rathaus **81**. Denn sie hatte ihren Schwager Robert entdeckt, der vor ihr ging. Was wollte denn der um diese Uhrzeit an diesem Ort? Zum Glück war heute Markttag, so war es Beatrice ein Leichtes, Robert völlig unauffällig zu folgen. Während sie vortäuschte, nach den Auslagen der Marktstände zu schauen, beobachtete sie ihn aus den Augenwinkeln heraus. Sie fühlte sich wie ein Detektiv in einem dieser alten amerikanischen Krimis und ein leichtes Kribbeln befiel sie.

»Pälzer Grumbeere!«

Sie fuhr erschreckt zur Seite, als ihr der untersetzte Mann an dem Stand direkt ins Ohr plärrte. Dadurch hätte sie beinahe Robert aus den Augen verloren. Dort vorne war er, sie durfte sich nicht abhängen lassen. Sie spürte regelrecht, dass er etwas vorhatte, was nicht in Ordnung war. Ihr Schwager war ein Filou, das wusste sie schon seit langem. Die Pfälzer Gemütlichkeit lebte er ausgiebig, das Schaffen hatte er, zumindest ihrer Ansicht nach, aber nicht erfunden.

Hopplahopp, ihr Schwager Robert Frömmert ging am Friedensengel **82** vorbei zum Pfandhaus! Nein, er drückte sich verstohlen hinein, diese Umschreibung passte besser zu seinem Verhalten. An der Tür warf er nochmals einen Blick über seine Schulter, gerade so als ob er sich vergewissern würde, dass ihm niemand folgte.

Was zum Teufel machte Robert im Pfandhaus? Das Blau von Beatrices Augen wurde intensiver und die rostfarbenen Einsprengsel darin dunkler. Warum schritt er nicht so forsch, wie er sonst immer auftrat, in dieses Gebäude? Sonst ging er doch auch immer aufrecht und trug seine Nase so hoch, dass es beinahe hineinregnen konnte!

Sollte sie ihre Schwester Barbara fragen? Sie redeten nicht mehr viel miteinander, seit ihre Schwester diesen Mann geheiratet hatte. Anlageberater war er. Bestimmt schwatzte der seinen Kunden ausschließlich Fonds auf, an denen er selbst am meisten verdiente. Auch ihren Eltern war die Heirat nicht Recht gewesen. Sie hatten sich eine bessere Partie für die jüngere ihrer beiden Töchter gewünscht. Da Beatrice keinerlei Neigung zur Heirat und Familiengründung erkennen ließ, fokussierten sich ihre gesamten Hoffnungen bezüglich Enkelkinder auf Barbara. Und dann kam die ausgerechnet mit diesem Mann daher, den sie sich als Vater ihrer heiß ersehnten Enkelkinder so ganz und gar nicht vorstellen konnten. Die gesamte Familie sah es beinahe schon als Glück an, dass die Ehe kinderlos blieb. Lieber hatten sie keine Enkelkinder als welche von diesem Mann.

Beatrice wartete in einigem Abstand darauf, dass sich die Tür des Pfandhauses erneut öffnete und ihr Schwager wieder herauskam. Was auch bald geschah. Sie hatte den Eindruck, dass er jetzt erleichtert wirkte. Er ging, ohne sich umzusehen, Richtung Paradeplatz, vorbei an dem gläsernen Kubus, des Mahnmals **83**, das an den Holocaust erinnerte. Da Beatrice ihren ersten Patienten erst in einer Stunde erwartete, entschloss sie sich spontan, ihrem Schwager weiter zu folgen.

Wie gut, dass sie heute zufällig den Weg über den Marktplatz gewählt hatte. Ein Glückstreffer, wie sie fand. Eigentlich hatte sie Erdbeeren kaufen wollen, aber das war nun egal. Bestimmt machte Robert irgendwelche krummen Geschäfte und sie hatte ihn dabei erwischt. Vielleicht gelang es ihr nun endlich, ihrer Schwester die Augen über diesen Mann zu öffnen. Der war einfach nicht der Richtige für sie. Und er passte überhaupt nicht in die Familie.

Sie selbst war ja auch ziemlich wählerisch gewesen und hatte keinen Partner gefunden, der ihren hohen Ansprüchen genügte. Dabei sah sie doch prima aus und fühlte sich für ihr Alter bestens in Form. Und ihre Umgangsformen waren auch über jeden Zweifel erhaben!

Plötzlich versperrte ihr eine frühe Touristengruppe den Weg. Als sie sich endlich durch die Gruppe gekämpft hatte, war Robert zu ihrem großen Ärger verschwunden. Schulterzuckend machte sie sich auf den Weg zu ihrer Heilpraktikerpraxis. Die Bäume auf den verlängerten Planken zeigten bereits ein zartes Grün. Im Gegensatz zu anderen Tagen würdigte Beatrice nicht wie sonst das Durchbrechen der Natur mit freudigen Blicken. Ihre Gedanken kreisten um Robert. Was hatte der im Pfandhaus zu tun?

Sie schenkte dem Blumepeter **84** nicht wie sonst ein freundliches Lächeln und eilte, tief in sich versunken, dahin. Heute war sie durch die Verfolgung von Robert etwas spät dran und musste sich beeilen.

Nun hatte sie sich so beeilt und ihre erste Patientin verspätete sich. Wo blieb die nur? Sie öffnete das Fenster. Ihr Blick fiel auf die kleinen bronzefarbene Erinnerungssteine, die in den Gehweg vorm Haus eingelassen worden. Die Stolpersteine 85 erinnerten an die während der Zeit des Nationalsozialismus deportierten Mannheimer Bürger. Das Haus, in dem jetzt Sofias Büro war, war damals »arisiert« worden. Keiner der damaligen Bewohner hatte die Schreckenszeit überlebt. Als sie die Praxisräume renovieren ließ, war unter einer der Bodendielen das Tagebuch der jüngsten Tochter entdeckt worden. In der Pogromnacht waren uniformierte Stiefelträger in die Privaträume der Familie eingedrungen und hatten neben dem Hausrat den Brautschmuck der jungen Frau aus dem Fenster geworfen und zerstört.

Als Frau Braun endlich kam, entschuldigte sie sich: »Ich musste meine Nachbarin beruhigen. Bei der wurde gestern Abend eingebrochen. Während sie schon schlief. Stellen Sie sich das vor! Wissen Sie, die geht immer sehr früh ins Bett. Und nun war die Polizei da. Da musste ich natürlich bei ihr bleiben, bis ihr Sohn kam.«

»Was haben die denn gestohlen, die Einbrecher?«

»Der gesamte Familienschmuck von Frau Prinzel ist weg«, wusste Frau Braun zu berichten. Beatrices Augen wurden dunkelblau. Aufmerksam hörte sie zu und ließ sich in allen Details von dem Vorfall berichten. Sogar die verbale Endlosschleife, in die Frau Braun überging, ließ sie geduldig über sich ergehen. Sie sog die Worte auf wie ein nasser Schwamm.

Den Rest des Vormittages war sie nicht mit all ihren Sinnen bei ihren Patienten. Ihre Gedanken jagten hin und her. Frau Braun wohnte in der Nähe ihrer Schwester am Unteren Luisenpark 86 . Schmuck war bei der gemeinsamen Nachbarin Frau Prinzel gestohlen worden. Schmuck, den man bequem in der Hosentasche ins Pfandhaus tragen konnte! Es musste doch mit dem Teufel zugehen, wenn es da keinen Zusammenhang zu ihrem Hallodri von Schwager gab! Beatrice hatte ein tiefes, inneres Gefühl, dass der Kerl da zumindest mit drin hing. Pah, Anlageberater, was für ein Beruf! Der brauchte bestimmt dringend Geld, um zu vertuschen, dass er mit seinen Geschäften nicht genügend verdiente, um seine Frau zu ernähren.

War ihre Schwester Barbara in letzter Zeit nicht sehr häufig bei den Eltern gewesen? Und hatte sie nicht jedes Mal auch dort gegessen? Es war ihr schon aufgefallen, dass Barbara schmäler geworden war. Hatten sie und ihr Mann finanzielle Probleme? Bat sie die Eltern etwa um Geld? Nicht, dass sie es ihr nicht gegönnt hätte, nein, das war nicht das Problem. Schließlich waren doch die Eltern auch ihr gegenüber mehr als großzügig gewesen, als sie ihr die Praxisräume einrichteten. Aber als Anlageberater hatte Robert sicherlich sehr viel Geld bei der Finanzkrise verloren und war nun klamm. Dann lag cs doch nahe, das Robert mit diesem Diebstahl bei seiner Nachbarin zu tun hatte. Nach ihren heutigen Beobachtungen traute sie ihm das zu. Sie fieberte dem letzten Patienten entgegen. Seine Beschwerden drangen kaum zu ihr durch und sie verordnete ihm Globuli zur Verbesserung des Allgemeinbefindens, die Sorte, die sie immer aufschrieb wenn sie das Gefühl hatte, ein Rezept, egal was drauf stand, würde zur Beruhigung des Patienten beitragen.

In der Mittagspause verließ sie ihre Praxis. Die ersten Narzissen streckten in der gepflegten Anlage vor dem

Stadthaus **87** rund um den Grupello-Brunnen **88** ihre Blätter vorsichtig in die milde Frühlingsluft. Es roch nach Frühling. Doch Beatrice bemerkte nichts davon, ihre Gedanken kreisten um Robert und um diesen Einbruch. Sie hatte es ihrer Schwester schon immer gesagt: »Dieser Mann stürzt dich ins Unglück!« Doch die wollte ihr ja keinen Glauben schenken, blind vor Liebe war sie wegen diesem Filou, der weit unter dem Niveau ihrer Familie war!

»»Entschuldigen Sie bitte, wo ist denn hier die Konkordienkirche **89**? Die muss doch hier ganz in der Nähe sein?« Zwei Frauen, in cremebeige gekleidet, standen vor ihr.

Beatrice war in Eile und wollte nicht aufgehalten werden. Sie zeigte mit ihrem Arm in die entsprechende Richtung. »Gehen Sie zum Marktplatz und fragen Sie dort weiter.«

Dann eilte sie weiter in Richtung Pfandhaus. Ihr Herz pochte bis zum Hals, so dass sie dachte, es müsse gleich zerspringen. Oder jemand würde das harte Pochen hören und sie darauf ansprechen. Sie presste ihre Tasche an sich und beschleunigte ihre Schritte. Am Pfandhaus angekommen, öffnete sie die Tür und trat an die Theke des hellen Raumes.

Eine freundliche Frau begrüßte sie. »Guten Tag, womit kann ich Ihnen helfen?«

Beatrice zitterte leicht, als sie ihre lang überlegte Frage los wurde: »Ich bin auf der Suche nach altem Schmuck. Können Sie mir da etwas zeigen?«

Die Frau strahlte sie an. »Da haben Sie aber Glück. Grade heute früh haben wir sehr schöne Stücke herein bekommen. Warten Sie bitte einen Moment.«

Bald kam sie wieder und legte ein samtenes Tablett auf die Theke. »Schauen Sie, diese Kette mit dem Labradorit würde ganz wunderbar zu ihren Augen passen. Der Stein nimmt irisierend ihre Augenfarbe auf.«

Doch Beatrice wollte jetzt keine Unterhaltung über ihre bemerkenswerten Augen führen. Aber nun wusste sie genau: Heute war alter Schmuck ins Pfandhaus gebracht worden. Und sie glaubte auch ganz genau zu wissen, von wem.

»Der Schmuck liegt jetzt für drei Monate bei uns, und wenn er bis dahin nicht wieder ausgelöst wird, kommt er zur Versteigerung. Schauen Sie nur, dieser Anhänger ist wie für sie gemacht.« Die Angestellte des Pfandhauses bewegte ihren Handrücken, auf dem der Stein lag. So kam das Farbenspiel des Labradorits mit seinen verschiedenen Blautönen verführerisch gut zur Geltung.

»Ja, gut, dann frage ich in drei Monaten nochmals nach.« Das würde Beatrice zwar ganz bestimmt nicht tun, aber mit dieser Aussage konnte sie sich ganz elegant verabschieden und das Pfandhaus verlassen.

Auf dem Weg durch Little Istanbul 90 überlegte sie, ob sie erst mit ihren Eltern sprechen, oder lieber gleich zur Polizei gehen sollte? Die Eltern waren beide über siebzig. Wozu sie unnötig aufregen? Und zur Polizei würde sie ja sowieso gehen. Nein, sie *musste* sogar zur Polizei. War nicht jeder anständige Bürger dazu verpflichtet, ein Verbrechen anzuzeigen, von dem er etwas mitbekam?

Der Nachmittag schleppte sich dahin, bis sie endlich ihre letzte Patientin los geworden war. Frau Mühsam zeichnete sich durch einen immensen Redefluss aus, der kaum zu stoppen war. Wie immer plauderte sie ohne Punkt und Komma drauflos, bis Beatrice sie Punkt siebzehn Uhr unterbrach. »Frau Mühsam, meine Praxiszeit ist nun leider zu Ende. Ich habe noch einen wichtigen Termin und ich muss heute ausnahmsweise pünktlich gehen.«

Frau Mühsam schaute sie verdutzt an. So war die Heilpraktikerin ja noch nie mit ihr umgesprungen! Ausnahmsweise! Vielleicht sollte sie sich nach einer neuen umsehen. Wenn sie sich hier bei ihrer Heilpraktikerin nicht ausgiebig über ihre Krankheiten ausbreiten konnte, dann konnte sie auch gleich zu einem Arzt gehen, der auf Krankenschein behandelte. Der Doktor hatte zwar auch nicht soviel Zeit für sie, wie sie sich selbst wünschte. Aber den musste sie wenigstens nicht aus eigener Tasche bezahlen. Tief gekränkt und ohne Gruß verließ Frau Mühsam die Praxis. Kurz danach verschloss Beatrice die Räume und ging zügig zum nächsten Polizeirevier. Sie hatte eine Entscheidung gefällt. Die Indizien, die gegen Robert sprachen, erschienen ihr so eindeutig, dass sie sich regelrecht zu einer Anzeige gezwungen sah. Dann würde ihre Schwester Barbara endlich erkennen, mit wem sie da eigentlich verheiratet war und sich von ihm trennen.

Beatrice lebte auch alleine. Weshalb sollte es Barbara anders ergehen als ihr? Und war nicht sowieso alles besser, als mit einem Verbrecher das Bett zu teilen?

Der diensthabende Beamte erfasste sie mit einem raschen Blick. Oje, die hat bestimmt etwas in der Nachbarschaft beobachtet, flüsterte ihm seine Erfahrung ins Ohr. Jovial sagte er: »Guten Tag, was führt sie zu uns?«

Beatrice musste erst mal nach Luft ringen. Sie war beinahe gerannt, mit jedem Schritt erschien ihr das Anliegen, das sie gleich vorzutragen gedachte, dringlicher.

»Setzen Sie sich doch«, sagte der Polizist fürsorglich.

Doch Beatrice wollte das, was ihr auf der Seele brannte, im Stehen los werden. »Ich will eine Aussage machen.«

In diesem Moment kam Melanie Härter in den Raum. Sie hielt inne. Die Frau kannte sie doch?

Und die erkannte sie auch. »Frau Härter, ja so ein Zufall. Erinnern Sie sich? Ich bin Ihre Heilpraktikerin. Sie waren doch bei mir in Behandlung.«

»Ja, genau. Sechs Mal.« Melanie erinnerte sich. Ihre Mutter hatte ihr im letzten Winter eine Reihe von Akupunktursitzungen zur Stärkung ihres Immunsystems geschenkt.

»Also Herr Wachtmeister, jetzt, wo ich die Frau Härter getroffen habe und wir uns ja sozusagen kennen, also, da möchte ich meine Aussage doch lieber bei der Frau Härter machen.«

Melanie schüttelte hinter Beatrices Rücken den Kopf und gab dem Kollegen deutliche Zeichen mit der Hand.

»Aber wir haben doch schon angefangen, machen wir beide weiter damit.« Der Polizist lächelte gewinnend.

Doch Beatrice wandte sich entschlossen zu Melanie um. »Von Frau zu Frau, da spricht es sich viel leichter.«

Melanie unterdrückte einen Seufzer und ergab sich. »Na gut, dann kommen Sie eben mit in mein Büro.«

Nachdem Beatrice Platz genommen hatte, überlegte sie, wie sie nun genau anfangen sollte.

»Nun, was wollen Sie denn melden.« Melanie unterdrückte das dringende Bedürfnis, mit den Fingern auf die Schreibtischplatte zu trommeln.

»Ja, also, das ist so. Wissen Sie, meine Patienten erzählen mir immer eine Menge. Und da hat mir heute die Frau Braun erzählt, dass gestern bei ihrer Nachbarin, der Frau Prinzel, eingebrochen worden ist. Da hat jemand den gesamten wertvollen Familienschmuck gestohlen! Ja, und ich habe da heute früh eine Beobachtung gemacht. Und ich meine, ich muss das doch melden, nicht wahr, wenn das doch in Zusammenhang mit so einem gemeinen Verbrechen steht.«

»Was haben Sie denn beobachtet?«

»Also, mein Schwager, den habe ich heute früh zufällig gesehen. Und stellen Sie sich vor, der ist doch direkt ins Pfandhaus gegangen. Richtig herum gedrückt hat der sich und geschaut, ob ihn niemand sieht. Aber ich bin ja nicht blöd und so bin ich ihm unauffällig gefolgt.«

Melanie dämmerte etwas. »Und Sie meinen …?«

»Ja, genau. Mein Schwager wohnt nämlich genau auch dort, bei Frau Braun und Frau Prinzel in der Nachbarschaft. Und das passt doch wunderbar zusammen! Und außerdem, was das Wichtigste ist, es passt zu seinem Charakter. Wissen Sie, genau so schätze ich den ein. Schon immer. Ich habe es meiner Schwester von Anfang an gesagt, dass der nichts taugt, dass der nichts für sie ist und der überhaupt nicht in unsere Familie passt.«

»Ihnen ist klar, dass das eine schwerwiegende Anschuldigung ist, die Sie gegen Ihren Schwager aussprechen.«

»Ich bin ja noch gar nicht fertig! Ich habe ja sozusagen auf eigene Faust ermittelt und war auch schon im Pfandhaus. Und da ist doch tatsächlich heute früh alter Schmuck abgegeben worden. Also, ich denke, der Rest ist Ihre Aufgabe.«

Zufrieden lehnte Beatrice sich zurück. Wenn ihre Schwester den Kerl erst mal los war, würde sie vielleicht auch endlich mal mit ihr die Kreuzfahrt machen, zu der sie sie schon seit längerem überreden wollte.

»Robert Frömmert heißt er. Am besten kümmern Sie sich gleich um ihn, womöglich taucht er unter.« Sie musste die Sache dringend machen, denn die Reise war schon beinahe ausgebucht, wie ihr die Dame im Reisebüro gesagt hatte.

Melanie schob mit beiden Händen ihre Haare zurück, hielt sie mit einer Hand zusammen und angelte mit der freien Hand einen Gummi aus einer der Schreibtischschubladen. »Sie wollen also eine Anzeige gegen ihren Schwager aufgeben. Sie verdächtigen Robert Frömmert des Einbruchs in der Wohnung seiner Nachbarin Prinzel?«

»Und ob ich das tue! Und ich bestehe auf einer Gegenüberstellung mit der Angestellten des Pfandhauses. Die wird ihn gewiss wieder erkennen! Ach ja, und diese Frau Prinzel muss natürlich ihren Schmuck zurück bekommen. Mein Gott, die alte Dame wird sich fürchterlich aufregen. Wer tut auch einer alten Frau so etwas Gemeines an?«

Melanie sah sie ernst an: »Das sind wirklich ganz schwerwiegende Vorwürfe, die Sie gegen Ihren Schwager vorbringen. Und ich soll nun eine Anzeige aufnehmen? Haben Sie sich das gut überlegt? Der Staatsanwalt wird aufgrund Ihrer Zeugenaussage Ermittlungen einleiten.«

»Ich bestehe darauf!«

Robert Frömmert wunderte sich, als zwei uniformierte Beamte in sein Büro kamen. Auch sein Vorgesetzter war erstaunt. Wenn das ihre Kunden mitbekamen! Polizei im Finanzanlagebüro! Das war keine gute Werbung für sie. Erstaunt nahm Robert den Tatvorwurf zur Kenntnis.

»Uns liegt eine Anzeige gegen Sie vor, der müssen wir nachgehen. Wir können die nicht einfach ignorieren.«

Roberts Chef schüttelte den Kopf. Er kannte Robert seit langem und würde für ihn seine Hand ins Feuer legen. »Wann soll denn dieser Einbruch gewesen sein?«, fragte er.

Als die Tatzeit genannt wurde, legte sich eine große Erleichterung über sein Gesicht. Er entspannte sich. »Da hatten wir ein Geschäftsessen mit zwei guten Kunden in der Nähe des IDS **91**. Es ist sehr spät geworden. Da wird sich der Kellner bestimmt an uns erinnern. Ich suche gleich die Adresse heraus.«

»Das nenne ich ein perfektes Alibi!« Die Polizisten machten eine Notiz und verabschiedeten sich.

Am nächsten Tag rief Barbara ihre Schwester in der Praxis an. Das war schon lange nicht mehr vorgekommen! Sie solle heute noch zu ihr kommen, am besten gleich nach der Arbeit.

Beatrice jubilierte. Sie hatte ihrer Schwester die Augen über den wahren Charakter ihres Mannes geöffnet und nun wollte die sich mit ihr aussprechen. Da könnten sie gleich die gemeinsame Kreuzfahrt buchen. Bestimmt würde sich ihre Schwester endlich von ihrem Mann trennen, nun, da sich heraus gestellt hatte, dass er ein Verbrecher war. Dann könnten sie wieder öfter zusammen was unternehmen, so wie früher, bevor Robert sich in das Leben ihrer Schwester drängte. Die Füße trugen sie nach Feierabend beschwingt zu Barbara. Sie eilte an der

Stelle vorbei, wo sich Carl Benz erste Werkstatt befunden hatte und querte ein Stück weiter den Friedrichsring `92` in Richtung Oststadt `93`. Beinahe hätte sie dem Erzengel Gabriel, der mit seiner Trompete oben auf der Christuskirche `94` stand, zugewunken.

Doch als Barbara ihr die Tür öffnete, zeigte ihr Gesichtsausdruck zu Beatrices Überraschung wenig Versöhnliches, sie bot ihr noch nicht mal einen Sitzplatz an, nachdem sie sie mit einem Nicken hereingebeten hatte. »Warum hast du das getan? Warum hast du Robert angezeigt? Es ist so ungeheuerlich, meine eigene Schwester!«

»Aber ich habe ihn doch gesehen, wie er ins Pfandhaus ging! Und dann erzählte mir meine Patientin, dass ihrer Nachbarin Frau Prinzel am Vorabend der Schmuck gestohlen wurde. Da habe ich eins und eins zusammengezählt, ich bin doch nicht blöd.«

»Im Rechnen warst du noch nie gut, Beatrice.« Barbara sah sie traurig an. »Ich bin krank, Beatrice. Ich weiß es schon eine ganze Weile. Aber nun ist es schlimmer geworden. Es gab wieder einen Schub. Es ist Parkinson. Robert will mir eine letzte große gemeinsame Reise schenken, solange das noch geht. Eine Luxuskreuzfahrt in der Karibik, da ist sogar ein Arzt mit an Bord. Was meinst du, was das kostet? Robert hat den wertvollen Schmuck seiner Mutter, den er geerbt hat, versetzt. Diesen Schmuck, an dem er so hing, brachte er ins Pfandhaus. Das hast du gesehen. Der Rest entspringt deiner wirren Fantasie.« Sie gab sich einen Ruck und fügte hinzu: »Mama und Papa wissen Bescheid über mein Leiden. Ich bat sie, nicht mit dir über meine Krankheit zu sprechen, da ich dein Mitleid nicht wollte.«

Sie wandte sich von ihrer Schwester ab. »Wenn man so jemanden wie dich in der Familie hat, braucht man keine Feinde mehr. Es ist mir lieber, wenn du jetzt gehst.«

Beatrice öffnete wortlos die Tür und taumelte hinaus ins Freie. Die Frühlingssonne strahlte verschwenderisch hell und blendete sie. Beatrices Augen füllten sich mit dunklen schweren Tränen.

80 Im Jahr 1613 bekam Mannheim die Marktrechte verliehen. Der Maimarkt, der mittlerweile auf dem Mühlfeld beheimatet ist, fand ursprünglich auf dem Marktplatz statt. Der Vergnügungsmarkt, die Mannheimer Mess (Mai und Oktober), fand seinen Platz auf dem Neuen Messplatz in der Neckarstadt. Die Mitte des Marktplatzes an der Breiten Straße ziert ein Brunnen, auf dem die Mannhemia steht. Dreimal wöchentlich (Dienstag, Donnerstag und Samstag) kann man hier bis mittags auf dem Markt einkaufen. Das überaus reichliche Angebot ist ein wahrer Augenschmaus und weckt Kauflust!

81 Das alte Rathaus mit seinem Glockenspiel, das drei Mal täglich erklingt, und die Kirche St. Sebastian geben eine schöne Kulisse für den Mannheimer Haupt-Wochenmarkt.

82 Im Quadrat E6 erinnert eine drei Meter hohe Engelsfigur des Bildhauers Gerhard Marcks an die Toten der Jahre 1933 bis 1945.

83 Ein gläserner Kubus auf den Planken, in der Nähe des Paradeplatzes, trägt die Namen der während der Zeit des Nationalsozialismus ermordeten jüdischen Opfer in Mannheim. Das Mahnmal wird nachts illuminiert.

84 Die bronzefarbene Figur auf dem Kapuzinerplatz erinnert an ein Mannheimer Original, den Blumepeter. Viele Anekdoten werden ihm zugeschrieben, darunter wird wohl vielleicht die eine oder andere Äußerung sein, die sich seine Zeitgenossen nicht selbst auf die Fahne zu schreiben trauten. Peter Schäfer, wie er eigentlich hieß, war behindert und hielt sich mit dem Verkauf von Blumen über Wasser. »Kaaf mer ebbes ab«, so lautete seine freundliche Aufforderung. Jährlich erinnert das Blumepeterfest an ihn. Der Erlös des Festes kommt hilfsbedürftigen Menschen zugute.

85 Wie in vielen anderen Orten Deutschlands erinnern auch in Mannheim an mehreren Stellen in den Boden eingelassene messingfarbene Stolpersteine an Bürger, die von Nationalsozialisten verschleppt und ermordet wurden.

86 Der untere Luisenpark ist frei zugänglich. Neben einer Sportanlage befindet sich hier ein Spielplatz. Im Park stehen unter anderem auch exotische Bäume, in denen Halsbandsittiche wohnen, die, so ist zu vermuten, von ausgebüxten Käfigtieren abstammen. Je später der Abend, desto zahlreicher kommen auch noch andere Bewohner des Unteren Luisenparks aus ihren Bauten: jede Menge Wildkaninchen.

87 An der Stelle des Alten Kaufhauses wurde das Stadthaus in N1 gebaut. Neben einer Ladengalerie im Erdgeschoss sind hier die Hauptstelle der Stadtbibliothek Mannheim, das Panoptikum sowie Rats- und Bürgersäle untergebracht.

88 Den Paradeplatz schmückt neben gepflegten Blumenrabatten der große Grupello-Brunnen, benannt nach dem Schöpfer der Figurengruppe, Gabriel Grupello. An sonnigen Tagen kann man sich auf den Bänken sitzend ausruhen und ein Eis schlecken. Ganz in der Nähe des Paradeplatzes, in O4, 2, befindet sich Mannheims älteste Buchhandlung, Bücher Bender. Seit 1775!

89 Die evangelische Konkordienkirche in R3 bildet gemeinsam mit der Hafenkirche im Jungbusch, die mit ihrem Kirchenschiff Binnenschiffer besucht, die City-Gemeinde Hafen-Konkordien. Wer zwischendurch etwas Ruhe sucht, kann sie hier finden. Neben den Gottesdiensten gibt es viele weitere Angebote.
www.citykirche-konkordien.de

90 Für die G-, H- und J-Quadrate, die in der westlichen Unterstadt, auch Filsbach genannt, liegen, hat sich umgangssprachlich die Bezeichnung Little Istanbul eingebürgert. Hier gibt es eine reiche Ladenvielfalt mit umfangreichem Angebot, neben türkischen Bäckern gibt es etliche andere Einzelhandelsgeschäfte mit entsprechendem Angebot.

91 Seit fünfzig Jahren ist das Institut für deutsche Sprache in R5 angesiedelt. In dem hübschen Backsteinbau sind regelmäßig ausländische Sprachforscher zu Gast. Es finden auch Ausstellungen und Tagungen statt. Das IDS verfügt über eine umfangreiche Präsenzbibliothek zur germanistischen und allgemeinen Sprachwissenschaft.
www.ids-mannheim.de

92 Der Friedrichsring markiert einen Teil des Verlaufes der ehemaligen Festungsmauer rings um Mannheim. Sie musste dem zunehmenden Platzbedarf weichen und wurde um 1800 geschliffen.

93 Vornehmer Stadtteil mit prächtigen alten Villen. Um 1900 zog, wer es sich leisten konnte, von den Quadraten in die Oststadt und frönte dort seinem architektonischen Repräsentationsbedürfnis.

94 Wunderschöne evangelische Jugendstil-Kirche auf dem Werder-Platz in der Mannheimer Oststadt. Nachts stilvolle Illuminierung des Turms, auf dessen Spitze der Erzengel Michael steht.

LIEBESKIND

Schon als wir uns dem Haus nähern spüre ich, dass etwas nicht stimmt. Das Haus sieht anders aus als beim letzten Besuch. Eine triste Stimmung hat sich angeschmiegt, wie ein Mantel. Tot steht es da, mit Fenstern wie leblosen Augen.

Eine kalte Hand greift nach meinem Herz, legt sich darum, schließt die Faust, quetscht das Herz. Meine Lunge wird bretthart. Ich beginne zu hyperventilieren. Ich öffne die Autotür, steige mechanisch aus.

»Ella!« Er sieht mich sorgenvoll an.

Mich fröstelt, als ich mich der Haustür nähere. Abgeschlossen.

»Vivienne!« Nichts, kein Laut. Die Klingel scheppert. Danach absolute Ruhe.

Die Haut über meinen Wangenknochen spannt und fängt an zu jucken. Ich kratze mich am linken Handrücken. Gerd kommt auf mich zu.

»Ella, was ist mit dir?«

»Vivienne öffnet nicht. Hier stimmt etwas nicht!«

»Ach, Ella, was soll denn da nicht stimmen? Sie wird vielleicht einen Spaziergang machen. Oder sie liegt in der Badewanne. Du weißt doch, wie sehr unsere Tochter das liebt.«

Es gibt mir einen Stich in die Brust, *wie* er das sagt, »unsere Tochter«. Mein Bruder wollte das Haus bei Kirschgartshausen damals nicht haben, als Mutter starb. Er verzichtete sogar darauf, ausbezahlt zu werden. »Du hängst doch so daran«, sagte er damals. Wie recht er damit hatte! Besonders hing ich an dem kleinen Mansardenzimmer mit der hellblauen Tapete, dem Zimmer, in dem ich Vivienne empfing. Auf dem Bett, das da heute noch steht. Und in dem niemand schläft außer mir.

Eine Weile stand das Haus leer, da wir in der Gartenstadt wohnen, im Haus, das Gerd von seinen Eltern übernommen hat. Hier befindet sich auch Gerds Anwaltspraxis. Er hat mir einen kleinen Floristikladen finanziert, in dem ich meine Kreativität auslebe. Die Kundinnen sind verrückt nach meinen Kreationen, durch Mundpropaganda kommen sie sogar von weiter her. Neulich hatte ich einen Auftrag aus Karlsruhe, für eine Hochzeit. Die Tochter eines Richters am Bundesgerichtshof wollte an ihrem schönsten Tag die Traukirche und das herrschaftliche Landgut, in dem die Feier stattfand, mit meinen Blumenkreationen ausschmücken. Ihre Mutter bekam den Tipp von einer Freundin, die meine Stammkundin war.

Vivienne würde bald endgültig in das Haus einziehen und nicht wie in letzter Zeit nur hin und wieder ein Wochenende hier verbringen. Sie hatte längst ihr Studium in Berlin beendet. Sie kam ganz nach meinem Bruder und war sehr gut in Mathematik, schon in der Grundschule waren ihre besonderen Fähigkeiten den Lehrern aufgefallen. Nun arbeitete sie für eine Softwarefirma in Heidelberg. Mir war es Recht, dass sie einzog, wenn sie nur mein Zimmer in Ruhe ließe. Da dürfe sie nicht dran gehen. Sie gab das Versprechen. Wir wollen mit ihr heute durchgehen, was an Renovierungsarbeiten ansteht, bevor sie das Haus bezieht.

Gerd holt den Zweitschlüssel aus dem Auto. Knarrend öffnet sich die Tür. Es riecht nach Farbe. Vivienne hat den

Flur rostrot gestrichen. Wie getrocknetes Blut. Zwischen zwei Türen, von denen eine ins Bad und die andere in die Küche führt, steht die alte Kommode meiner Großmutter. Vivienne muss sie aus dem Keller gewuchtet haben. Gerd öffnet im Haus alle Türen, nichts! Kein Lufthauch von Vivienne.

Ich gehe schleppend nach oben. Die Tür zu meinem Zimmer steht offen. Wenigstens klebt hier noch meine blaßblaue Tapete an der Wand. Ein Blau wie ausgelaufen. Ausgelaufen wie meine Erinnerungen, die mich in dem Zimmer immer wieder einfangen und denen ich mich nur dort hingebe.

Ins Gymnasium ging ich damals. Latein lag mir nicht, also wählte ich Französisch. In der zehnten Klasse gab es einen Schüleraustausch mit Lyon. Durch ein Versehen kam zu uns anstelle eines gleichaltrigen Mädchens ein Junge. Mutter lachte, als die Klassenlehrerin ihr dies verlegen gestand.

»Aber das macht doch nichts, wir leben doch nicht im Mittelalter«, gluckste meine Mutter. »Außerdem bekommt der junge Mann sein eigenes Zimmer. Wo liegt also das Problem?«

Völlig arglos waren meine Eltern. Schließlich war ich erst sechzehn und sie wähnten mich in sexuellen Dingen ziemlich zurückgeblieben, was sie auf die in ihren Augen vorbildliche Behütung zurück führten. Dass es für mich durchaus ein Leben gab, das ich ihrer Kontrolle zu entziehen verstand, kam ihnen nicht in den Sinn. Mutter war Schriftstellerin und versank oft tagelang in ihrer Parallelwelt der Phantasie. Vater war viel geschäftlich unterwegs und vertraute wohl darauf, dass mein acht Jahre älterer Bruder dann ein Auge auf mich hielt.

Doch Bertram verspürte keinen Drang, mich bei den Eltern zu verpetzen, wenn ich mal wieder über die Stränge schlug. Wir beide hielten eisern zusammen.

Jean verstand sich gut mit meinem Bruder und er verstand sich vor allem sehr gut mit mir. Während Vater mal wieder weg war und Mutter in Gedanken versunken ihre Schreibmaschine malträtierte, kam es in meinem Mansardenzimmerchen zu engeren interkulturellen Kontakten. Jean war sechzehn, genau wie ich. Er würde mir schreiben, versprach er. Er wollte Abitur machen und danach in Paris studieren.

Jean reiste ab, nicht ohne mir ein Geschenk zu hinterlassen. Ein Geschenk der Liebe. Der Test aus der Apotheke, den Bertram mir besorgt hatte, brachte den endgültigen Beweis. Ich dachte, ich hebe ab, werde in einen luftleeren Raum hoch geschleudert. Nun war guter Rat teuer. Ich hatte keine Ahnung, wie meine Eltern reagieren würden und war starr vor Angst. Jean war doch erst sechzehn, genau wie ich und würde bald sein Studium beginnen. Konnte ich ihm sein Leben so verbauen? Und wovon sollten wir leben? Wir drei? Es war völlig aussichtslos, damals. Zwei Sechzehnjährige mit einem Baby – meine Mutter hätte mich nie und nimmer nach Frankreich ziehen lassen.

Bertram hatte wie immer eine Lösung für mich. Er brachte mich näher mit seinem Freund zusammen, mit Gerd. Den kannte ich bisher nur flüchtig, natürlich war mir auch aufgefallen, dass Gerd ein Auge auf mich geworfen hatte. Mir gefiel das zwar, aber Gerd kam mir mit seinen beinahe fünfundzwanzig Jahren viel zu alt für mich vor. Ich wollte mit Gleichaltrigen lachen und die Welt erobern, Gerd war ein erwachsener Mann, hatte eben sein Studium beendet und war in die florierende Anwaltskanzlei seines Vaters eingetreten. Aber ich musste meine Pläne ändern.

»Bei Gerd bist du gut aufgehoben, glaub mir. Und der ist so gutmütig, der glaubt dir das mit einem Siebenmonatsbaby. Der versteht zwar sehr viel von seinen Paragraphen, aber im richtigen Leben ist er schon etwas tapsig.«

Mein kluger Bruder behielt recht damit, dass dies eine gute Lösung sei. Das dachte ich zumindest bis heute. Ich freundete mich mit Bertrams Vorschlag an, was blieb mir schon großartig anderes übrig. Die Zeit drängte, bald würde mein Zustand nicht mehr zu übersehen sein. Gerd war ja auch wirklich sehr nett. Es fiel mir zu meiner eigenen Überraschung sogar leicht, ihm vorzuspielen, verliebt in ihn zu sein. Jean schrieb noch eine Weile, ich antwortete nie. Seine Briefe aber hob ich auf. In meinem Zimmer gab es in der Mansardenschräge eine kleine versteckte Tapetentür, da schob ich sie hinein, zusammen mit dem kleinen Teströhrchen. Eine sentimentale Erinnerung.

Mit einem Blick sehe ich, dass mein Versteck aufgebrochen ist. Die Briefe und das Röhrchen sind weg. So wie Vivienne, der ich damals wenigstens einen französischen Vornamen geben wollte. Gerd war sowieso mit allem einverstanden, was ich vorschlug. Er trug mich von Anfang an auf Händen. Ich war seine große Liebe. Und meine große Liebe? Ich setzte mich auf das Bett. Wer war meine große Liebe gewesen? Jean? Ich war viel zu jung und unerfahren, außerdem war er nur acht Tage bei uns gewesen. Damals. Ich höre Gerd ums Haus gehen, nach Vivienne rufen.

Abends ist sie immer noch nicht zurück.

»Wo kann sie sein?« Fragend schaue ich meinen Mann an.

»Ich rufe sie jetzt an.« Er kramt nach seinem Mobiltelefon. Vivienne kann es nicht leiden, wenn wir ihr hinterher telefonieren. Sie fühlt sich dann von uns kontrolliert. Sie sagt immer, sie meldet sich schon bei uns. Wir sollen ihr vertrauen.

»Vivienne? Wo steckst du?« Gerd klingt erleichtert. Er stellt den Lautsprecher an. So kann ich mithören.

»Papa ...«, das kommt stockend.

»Vivienne! Was ist los!«

»Hört Mama mit?«

»Wir hören dich beide, ja.«

Nun kommt es trotzig, beinahe fauchend aus dem Hörer: »Dann frag sie doch mal nach diesem Geheimfach da oben in ihrem Zimmer!«

Gerd bleibt gelassen. »Ach, das meinst du«, wiegelt er ab. »Natürlich kenne ich dieses Fach.« Ich starre ihn entsetzt an. Gerd kennt mein Geheimnis? Mir wird schwindelig.

»Hör mal, Liebes, das ändert doch nichts daran, dass du meine Tochter bist, nicht wahr? Du bist unser gemeinsames Kind!« Aus der Leitung kommt nichts. »Vivienne? Komm nach Hause. Wir sprechen über alles. Komm bald.«

»Ich muss ihn finden. Ich will ihn kennen lernen.«

»Wo bist du denn?« Gerd richtet sich auf.

»Ich habe in Lyon nach ihm gesucht. Dachte, vielleicht kennt ihn da noch jemand. Aber außer einem alten Nachbarn erinnert sich hier keiner an ihn. Und der meinte, er sei bei der Fremdenlegion.«

Nun wittert Gerd eindeutig Gefahr, seine Stimme klingt beinahe flehentlich: »Vivienne, komm nach Hause! Zu deinen Eltern! Glaub mir doch, ich bin dein Vater!

Egal, wer auch immer dein Erzeuger war. Das ist doch nicht wichtig.«

»Ich komme bald, Papa, versprochen.« Sie hat offenbar auf die Auflegen-Taste gedrückt, das Gespräch ist beendet.

Ich schaue hilflos zu meinem Mann. Ist sie also doch aufgeflogen, meine Lebenslüge. Wie wird er reagieren? Ein Kuckungskind habe ich ihm ins Nest gelegt. Ausgerechnet ihm, den erfolgreichen Anwalt. Er setzt sich neben mich, vermeidet es, mich anzusehen. Was wird er jetzt wohl zu mir sagen? Ich habe Angst. Angst um mein Leben, das plötzlich auseinanderzubrechen scheint. War alles falsch?

»Ich wusste es von Anfang an. Ich war nämlich auch nicht ganz ehrlich zu dir.« Die Pause, die nun entsteht, ist unangenehm. Er war nicht ehrlich zu mir? Keinen blassen Dunst, was er damit meint. Nach einer Weile fährt er fort. »Im dritten Jahr unserer Ehe habe ich dir vorgegaukelt, ich würde mich sterilisieren lassen, damit du nach dieser schweren Geburt nicht nochmals so was durchmachen musst.« Gerd schaute aus dem Fenster. »Aber ich habe mich gar nicht sterilisieren lassen.« Verständnislos schaue ich ihn an. Müde sagt er: »Es war gar nicht nötig.« Nun kapiere ich. »Aber wieso?«

»Es gehörte zu meinem Lebensplan, eine Familie zu haben. Eine Frau und ein Kind. Ich liebe Vivienne!«

Ich nicke langsam. Das weiß ich. Vivienne ist sein ein und alles.

»Es war für mich ein absoluter Glücksfall nach dieser behämmerten Diagnose, die ich damals bei der Musterung bekam, eine Frau und ein Kind vom Schicksal präsentiert zu bekommen.«

»Aber warum hast du denn nichts gesagt?«

»Das hast du doch auch nicht!«

Ich wage einen Seitenblick auf ihn. »Dann bist du jetzt also gar nicht sauer auf mich?«

Gerd nimmt mich in den Arm, hält mich fest. Hält unser ganzes Leben in seinen Händen. Nach einer Pause sagt er: »Ich mache mir Sorgen um Vivienne. Ich hoffe, sie macht nichts Dummes.«

Das hoffe ich auch.

Wir fahren zurück in unser Haus in der Gartenstadt. Auf der Schönau muss ich daran denken, wie ich damals Viviennes Klasse in den Mannheimer Lehrgarten 95 begleitete. Wir hatten soviel Freude miteinander, an diesem Tag. Ich hatte wie die Kinder meine Schuhe ausgezogen und lachend den Barfusspfad ausprobiert. Ein eigenes Beet wollte Vivienne im Anschluss daran haben. Nie werde ich vergessen, wie sie sich über ihre ersten selbstgezogenen Tomaten gefreut hat.

Auch die Freilichtbühne Mannheim 96 in der Gartenstadt haben wir oft mit Vivienne besucht. Dahinter lag der Käfertaler Wald mit dem Karlstern 97, wo wir so viele glückliche Stunden mit unserer damals kleinen Tochter verbrachten, auch am Vogelpark 98 und am Wildgehege 99. Eine wunderschöne gemeinsame Zeit war das gewesen, es sollte doch nicht plötzlich alles falsch gewesen sein?

Gerds Angebot, abends am Vogelstang-See 100 spazieren zu gehen, mag ich nicht annehmen. Ich bin viel zu unruhig dazu.

Zwei Tage später ruft Vivienne Gerd an. »Ich habe Jean gefunden. In einer üblen Spelunke im Hafen. Irgendwie ist er ein gebrochener Mensch, völlig kaputt. Die Jahre bei den Söldnern haben ihm wohl ziemlich zugesetzt. Er meint, er möchte eine Weile bei mir wohnen.«

»Du bringst ihn doch nicht etwa mit in dein Haus?«

»Was soll ich denn tun? Ich habe nach ihm gesucht, weil ich ihn sehen wollte. Und jetzt, wo ich ihn gefunden habe …«

Ich reiße Gerd den Hörer aus der Hand. »Vivienne! Der war Söldner! Wer weiß, wie viele Menschenleben der mittlerweile auf dem Gewissen hat!«

»Mama, er will mit mir mitkommen. Wie soll ich denn dagegen sein?«

Entsetzen packt mich. In meinem Leben ist kein Platz für einen ausgelaugten Söldner. Ich habe damals schließlich auch mein Leben wieder in den Griff gekriegt.

Es stimmt, was Vivienne über das Haus sagt, es gehört ihr. Ich habe es ihr geschenkt, damit sie mal keine Erbschaftssteuer dafür bezahlen muss. Ich sacke in mich zusammen. Unter einem »Söldner« stelle ich mir einen abgeklärten, brutalen Typen vor. Und mit so jemand will Vivienne in dem abgelegenen Haus in Kirschgartshausen wohnen? Mir graut. Und ich male mir schreckliche Dinge aus. Dinge, die sich in meinem Gesicht spiegeln. Auch Gerd macht sich Sorgen. Das sehe ich ihm an. Gerd überprüft seine Termine in seinem IPod und gibt seiner Mitarbeiterin Bescheid, er würde ein paar Tage zuhause arbeiten und nicht in sein Büro in der Nähe der Spiegelkolonie **101** und der Luzenbergschule **102** kommen.

Sie kommen nachts. Wir sind vor ihnen da. Jean hat auf der Rückbank geschlafen, nun wankt er ins Haus. Er kommt auf mich zu, will mich umarmen. Fettige Haare, die schon länger kein Friseur mehr bearbeitet hat, hängen ihm in die Stirn. Er hat seit damals ziemlich zugelegt und strömt den Geruch süßlichen Fleisches aus, den Alkoholiker an sich haben. Ich bin kurz davor, mich zu übergeben und renne nach oben, schließe mich in meinem Zimmer ein. Gerd kümmert sich um ihn, packt ihn auf die Couch.

Später kommt Gerd zu mir, er hat lange mit Vivienne gesprochen. Unsere Tochter, die sonst so klar und nüchtern denkt. Sie ist mit der Situation völlig überfordert. Genauso wie ich. Jean hat sich ihr einfach aufgedrängt, ließ ihr gar keine andere Wahl, als ihn mitzunehmen. Vivienne hatte ihm nichts entgegenzusetzen als ihr reines Herz. Sie lebt ganz in ihrer Arbeit, kann sich nicht gegen Schmarotzer wehren. Und als solcher erweist sich Jean. Dass Vivienne nach ihm suchte, war ein regelrechter Glückstreffer für ihn.

Am nächsten Tag sitzen wir zu Dritt in der Küche, als Jean mit rotgeränderten Augen herein kommt.

»Mon Cherie, da hast du dir aber einen schönen Braten ins Rohr schieben lassen.« Er grinst. »Und so eine attraktive Frau versteckst du so lange vor mir?«

Mir wird schlecht. Spinnt der Typ, oder was? Er spricht hier immerhin von seiner Tochter!

»Wir werden es uns hier nett machen, nicht wahr, Vivienne? Du wirst für deinen alten Vater sorgen. Du lässt mich nicht im Stich, so wie deine Frau Mama, die mir dich so lange vorenthalten hat.«

Er schaut in die Runde, blickt jedem direkt in die Augen. Eine Frechheit, wie der sich hier aufführt. Ich schaue hilflos zu Gerd. An meinem Mann habe ich immer ganz besonders seine ausgezeichneten Manieren geschätzt. Das hat es mir leicht gemacht, ihn im Laufe unserer Ehe lieben zu lernen. Und zu schätzen, er ist so verlässlich. Aber nun scheint auch er überfordert zu sein mit der absurden Situation. Mir zieht es den Boden unter den Füßen weg.

»Was gibt es heute zu essen?« Jean räkelt sich. Ein unangenehmer Geruch entströmt ihn. Geduscht hat er wohl auch eine ganze Weile nicht. »Vivienne, womit verwöhnst du deinen Papa heute, hm, mein Kleines?«

Ich springe auf, der Stuhl fällt um.

»Jetzt rennt sie nach oben, pass auf, Vivienne. Das hat sie damals schon gemacht. Glaub mir, ich kenne die Weiber, hab' viel erlebt. Sie wird sich daran gewöhnen, dass du nun mit deinem Papa hier lebst. Nicht wahr, Ella?« Die letzten Worte schreit er mir hinterher.

Aber ich bin nicht nach oben gerannt. Ich bin in den Garten gelaufen. Ich gehe aufgewühlt das große Grundstück ab. Das kann doch alles nicht wahr sein, dieser höllische Film, der hier grade abläuft. Wir sind alle im falschen Film gelandet, es ist ganz gewiss keiner, in dem ich mitspielen möchte. Ich konnte doch damals nichts dafür, schwanger geworden zu sein. Ich war so jung und unerfahren! Was hätte ich denn tun sollen? War es falsch, Gerd zu heiraten? War alles falsch, was ich gemacht habe? Ich lehne mich an die alte Kastanie, die ich schon als Kind so gemocht habe. Hier saß ich oft, wenn Mutter mich zum Essen rief. Mutter. Ich schaue hoch in den Himmel. Er ist strahlend blau, beinahe wolkenlos. Wie kann der Himmel so blau sein, während in Mutters Haus zur gleichen Zeit ein Horrorfilm abläuft? Hätte ich das Drehbuch für diesen Film geschrieben, wäre der Handlungsablauf anders. Jean wäre nie hier aufgetaucht. Vor allem nicht in dieser katastrophalen Verfassung. Ich würge meinen Kaffee hoch und speie ihn aus. Wir dürfen nicht zulassen, dass dieses Objekt unser Leben ruiniert. Denn das wird er zweifellos tun, wenn wir nichts unternehmen. Nicht auszudenken, wenn Gerds Mandanten ihn je zu Gesicht bekommen. Jean wird sich breit machen in unserem Leben und uns aussaugen wie eine Laus. Ich betrachtete die Heckenrosen. Mutter hatte immer die Läuse zerquetscht, mit bloßen Fingern. Mir hatte gegraust, wenn sie das tat. »Mein Gott, Kind«, lachte sie dann immer, »das sind doch nur kleine Schädlinge.« Läuse zerquetschen – wenn es mit Jean auch so einfach wäre, ihn einfach auszulöschen wie eine Laus.

Gerd kommt zu mir. Hilflos sieht er aus, so kenne ich ihn gar nicht. Er sieht mir nicht in die Augen. In was haben wir uns da bloß hinein manövriert?

»Wir hätten es ihr sagen müssen.« Ich schaue ihn trotzig an.

»Wie denn? Wir haben doch selbst nicht darüber gesprochen!«

»Es war so eine perfekte Lösung. Für uns beide.« Ich umklammere ihn. Wie eine Ertrinkende packe ich ihn an den Armen und halte mich an ihm fest. »Ella!«, Gerd streicht mir über den Kopf, wie einem kleinen Kind.

»Es ist so grauenhaft«, stöhne ich. »Wir müssen was tun!«

»Aber was sollen wir tun? Der wittert hier ein gemachtes Nest, den werden wir so schnell nicht wieder los.« Es schmerzt, ihn derart hilflos zu sehen. »Aber wir können Vivienne unmöglich mit diesem Unhold alleine hier lassen! Hast du gesehen, wie der sie ansieht? So schaut kein Vater seine Tochter an!«

Gerd wird kreidebleich. Ich überlege laut: »Gibt es nicht irgendeinen Paragraphen, mit dem du ihn wegjagen kannst?«

Gerd lacht höhnisch: »Juristisch kann ich da überhaupt nichts machen. Da bin ich mit meinem Latein ziemlich am Ende.«

Da kommt mir eine Idee. »Ich rufe Bertram an. Meinem Bruder wird sicher was einfallen!«

»Was soll der denn machen?« Gerd zuckt hilflos mit den Schultern.

»Wir müssen diesen Kerl da drinnen«, ich zeige in Richtung Haus, »wieder los werden.« Ich straffe meine Schultern. »Und im übrigen sollten wir Vivienne auf keinen Fall mit ihm alleine lassen. Du gehst jetzt wieder zu den beiden und ich rufe Bertram an. Er soll sofort hierher kommen.«

Bertram hat mir immer geholfen, mein ganzes Leben lang. In jeder noch so ausweglosen Situation war er für mich da. Er wird mich auch dies Mal nicht im Stich lassen, für seine kleine Schwester macht der alles. Bertram versteht sofort den Ernst der Lage. Er wird die Nacht über durchfahren und morgen Vormittag hier eintreffen.

Gegen elf Uhr klingelt es endlich. Ich stürze an die Tür, bevor Jean aufwacht. Gerd war gestern in Ludwigshafen und hat dort Alkoholika eingekauft. Damit haben wir unseren unliebsamen Gast abends abgefüllt, damit er länger schläft. Die Dunstwolke, die er seither verströmt, ist gigantisch. Er liegt hinten im ehemaligen Schlafzimmer meiner Eltern.

Ich schaue verdutzt, nachdem ich die Tür aufgerissen

habe. Ich erwarte Bertram, meinen Bruder. Aber vor mir stehen zwei fremde Menschen.

»Wir sind Melanie Härter und Jörg Kenner von der Mannheimer Polizei. Dürfen wir reinkommen?« Eine Frau, jünger als ich, und ein Mann stehen vor mir.

Polizei? Die sind doch nicht etwa wegen unseres Gastes hier? denke ich. Wollen die den mitnehmen? Ich mache den Weg frei und führe die beiden in die Küche. Was die wohl von mir wollen? Keine Ahnung! Gut, dass Bertram bald da sein wird, er muss nun jede Minute kommen.

»Setzen Sie sich doch bitte. Wir haben leider eine sehr unangenehme Nachricht für Sie.«

»Etwas Unangenehmes?«, echoe ich. Fügsam setze ich mich.

»Ist Ihnen ein Bertram Stoppe bekannt?«

»Aber natürlich, das ist mein Bruder. Bertram, der ist auf dem Weg zu mir, ja, er will mich besuchen, der ist jeden Moment da. Was wollen Sie denn von ihm?«

»Ist jemand hier bei Ihnen, der sich um Sie kümmern kann?«

»Warum denn, kümmern?« Ich verstehe gar nichts. »Wozu?«

»Ein Autofahrer hat am Viernheimer Kreuz eine Ausfahrt der Autobahn mit der Auffahrt verwechselt. Er fuhr in der falschen Richtung auf die Autobahn. Es tut mir leid, ihr Bruder war nach dem Frontalzusammenstoß sofort tot.«

Ich kapiere nicht. Mein Bruder ist doch jeden Augenblick hier! Gleich wird er klingeln.

»Verstehen Sie, was ich sage?«

Nun kommt Gerd ins Zimmer. Die Beamten wenden sich ihm zu.

»Sind Sie der Ehemann?« Und als Gerd nickt, fährt er fort: »Wir mussten Ihrer Frau leider mitteilen, dass ihr Bruder tödlich verunglückt ist. Es wird gut sein, wenn Sie sich um sie kümmern.«

Ich packe Gerd am Arm, kralle mich darin fest. Jegliche Bodenhaftung geht mir verloren. »Das kann unmöglich Bertram sein. Sie müssen ihn verwechseln!«

Die Frau legte eine Visitenkarte auf den Tisch. »Der Mann hatte seine Papiere bei sich. Im Navigationssystem seines Wagens war diese Adresse hier als Ziel eingegeben. Es tut uns sehr leid. Rufen Sie bitte auf dem Revier an, dort wird man Sie weiter verbinden.«

Gerd ist sofort klar, weshalb wir uns ans Revier wenden sollen. Es geht darum, Bertram zu beerdigen.

»Wo ist Bertram jetzt?«

»Ein Bestattungsinstitut hat ihn abgeholt. Tätigen Sie den Anruf, dort erfahren Sie mehr.« Nun schaltet sich der Kollege ein:

»Der Unfallverursacher ist auch tot. Unsere Ermittlungen dauern noch an, aber es sieht so aus, als wäre er auf der Autobahn in der falschen Richtung unterwegs gewesen. Vielleicht in suizidaler Absicht, das können wir noch nicht sagen.«

Ich schaue ihn verständnislos an. Will er mich trösten mit dieser Nachricht? Ich habe eben meinen Bruder verloren!

Nachdem die beiden gegangen sind, weine ich haltlos. Alles bricht aus mir heraus, meine Liebe zu meinen Bruder, die ausweglose Situation, in der wir uns befinden und das Begraben der Hoffnung, dass Bertram uns da irgendwie heraushelfen könne. Seit ich auf der Welt bin, war mein Bruder um mich. Mit allem konnte ich zu ihm kommen, immer. Nun soll das nicht mehr so sein. Auch Gerd lässt hilflos die Schultern hängen. Er hat seinen besten Freund verloren.

»Was machen wir jetzt mit Jean?«, flüstere ich.

»Der schläft aber arg lange, ich schau mal nach ihm.« Gleich darauf kommt Bertram zurück: »Er ist weg!«

»Wie, weg?«

»Das Bett ist leer, seine Kleider sind nicht mehr da.«

»Aber wo kann er denn sein?«

Vivienne kommt herunter.

»Was war denn da eben los?« Sie schaut forschend in unsere Gesichter. »Was ist passiert?«

»Dein Onkel ist tot«, sage ich gepresst. »So ein Schwein hat ihn tot gefahren. Am Viernheimer Kreuz. Bertram wollte uns besuchen, er war auf dem Weg zu uns.«

»Onkel Bertram ist tot?« Vivienne schlägt sich die Hände vors Gesicht.

»Und Jean ist verschwunden«, sagt Gerd.

»Verschwunden?«, echot Vivienne.

»Ja, er ist weg. Seine Sachen auch.«

Mir kommt ein Verdacht: »Schau doch mal nach deinem Auto, Gerd.«

»Dass ich da nicht gleich daran gedacht habe!«, er rennt nach draußen.

Als er wieder hereinkommt, setzt er sich mit bleichem Gesicht. »Mein Auto ist weg.«

»Mein Gott«, meint Vivienne, »der muss doch noch ordentlich Restalkohol im Blut haben! Soviel, wie der gestern weggekippt hat!«

Gerd wird blass. »Ich muss den Wagen als gestohlen melden. Wenn der besoffen mit meinem Auto Mist baut, bin ich dran. Ich hätte die Autoschlüssel wegschließen müssen. Aber wer denkt denn auch …«, weiter kommt er nicht, es klingelt. Gerd nimmt sein Mobiltelefon.

»Ja, das ist mein Auto.«

»Den wollte ich eben als gestohlen melden.«

»Ach, sie haben den Wagen, ja, gut.«

»Der Wagen hat einen Totalschaden?«

»Wie, der Fahrer ist tot?«

Nun lauscht Gerd. Er beendet das Telefonat und wankt zu uns an den Tisch zurück.

»Jean ist der Geisterfahrer, der deinen Bruder tot gefahren hat. Die Polizei hat keinen Fahrzeugschein gefunden und eine Halterabfrage gemacht. Sie haben versucht, mich im Büro zu erreichen und meine Mitarbeiterin hat denen meine Mobilrufnummer gegeben.«

Mit ist kalt. Der Boden unter meinen Füßen gibt nach. Mir ist, als flöge meine Seele von mir weg. Für immer.

FREIZEITTIPPS:

95 Zentraler Lehrgarten Mannheim in Sandhofen, wird viel von Schulklassen besucht. Interessante Kursangebote, auch für Erwachsene: www.gemeinschaftswerk-mannheim.de/Lehrgarten

96 Auf der überaus beliebten Mannheimer Freilichtbühne werden sowohl Stücke für Kinder als auch für Erwachsene gespielt. Das aktuelle Programm gibts auf www.flbmannheim.de

97 Beliebter Wanderertreff im Käfertaler Wald, von dem viele Wege abgehen. In der Nähe ist ein großer Kinderspielplatz.

98 In mehreren Volieren an der Karlsternstraße leben Vögel, von Wellensittichen bis hin zum Pfau.

99 Ein beliebtes Ausflugsziel für Familien. Neben Wildschweinen befinden sich Mufflons und Rotwild in den Gehegen.

100 Beliebtes Erholungsgebiet, um die Seen sind angelegte Spazierwege und Wiesen.

101 Denkmalgeschützte Siedlung aus der Mitte des 19. Jahrhunderts. Hier wohnten die Arbeiter einer Spiegelfabrik auf dem Waldhof, einige Teile der Anlage sind noch erhalten. Eine Gedenktafel erinnert an den Fußballnationalspieler Sepp Herberger, der hier geboren wurde.

102 Die Luzenbergschule an der Ecke Sandhofer / Diffenestraße im Stadtteil Waldhof wurde um einen Wasserturm herum gebaut. Das ergibt einen eigenen architektonischen Reiz und zieht den Blick auf das imposante Gebäude im Jugendstil.

DIE NACHT-BURG

Auch in dieser Nacht wird sie angestrahlt. Wie in jeder Nacht. All die Nächte zuvor und all jene Nächte, die noch kommen werden. Diese Regelmäßigkeit beruhigt mich. Es gehört zu meinem Leben, jeden Abend hinüber zu blicken. Verlässlich wie das Amen in der Kirche. Ich lasse meinen Blick über die dunkle Ebene schweifen, die kaum ein Lichtfleck durchbricht. Die Schriesheimer Strahlenburg da hinten auf dem Hügel ist das einzige, was zu erkennen ist. Wie ein großer vollmondfarbener Lichtball wirkt sie aus der Entfernung. Wenige Kilometer ist sie von unserem Haus entfernt. Je mehr man sich dem hellen Licht nähert, desto deutlicher sind die Konturen zu erkennen. Erst schält sich die Silhouette immer klarer heraus, bis dann die einzelnen Gemäuerreste zu sehen sind. Wir können von unserem Haus aus hinüber schauen. Vielmehr, *ich* kann das, wann immer ich will. Herbert ist dies nur möglich, wenn ich ihn im Rollstuhl ans Fenster seines Zimmers schiebe, das er selten verlässt, eigentlich gar nie. Schon seit langem nicht mehr. Herbert. Der auf meine Hilfe angewiesen ist und den ich nicht verlassen kann. Nicht verlassen darf.

Meine Eltern hatten den Hof bei Friedrichsfeld bereits von ihren Eltern geerbt und nun gehörte er uns. Die Eltern waren schon seit Jahren tot. Ich selbst bin auch nicht mehr die Allerjüngste. Hoffentlich mache ich es noch eine Weile. Die Arthrose im linken Fuß zwickt mich hin und wieder mächtig.

Herbert braucht mich. Wenn ich mich nicht mehr um ihn kümmern kann, weiß ich nicht, was aus ihm wird.

Ich betrachte die Burg, die nah und für mich doch unerreichbar ist. Selten kann ich das Haus verlassen. Herbert wird furchtbar unruhig, wenn ich ihn längere Zeit allein lasse. Verreisen kann ich schon lange nicht mehr. Es ist schwierig und teuer, dann eine Pflege für Herbert zu organisieren.

Aber Herbert dankt mir meine aufopferungsvolle Fürsorge. Er hängt an mir. Ich bin alles, was er hat. Und er ist alles, was ich habe. Gut, dass wir einander haben. Es ist schön, gebraucht zu werden. Von oben höre ich ein Knarren. Das bedeutet, dass Herbert unruhig in seinem Rollstuhl hin und her rollt und ich zu ihm kommen soll. Ich schiebe die Schublade des alten Küchenbuffets zu. So viele Briefe. Ich muss heftig dagegen drücken, um sie ganz hinein schieben zu können.

Ich gehe die Treppen hinauf, öffne die Tür zu seinem Zimmer. Herbert hat das beste Zimmer des ganzen Hauses, den schönsten Blick auf die Burg. Ich wollte das so. Beinahe dreißig Quadratmeter misst der Raum. Herbert tropft der Speichel vom Kinn, er formt unartikulierte Laute, die nur ich verstehe. Sein Blick fasst mich, entgleitet und wandert ab. Ich eile zu ihm und tupfe sein Kinn ab. Herbert ist immer sauber. Ich ziehe ihm täglich frische Sachen an. Da kann man mir nichts nachsagen.

Manchmal habe ich mir in früheren Tagen einen Liebhaber gegönnt. Ich bin dann statt ins Kino, wie ich zuhause vorgab, zum Michel vom Nachbarn gegangen. Aber das ist schon sehr lange her. Geheiratet hat der Michel dann eine andere. Denn verlassen hätte ich

Herbert nie. Früher, da habe ich auch stundenweise in einem Laden in der Vogesenstraße gearbeitet. Jetzt geht das nicht mehr, Herberts Pflege beansprucht mich rund um die Uhr. Ich habe gerne gearbeitet, hatte Spaß dabei, wie man wohl heute so sagt. »Spaß« machen soll alles und »spannend« sein. Wenn die jungen Leute wüssten, wie spaßig und spannend die Pflege eines Schwerstbehinderten ist! Aber ich will nicht jammern. Es geht mir ja gut. Ich habe alles, was ich brauche. Und ich habe Herbert. Für nichts in der Welt verlasse ich ihn.

*

Jörg Kenner lenkt sein Auto in die Seckenheimer Hauptstraße. Auch Seckenheim hat wie Mannheim selbst einen Wasserturm `103` zum Wahrzeichen. Er parkt vor dem Badischen Hof `104`, denn er holt dort Karten für die nächste Aufführung im Palü `105` ab. Eigentlich könnte er hier mit Barbara mal wieder zum Essen gehen, stellt er fest, als er seinen Blick durch den Gastraum schweifen lässt. Das Palü, die kleine feine Kleinkunstbühne, befindet sich in der ersten Etage des Gebäudes, das früher einer Brauerei gehörte. Der Saal aus dem Jahr 1896, mit den liebevoll restaurierten bunten Original-Glasscheiben, wurde von seinem jetzigen Besitzer aus einem langjährigen Dornröschen-Schlaf erweckt. Und im stimmungsvollen Palü-Keller finden regelmäßig Jam-Sessions statt, Barbara ging da immer ganz gerne mit ihm hin.

Vor dem Alten Rathaus `106` mit seinen Arkaden legt er eine Vollbremsung ein. Aus dem lang geworfenen Schatten der Hausmauer ist unvermutet ein alter Mann herausgetreten. Kopfschüttelnd fährt Jörg weiter. Am Atelierhof 113 **107** muss er schon wieder anhalten, aber dies Mal wegen der roten Ampel. Vielleicht sollte er nach seiner Laufrunde im Biergarten am Schloss einkehren? Freiherr von Stengel baute das Seckenheimer Schloss **108** über dem Neckar. Von dem Biergarten mit seinen hohen alten Kastanien hat man einen schönen Blick auf die Neckarplatten **109** und auf die Seckenheimer Brücke, die zu Ende des zweiten Weltkrieges zerstört wurde, damit die Alliierten nicht den Neckar queren konnten. Die Einheimischen konnten dann allerdings auch eine Weile nicht über den Fluss. Jörgs Großmutter hatte immer wieder gern erzählt, wie sie bis nach Neckarhausen laufen mussten, um dort mit der Fähre überzusetzen. Das war damals ganz schön umständlich für die Seckenheimer gewesen. Jörg biegt ab in die Messkircher Straße, er hat bei Wei-ViVin **110** eine Kiste Wein bestellt.

Schließlich parkt er in der Nähe der Seckenheimer Waldrennbahn **111** am Rand des Dossenwaldes. Nach ein paar halbherzigen Dehnübungen beginnt er zu laufen. Gar nicht mal so schlecht, unter der Woche ein paar Überstunden abzubauen, findet er. Der letzte Fall war sehr arbeitsintensiv gewesen, er freut sich darauf, sich beim Laufen den Kopf frei zu pusten. Und ein paar Frustpfunde zuviel liegen im Moment auch auf seinen Hüften. Mellie würde sicher ohne ihn auskommen. Und der Schreibkram, den er erledigen musste, eilte nicht. Kaum ist er in einem leichten Trab, hört er direkt hinter sich ein bösartiges Knurren. Jörg hält abrupt inne und schaut über die Schulter zurück.

Ein beeindruckend großer, schwarzer Schäferhund knurrt ihn mit gesenktem Kopf an. Seine Rute hängt steil nach unten, das Gebiss ist gefletscht. Mist, seine Dienstwaffe liegt im Büro. Was, wenn der ihn jetzt anfällt? Jörg reißt instinktiv seine Arme nach oben, um noch größer zu wirken und schreit, so laut er kann: »Aus!«

Das scheint dem Tier zu imponieren. Es legt sich flach auf den Waldboden und presst die Schnauze nach unten.

Jörg sieht sich um. Weit und breit niemand zu sehen, zu dem der Hund gehören könnte. Soll er sich umdrehen und weiter laufen? Aber wenn der Hund ihn erneut verfolgt? Würde er ihn nochmals zum Stillliegen bewegen können?

Während er noch zögernd überlegt, durchschneidet ein geller Pfiff die Luft. »Leo! Leo, bei Fuß!« Zwischen den Büschen schiebt sich ein runder Mann hervor und knöpft seine Hose zu. Als er Jörg entdeckt, winkt er mit der Hand ab. »Der macht nix!«

»Hunde dürfen hier nicht frei laufen! Es gibt Rehe im Dossenwald! Sie müssen ihren Hund an die Leine nehmen.«

»Der macht doch gar nichts. Ich war nur kurz austreten. Der bleibt sonst immer bei mir, echt.«

Ein erneutes Knurren scheint tief aus den Eingeweiden des Hundes zu kommen.

»Aus, Leo, aus!« Schreit der kleine Mann. »Der hatte eine ganz üble Kindheit, wissen Sie, der ist ein bisschen gestört, Sie müssen das verstehen. Aber dabei ist er völlig harmlos und lieb.« Die Äuglein des Mannes glänzen. »Aber vielleicht haben Sie etwas an sich, dass ihn an seine dunkle Zeit erinnert, als er es so schlecht hatte. So was hat er nämlich noch nie gemacht! Das ist das erste Mal, bestimmt. Das muss an Ihnen liegen. Er mag Sie nicht.« Der Mann schielt schräg zu Jörg hoch.

Jörg beschleicht die Einsicht, dass der Disput völlig sinnfrei ausgehen wird. Ohne Dienstausweis wird er den Mann schlecht dazu bewegen können, seinen Hund anzuleinen. Er tippt sich an die Stirn und läuft weiter, innig hoffend, Leo mit dem Kindheitstrauma möge auf sein dickes Herrchen hören und nicht hinter ihm her sprinten.

Um das Wildgehege **112** herum drängen sich ganze Familien. Die Mufflons liegen zufrieden in der Sonne und lassen sich von den Ziegen, die am Zaun um Futter betteln, nicht stören. Vom zweiten Gehege schlägt ihm ein strenger Geruch entgegen. Die Wildschweine haben zahlreichen gestreiften Nachwuchs, mit dem sie sich grunzend im Schlamm suhlen. Er erinnert sich daran, sogar einmal mit Mellie und Felix hier gewesen zu sein. Jörg legt an Schnelligkeit zu, schließlich hat er noch eine ziemliche Strecke vor sich, denn er will heute bis zu Mannheims höchsten Punkt **113** rennen.

Als er sein Ziel endlich erreicht hat, spürt er ein Ziehen in der Seite. Mist, er sollte sich wohl öfters bewegen. Sein linker Schnürsenkel ist offen. Er geht neben dem Stein, auf dem der »höchste natürliche Punkt Mannheims« mit 113 Metern ü. NN angegeben ist, in die Hocke und bindet die Schleife neu. Sogar ein Gipfelkreuz steht hier, stellt Jörg grinsend fest. Die langgezogene Sanddüne, die sich von Darmstadt bis Schwetzingen erstreckt, ist ziemlich flach. Dafür ist sie bestens geeignet, um Spargel und bis vor kurzem sogar Tabak anzubauen. Einer der Kurfürsten hatte den Tabakanbau in der Region eingeführt, um die Wirtschaft anzukurbeln. Bis vor wenigen Jahren, als die EU-Subventionen ausliefen, war in der Gegend Tabak angebaut worden. Vielleicht sollte er mal wieder ins Heimatmuseum Seckenheim **114**. Da fällt ihm etwas ein. Seine Eltern hatten doch manchmal mit ihm, als er klein war, einen Bauern besucht, irgendwelche weitläufigen Verwandten seiner Mutter, eine Großkusine oder so ähnlich, die hatten auch Tabak angebaut. Als kleiner Junge liebte er es, durch die Tabakscheunen zu laufen, unter deren Dach die an langen Reihen aufgefädelten Blätter zum Trocknen aufgehängt waren. Später hatte er in den Ferien sogar einmal beim Tabak-Brechen geholfen, um vier Uhr früh waren sie auf das Feld gefahren. Wie lange war das her? Es kam ihm vor wie eine Ewigkeit. Irgendeine tragische Familiengeschichte war das gewesen, die Eltern hatten sich vor ihm immer nur flüsternd darüber unterhalten. Der Sohn der Bauern saß im Rollstuhl. Aber die hatten noch ein Kind gehabt, eine Tochter, daran glaubt Jörg sich jetzt zu erinnern. Die beiden waren aber deutlich älter als er gewesen. Irgendwann hatte er den Kontakt, der ohnehin nur lose war, verloren. Ob er wohl das Gehöft noch finden würde? Der Bauer und seine Frau sind wahrscheinlich längst nicht mehr am Leben, der Sohn in einem Heim und die Tochter irgendwo anders. Vielleicht findet er es wieder, sicher wohnten heute andere Menschen dort. Aber womöglich wussten die etwas darüber, was aus den Bewohnern von früher geworden war. Jörg macht sich auf den Weg in Richtung Friedrichsfeld. Ob er den Hof wieder erkennen wird?

*

Lange hatten die Eltern damals gebraucht, bis sich ein Kind einstellte, beinahe zehn Jahre. Enttäuscht stellten sie fest, dass es nur ein Mädchen war. All die Jahre hatten sie sehnlich auf einen Sohn gewartet. Nun war zwar ihr Flehen erhört worden, aber sie bekamen nur ein Mädchen. Dabei wollten sie doch einen Erben für ihren stattlichen Hof. Den sollte dieser mal weiter führen. Eine Tochter, die mal einen daher bringen würde, der sich bei ihnen ins gemachte Nest legen würde, war in ihren Augen nichts wert. Sie wollten ihr Erarbeitetes an ihr eigen Fleisch und Blut weitergeben. So wie es seit Generationen bei ihnen in der Familie der Brauch gewesen war, und selbstverständlich nur an einen Buben.

Nach weiteren fünf Jahren wurde endlich der ersehnte Stammhalter geboren. Das Mädchen, das bis dahin zumindest leidlich wahrgenommen worden war, fand nun überhaupt keine Beachtung mehr, falls weniger überhaupt möglich war. Der Bub wurde vom Vater auf dem Trecker mit aufs Feld genommen, dem Mädchen blieb das Schweinefüttern. Hart zupacken musste das Mädchen. Beim Essen bekam der Junge immer den vollsten Teller, es sollte ja ein tüchtiger Bauer aus ihm werden. Wachsen sollte er, der Bub. Voller Stolz hing der Blick des Vaters an ihm.

Erinnerungsfetzen kommen in mir hoch, während ich Herberts Haar kämme. Wie ich den Vater regelrecht anflehte, mich auch mal auf dem Trecker mitzunehmen. »Das ist nichts für Weiber«, hatte er durch die Zähne gequetscht. »Steh hier nicht dumm herum, geh arbeiten. Verdien dir gefälligst dein Essen. Jemand Unnützes können wir hier nicht gebrauchen.« Er wandte sich ab. Herbert hatte stumm zugehört und folgte nun dem Vater. Doch ich hatte Herberts Blick aufgefangen. Freude lag darin, und etwas das ich nicht zu deuten vermochte. War es ein Anflug von Verachtung gewesen?

Am Sonntag in der Kirche saß Herbert mit dem Vater bei den Männern und ging anschließend mit ihm zum Frühschoppen. Ich musste mit der Mutter nach Hause und das Essen zubereiten.

Ich fand mich in all den Jahren nicht ab mit meinem Schicksal, nur zweite Garde zu sein. Weshalb nur sollte Herbert mehr wert sein als ich? Nur weil er ein Bub war? Was konnte der denn schon, das ich nicht konnte? Außerdem war ich fünf Jahre älter als er und viel größer. Ich konnte so richtig zupacken.

Ich begann Herbert zu hassen. Wenn er bloß nicht mehr da wäre, dann wäre alles besser. Ich stürzte mich in die Arbeit auf dem Hof. Damit wollte ich den Eltern zeigen, dass auch ich einen Wert hatte, dass doch eigentlich ich ihre Stütze war. Die Schweine versorgte ich fast alleine. Bevor ich zur Schule ging, machte ich mich auf meinen Weg in den Stall. Blitzblank war der, wenn ich mit ihm fertig war. Meine Schulnoten hätten trotzdem für das Gymnasium gereicht. Unwirsch wischte der Vater die Empfehlungen der Lehrer, die sogar ins Haus gekommen waren, um ihm die Erlaubnis zum Gymnasialbesuch abzuringen, vom Tisch. »Wozu? Mit anpacken kann die doch auch so!« Da war nichts zu machen. Er blieb stur. Der Mutter war sowieso alles recht, was der Vater entschied. So hatte sie ihre Ruhe. Die Volksschule machte ich mit links, ich musste beinahe nichts lernen. So hatte ich weiterhin viel Zeit, auf unserem Hof mitzuarbeiten. Doch ein Lob hörte ich nie.

Fünf Jahre später stand die Entscheidung an, auf welche Schule Herbert gehen sollte. Doch nun kam kein Lehrer zu uns. Nein, der Vater ging zum Lehrer. Abends, zu ihm nach Hause. Einen großen Korb hatte die Mutter ihm richten müssen. Geselchtes, das wir selber aus unseren Schweinen machten, war da drin. Selbstgebrannter, aus unseren Äpfeln. Und eine Flasche Wein.

Von nun an brauchte Herbert nicht mehr auf dem Hof zu arbeiten. Er musste ja fürs Gymnasium lernen. Zwei Mal in der Woche kam ein Student aus Mannheim und gab ihm Nachhilfe. Dafür wurde mir der samstägliche Ausflug mit meiner Freundin ins Kino nach Seckenheim gestrichen. Heute würde man wohl dazu sagen: Präferenzen setzen. Und Vaters Präferenz war eindeutig Herbert. Sein Sohn. Sein ganzer Stolz. Mein Hass gegen Herbert wurde abgrundtief. Doch ich wusste ihn gut zu verbergen.

In meiner letzten Volksschulklasse gingen die anderen alle geschlossen zum Tanzkurs. Sie fuhren mit der Straßenbahn nach Mannheim. Mit der ›Oberrheinischen Elektrizitätsgesellschaft‹, die von Weinheim über Käfertal nach Mannheim und Heidelberg unterwegs ist. Wie selbstverständlich nahm ich an, mit dabei zu sein. Das Fieber ergriff mich hin und wieder, wenn mich Berthold aus der zweiten Reihe zu lange ansah, auch wenn der Klassensprecher mich streifte, übergoss eine Röte mein Gesicht. Ich war voll nervöser Ungeduld und Spannung. Und hinterher könnten wir Mädchen über die täppischen Tanzschritte unserer Klassenkameraden kichern. Ich träumte davon, Mutter würde mir ein neues Kleid kaufen für den Abschlussball. Und sicher würden die Eltern auch mitkommen, im Sonntagsstaat. Herausgeputzt und stolz auf ihre Tochter. Schließlich waren wir Bauern mit eigenem Land, wir hatten was. Wir waren wer. Seit vielen Generationen war der Hof in unserem Besitz.

»So ein Spinnkram! Tanzen! Wozu braucht sie das? Damit sie so einen daher gelaufenen Kerl kennenlernt! Der dann bei unserem Tod vom Herbert einen Anteil am Hof haben will! Der Hof bleibt zusammen, da wird nichts dran gerüttelt. Und sie bleibt zuhause. Auf keinen Fall geht die mir da hin. In ein paar Jahren geht der Herbert zum Studieren, dann muss sie die ganze Arbeit hier alleine machen. Wir können auch bald nicht mehr. Mein Knie tut mir schon seit Tagen weh. Wir müssen auch mal an uns denken. Und die bringt mir keinen Kerl ins Haus! Auf gar keinen Fall!«

In dieser Nacht weinte ich mich in den Schlaf, der lange nicht kommen wollte. Auch in den weiteren Nächten, von denen ich wusste, dass meine Klassenkameraden am Abend beim Tanzkurs waren. Zwei Mütter anderer Mädchen hatten die Mutter besucht und sich bemüht, sie umzustimmen. Vielleicht hätte die Mutter nachgegeben. Aber sie durfte nichts gegen den Willen des Vaters machen. Es war ihr Hof, sie hatte ihn von ihren Eltern geerbt. Er aber war der Mann. Er hatte das Sagen. Das stellte sie nie in Frage. Seit dem Tag ihrer Verlobung hatte sie sich gefügt. Stolz war er damals gewesen, die Tochter des Bauern mit dem großen Hof zu heiraten. Aber er würde es besser machen als sein Schwiegervater, er würde einen Sohn zeugen, einen Erben. Der Hof sollte schließlich in der Familie bleiben. Ein einfacher Bauernbursch war er gewesen, der vierte Sohn seiner Eltern mit kleinem Land. Sein ältester Bruder hatte die Sache übernommen, zum Auszahlen der Geschwister war kein Geld dagewesen. Mit der Zeit dachte ich immer öfter darüber nach, was wäre, wenn es Herbert in meinem Leben nicht gäbe?

»Der Herbert braucht neue Schuhe. Mit denen da«,

Mutter wies auf ein ausgetretenes Paar hin, »kann er sich neben seinen Klassenkameraden nicht sehen lassen. Er sitzt jetzt neben dem Doktor seinem Sohn! Aus dem Herbert wird noch was.«

Stolz leuchtete aus ihrem Blick. Ich wusste schon vom Vater, dass der Herbert jetzt neben dem Sohn des neuen Betriebsleiters der nahen Fabrik saß. Einer, der beim sonntäglichen Gottesdienst in den vorderen Reihen saß. Dessen Frau im Kirchenältestenrat war. Das galt etwas bei meinen Eltern.

Sie zählte das Geld ab und wies mich an, ja auf den Herbert aufzupassen. Missmutig machte ich mich mit meinem verhassten Bruder im Schlepptau auf den Weg. Meine Schuhe waren auch ausgetreten. Aber das war ja egal. Ich saß ja neben keinem Doktorskind. Ich saß neben Anna, mit der ich mich gerne mal nach der Schule getroffen hätte. Aber ich musste auf dem Hof arbeiten. Außerdem durfte ich sowieso nirgends hin. Es bestand ja immerzu das Risiko, ich könnte einen Kerl kennenlernen, der es auf unseren Hof abgesehen hätte und der den Herbert mal um sein Erbe bringen würde. Herbert. Immer nur Herbert. Mir reichte es allmählich. Und wie es mir reichte! Wir fuhren mit den Fahrrädern nach Edingen zur Straßenbahnhaltestelle. Nach Mannheim sollte ich mit meinem verhassten Bruder fahren, um dort auf den Planken Schuhe für ihn zu kaufen. An der Straßenbahnhaltestelle angelangt lächelte mein Bruder mich herablassend an.

»Wir können ja billige Schuhe kaufen und vom Rest noch irgendwas anderes.« Sie hielten auch ihn kurz mit Geld. Mit ihrem Geiz waren sie also wenigstens einigermaßen gerecht. Aber das spendete mir auch keinen Trost.

»Was tätest dir denn kaufen, Herbert?«

»Zigaretten. Alle haben welche. Nur ich nicht. Das ist echt total blöd.«

Reflexartig verpasste ich ihm eine Ohrfeige. Ich war so wütend auf ihn, er wusste ganz genau, dass Vater uns das Rauchen verbot.

»Spinnst Du? Wenn das der Vater erfährt!«

Hasserfüllt starrte er mich an. »Es reicht mir, wenn der Alte mir eine scheuert. Du schlägst mich nicht.«

»Der Vater schlägt *dich*? Das glaube ich nicht!«

»Ich hab mir neulich einen Fünfziger aus seiner Geldbörse genommen, er gibt mir ja nichts! Dabei hat er mich erwischt.«

»Dann hast du es aber auch wirklich verdient.« Am liebsten hätte ich ihm nochmals eine geklebt. Die Zornröte stieg mir ins Gesicht. Sein verzogenes Balg beklaute ihn, seinen eigenen Vater! Mein eigener blöder Bruder war ein Dieb, das war ungeheuerlich. Wir waren immer ehrliche Leute gewesen und nun hatten wir einen Dieb in der Familie! Hasserfüllt funkelten wir uns an. Auf seiner Backe waren deutlich die Spuren meiner Hand zu sehen. Wegen eines Diebes war ich all die Jahre zweite Garde. Durfte nichts. Nur wegen ihm. Wegen eines kleinen widerlichen Diebes. Zum Hass und der Wut gesellten sich Empörung und ein tief empfundenes Gefühl der Ungerechtigkeit.

»Stimmt es eigentlich, dass sie dich in der Tanzschule nicht genommen haben, weil du aus dem Maul stinkst?« Hämisch grinsend kam er ganz dicht an mich heran. Die Straßenbahn war schon sehr nah an der Haltestelle. Die Schienen erzeugten vibrierend eine leise Melodie.

»Mach mal dein Maul auf, lass mich riechen.« Mit beiden Händen kam er auf mein Gesicht zu, drückte mit der einen Hand mein Kinn nach unten und riss mit der anderen an meiner Lippe herum. Dieser blöde Saukerl, was fiel dem ein! Fingerte mit seinen dreckigen Diebsfingern an mir herum. Wut und Hass loderten in meiner Brust um die Wette. Reflexartig gab ich ihm einen heftigen Schlag vor die Brust und stieß ihn von mir weg. Herbert kippte nach hinten, stolperte und verlor den Halt. Er fiel vor die einrollende Straßenbahn. Der Fahrer konnte die Bahn nicht rechtzeitig zum Stehen bringen. Schreckensbleich blieb er unbeweglich sitzen und starrte geradeaus. Ein Fahrgast öffnete die Türen der Straßenbahn und kam heraus.

»Was ist denn da los?«, fragend ging er auf mich zu.

»Meinem Bruder ist schlecht geworden, da ist er plötzlich umgekippt«, stammelte ich kreidebleich.

Mir war auch ganz schlecht. Was hatte ich getan? Ich hasste Herbert zwar, aber ich hatte ihn doch nicht umbringen wollen. Ich war doch keine Brudermörderin. Kain erschlug Abel, aber ich würde doch nicht meinen eigenen Bruder töten. Siedendheiß fiel mir ein, was die Eltern sagen würden, wenn ich ohne ihren geliebten Herbert nach Hause käme? Nie durften sie erfahren, dass ich ihn gestoßen hatte. Der Mann rief jemanden in der Bahn zu, er solle in eines der umliegenden Häuser laufen und beim Notruf anrufen, damit die einen Krankenwagen losschicken. Der Fahrer saß immer noch regungslos da und war nicht ansprechbar. Keiner außer ihm wusste, wie sein Funkgerät zu bedienen war. Und der Fahrer reagierte auf nichts.

»Mein Gott, Mädchen, du hast ja einen Schock.« Der Herr, der aus der Bahn ausgestiegen war, zog seine Jacke aus und legte sie mir um die Schultern.

Herbert hatte wider Erwarten den schlimmen Unfall überlebt. Aber wie! Er lag nach den Operationen im Wachkoma und es bestand wenig Hoffnung, das er je wieder aufwachen würde. Der Vater war völlig verstört, die Mutter hilflos. Ich wurde ihre einzige Stütze. Natürlich machte ich keine Berufsausbildung, meine Eltern brauchten mich ja. Und am Sonntagnachmittag fuhren wir zu Herbert in die Klinik und lasen ihm vor. Der Vater blieb nur immer kurz. Es war für ihn schwer zu ertragen, dass seine ganze Hoffnung, sein ganzer Stolz, mit Windeln hilf- und regungslos im Bett lag. Die Mutter fasste es als eine Art Prüfung auf, die es mit vielen Gebeten zu überwinden galt. Beide waren dankbar, dass sie diese Tochter hatten, die sich nun um alles kümmerte und ihnen soviel abnahm. Ich fühlte mich schuldig an Herberts Zustand. Ich hatte ihn gestoßen. Niemand wusste davon. Ich hatte mich an meinem eigenen Bruder versündigt. Hatte Böses getan. Nun musste ich durch viele gute Taten diese eine böse Tat auszumerzen versuchen. Der Herr prüft die Seinen.

Der Vater nahm mich hin und wieder zur Seite und sagte mir, dass es für die Mutter gut sei, dass sie mich noch habe, die gesunde Tochter. Der Herr beschenkt die Seinen! Und ich würde doch nicht von ihnen weggehen wollen! »Nein, nein«, beeilte ich mich dann zu sagen, »ich bleibe immer bei euch.«

Herbert hatte mich nun endgültig an meine Eltern geschweißt. Ich hasste Herbert nicht mehr. Denn jetzt endlich galt die uneingeschränkte Aufmerksamkeit der Eltern mir, so wie ich es mir jahrelang erträumt hatte. Dieser eine Bruchteil einer Sekunde hatte das Blatt zu meinen Gunsten gewendet.

Nach drei Jahren, fünf Monaten und zwei Tagen wachte Herbert auf. Sein zerebrales Nervensystem hatte starke Schäden erlitten. Auch sonst war nicht mehr viel mit ihm los. Er erkannte uns nicht. Aber er merkte, wenn man ihm Gutes tat. Sein Gesicht wurde dann ganz glatt und er entspannte sich. Das wurde nun zu meiner Aufgabe. Herbert zum Lächeln zu bringen. Die Eltern freute es, dass Herberts Schwester so gut für ihn sorgte. Es war ihnen ein Trost, wenn Herbert lächelte. Sie hingen an mir. Sie brauchten mich. Ich war ihnen unentbehrlich.

Der Vater ist nun schon vor einigen Jahren gestorben. Da habe ich dann hin und wieder auf dem Nachbarhof ausgeholfen, weil uns das bisschen Rente, das Mutter bekam, nicht ausreichte. Unsere eigenen Äcker haben wir nach und nach verkauft. Ich habe die Pflegschaft für Herbert bekommen. Der Hof gehört uns zu gleichen Teilen. Seit dann auch Mutter von uns ging, habe ich aufgehört, zu arbeiten, weil Herbert nicht alleine gelassen werden kann. Ins Heim würde ich Herbert nie geben. Das habe ich Mutter damals versprochen.

Es klingelt. Ich tätschele Herberts Arm und gehe nach unten. Seltsamer Weise fällt es mir schwerer, die Treppe nach unten zu gehen als nach oben. Es klingelt nochmals. Länger, energischer. Wer kann das sein? Wir bekommen nie Besuch. Herbert knarrt mit seinem Rollstuhl. Alles Ungewohnte regt ihn auf.

Ich reiße die Tür auf.

*

Auf der Straße, die durch den Wald in Richtung Schwetzingen führt, ist lebhafter Verkehr. Jörg trippelt auf der Stelle, er will nicht inne halten. Jörg sprintet die Straße längs, über eine kleine Brücke. Hier muss es doch irgendwo sein. Oder war es doch in Richtung Grenzhof? Er läuft noch ein Stück. Da drüben, auf den Hügeln der Bergstraße. Das ist doch die Strahlenburg. Er erinnert sich, dass man sie von dem Hof aus sehen konnte. Aber das hilft ihm jetzt nicht weiter. Von einer Unzahl Höfe aus hat man diesen Blick. Vielleicht sollte er sich mehr geradeaus halten. Ist ja eigentlich egal, wie lange die Suche dauerte. Er hat schließlich den ganzen Tag frei. Keine Termine zu haben war der wahre Luxus des modernen Menschen. Und sein Mobiltelefon hatte er gar nicht erst mitgenommen, er ist für niemanden erreichbar. Heute hat er einfach nur frei. Er will den Tag genießen.

*

Ein Postbote, der es eilig zu haben scheint, übergibt mir einen Brief. Ich muss ihm den Empfang quittieren. Er hält mir ein Kästchen hin zum Unterschreiben. Ich habe meine Brille nicht auf und kritzele irgendwas auf seinen Plastikkasten. Schleppend gehe ich in die Küche. Ich ahne dumpf, dass das Schreiben mit den vielen Briefen zusammen hängt, die ich seit Wochen in die Küchenschublade stopfe. Die letzten waren auch schon per Einschreiben gekommen. Was soll ich machen? Herbert und ich haben kein Geld mehr. Seit die Rente der Eltern weggefallen ist, haben wir keine Einnahmen mehr. Herberts Pflege hat ihr ganzes Vermögen aufgefressen, erst nach Mutters Tod habe ich erfahren, dass unser Hof schon mit einer Hypothek belastet ist. Meine Eltern haben mir das verschwiegen, um mich zu schonen. Eine weitere Hypothek konnte ich noch aufnehmen, aber nun ist Schluss, wir haben keinerlei Reserven mehr.

Ja, was erwarten die denn? Soll ich Herbert pflegen *und* arbeiten gehen? Ich habe Mutter auf dem Sterbebett versprochen, Herbert nicht ins Heim zu geben. Herbert bleibt hier im Haus. Bei mir, bei seiner Familie. Ich stehe zu meinem Wort.

Ich stopfe den blöden Brief zu den anderen in die Schublade. Ich sperre diese Schublade aus meinen Gedanken aus. Es gibt sie ganz einfach nicht.

Wenige Tage später klingelt es wieder anhaltend. Als ich die Tür aufreiße, steht ein fremder Mann draußen.

»Frau Bauder?«

»Wer will das wissen?«

»Haben Sie die Pflegschaft für Herrn Herbert Bauder?«

Stolz richte ich mich zu meiner ganzen Größe auf.

»Ich pflege meinen Bruder, ja. Ganz alleine. Es ist alles in bester Ordnung.«

»Frau Bauder, ich muss dringend nach ihrem Bruder sehen. Wir haben nämlich den Eindruck, dass sie nicht mehr in der Lage sind, sich vernünftig um Ihren Bruder zu kümmern Ich bin gekommen, um mir einen persönlichen Eindruck zu verschaffen.«

Ich spüre plötzlich einen Druck in meinem Kopf. Wie durch einen Nebel nehme ich den Herrn im Anzug wahr. Seine Worte prallen an mir ab, ich will sie nicht hören. Ich knalle die Tür zu.

»Sie beantworten keine Post und sie zahlen die Krankenversicherung für ihren Bruder nicht!« Der Mann schreit es durch die Tür. Nun klopft er dagegen.

»Ich muss nach Ihrem Bruder sehen! Ich muss mich mit eigenen Augen davon überzeugen, dass es ihm gut geht!«

Ich höre nicht hin. Ich mache nicht auf. Schwer atmend lehne ich mich gegen die Tür. Irgendwann wird er gehen. Dann habe ich gewonnen. Herbert bleibt bei mir.

»Frau Bauder, ich komme in einer Stunde wieder. Mit Polizei. Wir müssen über Ihre Situation reden. So geht das nicht weiter. Ich komme wieder, Frau Bauder. Verlassen Sie sich drauf. Wenn Sie nicht mit uns kooperieren, müssen wir ihren Bruder mitnehmen.«

Ich rutsche mit dem Rücken die Türe herunter. Sacke auf den Boden. Was soll das heißen. Polizei? Er kommt mit Polizei wieder? Auf unser Grundstück? Auf unseren Hof? Der seit Generationen uns gehört? Von unserem Hof vertreibt mich niemand. Herbert! Der will mir Herbert wegnehmen! Herbert gehört mir! Herbert kommt zu niemand Fremden! Ich bin seine Familie!

Ich krieche mühsam in die Küche, rappele mich hoch und schaue durchs Fenster. Der Mann ist wieder weg. Ich blicke auf die große Uhr, die über der Eckbank hängt. Sie war stehen geblieben, als Vater starb. Ich ließ sie damals reparieren. Ich klammere mich an dem Küchentisch fest. Versuche mich zu erinnern. Der Mann hatte etwas von wiederkommen mit der Polizei gesagt. Er will mit der Polizei zu uns kommen. Kleine Schweißbäche rinnen über meinen Rücken. Ich packe den Tisch und werfe ihn an die Wand. Herbert knarrt oben mit seinen Rollstuhl.

»Nein!« Ich schluchze laut. Ich habe lange nicht mehr geweint. Seit damals, als ich nicht in die Tanzstunde durfte, habe ich nicht mehr geweint. Ich bin eine Bauerntochter mit eigenem Hof. Wir weinen nicht in der Niederlage. Wir bieten dem Feind die Stirn. Mit aufrechtem Rücken. Und niemand holt Herbert hier weg. Niemand.

Ich öffne vorsichtig die Haustür. Niemand zu sehen. Bei Tag ist die Burg für mich schlecht zu erkennen. Sie ist für meine alten Augen zu weit weg. Nur nachts sehe ich in der Ferne diesen vollmondfarbenen Lichtball. Ich gehe in die Garage. Da steht immer noch Vaters Auto. Ich öffne den Kofferraum. Meine Hände zittern. Niemand nimmt mir Herbert weg, niemand. Ich habe es Mutter auf dem Sterbebett versprochen. Den Reservekanister fest umklammernd gehe ich ins Haus.

Ich verriegele die Tür. Ich öffne den Kanister und gieße die zäh rinnende Flüssigkeit von innen an die Tür und eine große Lache direkt davor. Ich tropfe eine Spur zur Holztreppe, bis nach oben vor Herberts Tür. Dann gehe ich wieder nach unten. Ich lege ein brennendes Zündholz ganz nah an die Benzinlache und haste nach oben.

Schon züngeln Flammen an der Holztür, lecken bereits an der Treppe. Bald wird sie lichterloh brennen. Eine Flucht wird dann nicht mehr möglich sein. Niemand wird uns beide trennen, wir bleiben für immer zusammen.

Herbert sitzt in seinem Rollstuhl. Speichel tropft aus seinem Mund. Ich nehme das Baumwolltuch, das über der Lehne hängt. Vorsichtig tupfe ich sein Gesicht ab. Niemand soll sagen können, Herbert wäre nicht sauber. Milde lächelnd setze ich mich neben ihn. Streiche meine Schürze glatt. Heute Abend werden sie die Burgbeleuchtung einschalten. Wie jeden Abend. All die vergangenen Abende und die, welche noch kommen werden. Ich nehme Herberts Hand. Halte sie ganz fest. Herbert lässt es geschehen und entspannt sich. Plötzlich bin ich ganz ruhig. Der Druck in meinem Kopf lässt nach.

*

Der Feldweg macht eine Biegung. Endlich, dieser Hof muss es sein! Schweiß tropft Jörg von der Stirn, rinnt in die Augen und brennt. Er drückt sie fest zu und sucht in seinen Hosentaschen nach einem Taschentuch. Als er endlich eines findet und sich die Augen trocken reibt, glaubt er, nicht richtig zu sehen und wischt erneut mit dem Tuch über die Augen. Doch er sieht schon richtig, da kommt tatsächlich Rauch aus den Fenstern.

Er sprintet los, umrundet den Hof, sieht die Eingangstür. Die brennt lichterloh. Als er näher kommt, wallt ihm eine Hitzewelle entgegen. Jörg weicht zurück. Im Erdgeschoss birst ein Fenster, die Scherben verteilen sich auf dem Hof. Jörg tastet seine Taschen ab. Sein Handy, verflucht! Er muss doch die Feuerwehr anrufen, Krankenwagen, die Kollegen! Er wirbelt um seine Achse. Wo ist der nächste Hof? Jörg rennt beinahe einen halben Kilometer, bis er zum nächsten Haus kommt. Er hämmert wild gegen die Tür. Endlich macht jemand auf. »Die Feuerwehr«, schreit er der Frau entgegen und zeigt in die Richtung, aus der er kommt. »Da drüben brennt es, schnell! Beeilen Sie sich!«

Als er zurück sprintet und beim Ankommen völlig außer Atem ein heftiges Brennen in den Seiten verspürt, schlagen ihm aus dem oberen Stockwerk bereits lodernde Flammen entgegen.

103 Die Seckenheimer nennen ihren Wasserturm liebevoll Glatzkopp. Er beherbergt ein Aufzugmuseum, das bei besonderen Anlässen öffentlich zugänglich ist.

104 Traditionsreiches Gasthaus an Seckenheims Hauptstraße. Das Team »cook & more« verwöhnt mit Leidenschaft die Gäste.
www.badischerhof.net

105 Die feine Kleinkunstbühne in Seckenheim wurde vom jetzigen Besitzer neu zum Leben erweckt. Das Gebäude gehörte früher einer Brauerei. Der liebevoll restaurierte Saal war ehemals der Brauereisaal. Im hauseigenen Palü-Keller ist Platz für Musikveranstaltungen.
www.palue-mannheim.de

106 Das Alte Rathaus in Seckenheim mit seinem Arkadengang und dem hübschen Uhr-Türmchen wurde vor wenigen Jahren renoviert. Im ersten Stock befindet sich die Zweigstelle der Stadtbibliothek Mannheim-Seckenheim mit umfangreichem Medienbestand.

107 Von der Neckarbrücke aus Richtung Ilvesheim kommend wird man gleichsam von dem schön renovierten Anwesen begrüßt. Mehrere Läden, die über den gepflasterten, südländisch wirken-

den Hof zu erreichen sind, schaffen eine angenehme Atmosphäre. Ein Café lädt zum Verweilen ein. Es gibt Veranstaltungen wie etwa »Spanische Nächte«.
www.atelierhof113.de

108 Im Obergeschoss des Seckenheimer Schlosses ist der Bürgerdienst zuhause. Zum Gasthaus gehört ein sehr schöner, von alten Bäumen beschatteter Biergarten. Besonders angenehm für Familien befindet sich in unmittelbarer Nähe ein Spielplatz. Während die Eltern im Biergarten genießen, können die Kinder auf dem Spielplatz toben.

109 Naturschutzgebiet am Altneckar. Läuft man nachts hier längs, trifft man mit etwas Glück sogar Fledermäuse. Empfohlener Spaziergang: Start unterhalb des Seckenheimer Schlosses, längs des Altneckars über Neckarhausen und über den Fußweg auf der Eisenbahnbrücke bis nach Ladenburg.

110 Besondere Weine für Genießer direkt vom Winzer in Seckenheim bei www.weivivin-shop.de

111 Mehrmals im Jahr veranstaltet der Badische Rennverein Mannheim-Seckenheim e. V. auf der Waldrennbahn Renntage. Fürs Catering ist gesorgt und wer die Rennen mit Hochspannung verfolgen will, gibt eine Wette ab. Renntage www.badischer-renn-verein.de

112 Reizender Ausflug für Familien und für Tierliebhaber. Die beiden großen Gehege sind über den Friedrichsfelder Weg im Dossenwald erreichbar.

113 Am höchsten natürlichen Punkt Mannheims in der Nähe des Eichhörnchenwegs im Dossenwald. Der höchste Punkt Mannheims allerdings ist auf »unnatürliche« Art entstanden: Der Mülldeponieberg auf der Friesenheimer Insel.

114 Informatives, liebevoll ausgestattetes Heimatmuseum in der Kloppenheimer Straße in Seckenheim. www.seckenheim-info.de

DUMM GELAUFEN

»Eeedelgard!«

Ich hasse die Art, wie er meinen Namen ausspricht, mit dieser völlig übertriebenen Betonung auf der ersten Silbe. Keine Ahnung, was meine Mutter geschluckt hatte, als sie sich diesen Namen für mich überlegte. Alle anderen Mädchen in der Klasse hießen Monika, Helga, Sabine, Andrea oder Angelika. Aber Edelgard! Und ausgerechnet ich blieb dann auch noch an Norbert kleben, an dem Sitzenbleiber, der erst im letzten Schuljahr von einer anderen Schule zu uns kam.

Seit so vielen Jahren ertrage ich ihn nun schon. Das muss ein Ende haben! Wir fahren in den Urlaub, da wird etwas passieren, ich kann einfach nicht mehr länger. Wir reisen an die Bergstraße bei Mannheim, wo es sehr hügelig sein soll. Kann ja sein, dass da mal jemand runter fällt von so einem Hügel oder von einer Burg. Wieso nicht Norbert? Dann bin ich ihn endlich los. Alles wird nach einem Unfall aussehen. Soll es ja hin und wieder geben, so einen tragischen Unfall im Urlaub. Und ich werde dann als trauernde Witwe alleine nach Hause reisen. Die Lebensversicherung auf Norbert ist ganz ordentlich ausgestattet, sie wird dazu beitragen, mein gebrochenes Herz schnell zu heilen. Und als vermögende Witwe habe ich dann ganz neue Möglichkeiten auf dem Single-Markt.

Die Zugfahrt an unser Reiseziel ist ruhig. Norbert trägt seinen beigefarbenen Breitcordanzug, obwohl er genau weiß, dass ich den nicht ausstehen kann. Und zu allem Überfluss auch noch hellbraune Schuhe! Mit

Lochmuster! Norbert hat ziemlich zugelegt seit unserer Hochzeit. Das ist ja auch kein Wunder, denn das einzige was der stemmt, ist abends im Fernsehsessel sein Weißbierglas. Ich würde viel lieber einen trockenen Weißwein mit ihm trinken, aber davon versteht er leider nichts.

In dem hellen, leicht zu engen Anzug könnte Norbert gut als Michelin-Männchen auftreten, das Werbung für Traktorreifen macht.

Nur eine kurze Weile muss ich ihn also noch ertragen, bevor ich nach einer günstigen Gelegenheit Ausschau halten kann. Und ich bin wild entschlossen, sie zu nutzen, sobald sie sich bieten wird! Ich beende diese Schlemmerreise an der badischen Bergstraße **115** ohne ihn, das steht für mich fest.

Wir steigen am Mannheimer Hauptbahnhof aus und übernehmen ein Mietauto. Für die erste Nacht haben wir eine Unterkunft gebucht, dann werden wir weitersehen.

Abends bummeln wir durch Mannheim und essen im Fernmeldeturm **116** . Wir fahren mit dem Lift nach oben, der fährt ziemlich schnell. Norbert will hoch zur Aussichtsplattform. Das ist vielleicht schon eine Chance für mich! Aber leider muss ich oben angekommen feststellen, dass alles rundherum verglast ist.

Nachdem er sich ausgiebig umgeschaut hat, begeben wir uns ins Restaurant Skyline. Norbert eilt zu einem der Tische. Ohne mir den Stuhl zurechtzurücken nimmt er selbst Platz. Seine Manieren befinden sich wie immer auf einem Tiefpunkt. Ich genieße die Aussicht über Mannheim und habe noch keinen einzigen Blick in die Karte geworfen, als Herbert für sich schon die Bestellung aufgibt. Er ahnt nicht, dass dies eine der letzten Gelegenheiten sein wird, bei der er mir beim Heben seines Glases sein albernes »Prostata!« entgegen krähen kann, grade so, als ob er sich in der Altherrenrunde seiner Burschenschaft befände. Es war ein Fehler, ihn damals zu heiraten. War es die Angst vorm Alleinsein, die mich diese unglückselige Verbindung eingehen ließ? Egal, bald werde ich wieder ohne ihn sein, aber ganz sicher nicht einsam. Für mich geht das Leben dann von vorne los. Norbert ist nicht unvermögend, es gibt ordentlich zu erben. Zusammen mit der Lebensversicherung ist das eine schöne Entschädigung für mich, die mir zusteht, für all die Jahre, in denen ich ihn nun schon ertrage. Ich werde eine hervorragend gute Partie abgeben.

Am nächsten Morgen brechen wir gleich nach dem Frühstück auf.

»Eeedelgard, muss ich hier abbiegen?« Norbert hat sich an das Steuer des Wagens gesetzt, denn er findet, Frauen können generell nicht so gut Auto fahren wie Männer.

Wir fahren in Richtung Weinheim, wollen dort an unserem zweiten Tag »unser Zelt aufschlagen«, wie Norbert es ausdrückt, und die nähere Umgebung erkunden. Soll er ruhig vorher noch die zwei Burgen und das Schloss besichtigen. Ich bin ja großzügig und gönne ihm seine letzten schönen Eindrücke. Seine allerletzten!

Auf dem Weg dahin fahren wir durch einen reizenden Ort, der nahezu idyllisch anmutet. »Schau mal, Edelgard, die haben hier sogar noch einen richtigen Metzger! Das ist noch ein richtig intaktes Dorf!«, freut sich Norbert. Wie immer sticht ihn natürlich sofort alles Essbare ins Auge. »Und daneben ein Bäcker!«

Direkt gegenüber hängt an einem Gasthaus ein hübsches altes Messingschild. Das Dorf sieht wirklich reizend aus. Üppiger Blumenschmuck trägt zusätzlich zum freundlichen Erscheinungsbild bei. Überall sind Balkonkästen und Pflanzkübel mit farbenprächtigen, verschwenderisch üppigen Geranien verteilt. Vielleicht sollten wir hier Station machen? Mein Plan läuft mir ja nicht weg. Und es schadet nicht, wenn Zeugenaussagen belegen, wie gut wir uns vor dem Unfall verstanden haben.

Kurz hinter der Kirche weist ein Schild zu einem Anwesen und darunter hängt ein kleineres Schild »Zimmer frei«.

»Hier links rein!«, ich fuchtelte mit dem Arm vor Norberts Gesicht herum und reiße ihm versehentlich beinahe die Brille vom Kopf. »Eeedelgard! Willst du uns beide umbringen?«

Nein, mein Lieber, nur einen von uns, aber wir wollen uns nicht darüber streiten, nicht wahr? »Norbert, das Haus sieht fantastisch aus. Schau mal, die vielen Fenster, der Blumenschmuck, alles so hell und freundlich, so frisch.«

»Aber der Zaun, der sieht wirklich renovierungsbedürftig aus.«

»Ach was, das stört doch nicht.«

Unsere Gastgeberin Anna erklärt, dass das stattliche Anwesen früher eine Mädchenschule beherbergte. Aber nun ist es schon seit längerem eine Pension für Touristen. Der Preis ist akzeptabel und sie zeigt uns den Weg zu unserem Zimmer. Auf einem gewaltig großen Bett liegen schätzungsweise zwanzig Kissen in verschiedenen Größen.

Norbert sitzt im Salon unserer Herberge, natürlich schon wieder mit einem Krug Bier. Er hat die Schuhe ausgezogen und räkelt seine strumpfbesockten grünen Füße.

Seine Mutter strickt mit Hingabe Socken für ihn, die er in einer geballten Sammlung zu Weihnachten erhält. Mit den Häkelkrawatten pflegt sie ihn an seinen Geburtstagen zu beglücken.

Anna leiert in schrillem Ton einige Sehenswürdigkeiten herunter, die wir während unseres Aufenthaltes unbedingt sehen müssen. Kurz darauf hören wir ihr Auto wegfahren.

Am nächsten Morgen überrascht uns Anna mit einem überbordenden Frühstückstisch. In vielen Hotels gibt es immer nur dieses Einheits-Frühstück, wie man es vermutlich auch in Abu Dhabi und auf den Hurtigruten erhält. Aber hier wartet ein fulminantes Winzer-Frühstück auf uns. Verzückt, beinahe tänzelnd, was ihm eine ungeahnte Grazie verleiht, nimmt Norbert Platz, während ich das Ganze erst Mal im Stehen in Augenschein nehme und um den Tisch spaziere. Lieber Himmel, was hier ausgebreitet liegt, reicht für eine Groß-Familie! Mich beschleicht das überaus unangenehme Gefühl, bereits vom Betrachten der kalorienreichen Mahlzeit zuzunehmen. Norbert leckt aufgeregt seine fülligen Lippen, seine kleine Nase zittert.

»Was ist das?« Entsetzt zeige ich auf fingerdicke Scheiben.

»Edelgard, das ist Saumagen. Kennst du das nicht? Grundgütiger, das weiß man doch!«

Man vielleicht schon, ich aber nicht. Nun hat er etwas entdeckt, was mir bislang verborgen blieb. Ein kleines Glas mit weißem, milchigem Inhalt. Darin steckt etwas, das für mich nach mittelprächtigen Maden aussieht. Aber die sind wohl tot, da sie sich nicht bewegen. Norbert strahlt. »Griebenschmalz! Das hat meine Oma immer selbst gemacht!« Freudig grabscht er sich eine Scheibe Brot, bestreicht sie mit Schmalz und streut zärtlich etwas Salz darüber. Geräuschvoll zermalmt er die Grieben mit seinen Backenzähnen. Der Genuss steht ihm ins Gesicht geschrieben. Ich presse meine Serviette gegen den Mund und schweige.

Anna taucht mit einer überdimensionierten Kaffeekanne im Frühstücksraum auf, vergewissert sich, ob wir auch wirklich alles haben. Norbert beisst in sein Schmalzbrot, doch als ich Anna um Knäckebrot und Diätmarmelade bitte, unterbricht er verständnislos sein Kauen. »Also Edelgard, nun hast du schon Mal die Möglichkeit, Spezialitäten zu probieren! Ich verstehe dich wirklich nicht! Ganz und gar nicht! Mit deinem Knäckebrot staubst du dir doch schon zuhause die Kehle zu. Ich sage dir doch immer wieder, dass du ruhig etwas zulegen kannst. Ich mag es gerne fülliger, das weißt du ja.« Er lächelt mich an, sein Blick bleibt an meiner mageren Brust hängen. An seinen Schneidezähnen klebt eine Griebe.

»Soll ich Ihnen nochmals ein paar Tipps für Ihren Aufenthalt geben?«

»Nicht nötig. Wir besichtigen heute die Burgen Windeck und die Wachenburg.«

»Sie bleiben doch hoffentlich länger hier bei uns. Die Burgen laufen Ihnen nicht davon, die stehen noch länger. Aber in wenigen Tagen ist etwas ganz Besonderes!«

Norbert schnieft in die verheißungsvolle Pause, seine Wangen flattern aufgeregt.

»Da startet die Bertha-Benz Challenge **117**, da müssen Sie unbedingt hin! Mein Sohn fährt da auch mit!«

»Bertha-Benz-Challenge?« Norbert klingt wie ein Echo am Watzmann.

Annas Augen leuchten, sie redet sich in Fahrt. »Ja wissen Sie denn nicht, dass hier in der Gegend das Auto erfunden wurde? Carl Benz baute den ersten Motorwagen. Und seine couragierte Frau sorgte für seinen Durchbruch, denn sie fuhr ohne sein Wissen mit dem Wagen von Mannheim bis nach Pforzheim **118**!«

Norbert ist begeistert. »Solche Frauen gibt es also auch?«

Am liebsten würde ich ihm ans Schienbein treten. Doch ich habe mich im Griff und lächle honigsüß. Anna soll später der Polizei ins Protokoll diktieren, ich habe meinen Mann abgöttisch geliebt.

»Auch einen Besuch im Technoseum in Mannheim kann ich ihnen wärmstens empfehlen. Am besten gleich heute, als Einstieg. Mannheim ist nämlich die Erfinderstadt.«

Norbert hastet an der großen Stahlskulptur am Eingang zum Technoseum **119** vorbei. Den Eintritt zu entrichten überlässt er mir, er will sich über die Geschichte der Mobilität informieren, da hält er sich nicht mit solchen Nebensächlichkeiten auf. Bald stehen wir vor einer hölzernen Laufmaschine **120**, mit welcher der Freiherr damals seine Umgebung verblüffte. Dem Mannheimer Pionier der Mobilität ist eine eigene Ausstellung gewidmet, denn Freiherr von Drais hat damals den Anfang gemacht.

Norberts Augen glänzen, als er auch noch einen Benz Motorwagen entdeckt. Ein Mann kommt auf ihn zu. »Tolle Sache, nicht wahr?«

»Und das Auto wurde tatsächlich in Mannheim erfunden?«

»Ja, in den Quadraten 121 hat Carl Benz mit seiner Werkstatt angefangen, später gründete er die »Benz & Cie. Rheinische Gasmotorenfabrik. 1903 ging er dann nach Ladenburg 122 .«

»Das ist ja ungeheuerlich, ich wusste ja gar nicht, dass das Auto in Mannheim erfunden wurde.«

»Es geht ja noch weiter. Die Firma Lanz in Mannheim hat auch noch den ersten Bulldog gebaut.«

Norbert hat nun endgültig Benzin geleckt. Nun will er auch die Bulldogs anschauen, ich jedoch nicht. »Hören Sie, gibt es hier etwas zu trinken?«

»Aber natürlich. In der Arbeiterkneipe gibt es etwas zu trinken und eine Kleinigkeit zu essen.«

An der historischen Theke hole ich mir einen Latte Macchiatto und einen Himbeerkuchen. Mein Blick fällt auf die Dampfmaschine. Eine Ahnung befällt mich, dass Norbert, sobald er nachgekommen ist, auch die noch eingehend bewundern will. Das Museum ist ziemlich voll mit Menschen und ich sehe keinerlei Möglichkeit, meinem Plan ein Stück näher zu kommen.

Als wir draußen sind, ist Norbert glücklich. Wie schön, dass er kurz vor seinem Tod noch derart schöne Momente genießen kann. Ich lächle nachsichtig, als er mir versehentlich in die Ferse tritt.

»Der nette Herr hat mir erklärt, wo die Lanz-Villa 123 steht. Das liegt direkt an unserem Weg. Und das Beste kommt noch! Wir gehen heute nämlich ins Kino! Da wird ein Film über einen Mann gezeigt, der alte Lanz-Traktoren sammelt. Der fährt mit dem Traktor sogar in den Urlaub, stell dir das vor!«

Grundgütiger, was plant Norbert da? Ich werde ganz bestimmt nicht wie Resi auf dem Traktor sitzen.

»Und diesen Film, den zeigen die heute Abend im Atlantis-Kino **124** in K1. Da gehen wir hin.«

»Wollen wir nicht auch eine Schifffahrt **125** machen, während unseres Urlaubs?« Mir fällt ein, dass Norbert nicht schwimmen kann.

Beim Frühstück am nächsten Morgen hören wir aus der Küche Stimmen. Anna scheint sich mit jemand zu unterhalten. Kurz danach betreten zwei stattliche Herren den Frühstücksraum. Nach einem kurzen Gruß nehmen sie Platz, Anna serviert ihnen Tee und setzt sich dazu.

»Wie lange wollen Sie denn Ihren Urlaub bei uns genießen?«, fragt der größere von beiden, der ein joviales Verhalten zeigt und sich als Hans vorstellt. Der zweite, der Arthur heißt, wirkt mit seinen vollen rosigen Backen und den akkurat geschnittenem Nackenhaar wie ein Metzger, der sich ausgiebig von hormonhaltigem Schweinefleisch ernährt. Bevor Norbert zu einer Antwort ansetzen kann, ergreife ich das Wort: »Wir bleiben noch eine Nacht hier.« Ich lächele verbindlich. »Wir wollen möglichst viel von der Bergstraße sehen und deshalb weiter fahren.«

Doch Norbert protestiert »Wir bleiben selbstverständlich hier bis zur Bertha-Benz-Challange.«

Die beiden Männer sehen sich verschwörerisch an, es scheint mir beinahe so, als würden sie sich kaum merklich zunicken. Aber das bilde ich mir sicher nur ein. Arthur mit den rosigen Bäckchen erläutert: »Es ist bei uns eine Sitte, dass wir unsere Übernachtungsgäste zu einem gemeinsamen Essen in ein Gasthaus einladen. Vielleicht haben Sie es bei Ihrer Ankunft gestern gesehen, es liegt gleich am Anfang unseres schönen Dorfes.«

Ich versuche Norbert mit Hilfe meiner Augensprache zu verstehen zu geben, dass ich das nicht will und er dieses Angebot gefälligst ablehnen soll. Nun ergreift Anna, die mit angespanntem Oberkörper dasitzt, das Wort. »Wir leben hier vom Tourismus und dies ist unsere ganz besondere Art, uns bei den Gästen unseres schönen Dorfes zu bedanken. Arthur«, sie deutet mit ihrem Kinn in Richtung Dickerchen, »hat gestern geschlachtet und lädt Sie zu einer Schlachtplatte ein.« Sie fixiert Norbert und ergänzt: »Es gibt frischen Bauchspeck.«

Die Frau weiß, wie man Mäuse fängt. Ehe ich meinem Mann mit der Schuhspitze ans Schienbein stoßen kann, nimmt Norbert die Einladung mit glänzendem Gesichtsausdruck an. Nachdem die drei den Raum verlassen haben, wischt er meine Einwände gegen ein Essen mit den Einheimischen vom Tisch. »Das ist gute Gastfreundschaft. Wie kannst du auch nur in Erwägung ziehen, dich derart unhöflich zu verhalten und so eine Einladung abzulehnen!« Er hat wirklich keine Ahnung, wie naiv er ist. Ich habe zwar ein ungutes Gefühl, aber mir bleibt nichts anderes übrig, als mich zu fügen. Durch eines der Fenster beobachte ich, wie die beiden Männer unseren Mietwagen begutachten. Ist ja auch ein schönes Auto, was Norbert da gemietet hat. Mit Vollkasko natürlich.

Den Tag verbringen wir auf den beiden Burgen bei Weinheim, über denen schwere, dunkle Wolken hängen, sie scheinen beinahe die Spitzen der Türme zu berühren. Leider sind wir nicht die einzigen Gäste. Als ich mich unbeobachtet fühle und ihn auf dem Weg bei der Burgruine Windeck nahe an den Hang lotse, kommt plötzlich von hinten ein Mann hektisch angerannt. »Gehen Sie nicht so nahe da ran! Das ist gefährlich! Da fällt man leicht hinunter.«

Norbert ist voller Vorfreude auf die Abendeinladung, er schwärmt den ganzen Tag über von dem Dorf, in dem die Gemeinschaft noch funktioniert und die Menschen soviel freundlicher sind als bei uns zuhause. Ob wir vielleicht im Alter hierher ziehen sollten? Besonders angetan hat es ihm die badische Küche und bereits jetzt ist er voller Vorfreude auf die Leckerbissen, die der rosawangige Metzger für ihn am Abend bereithalten wird. Eine Art von Melancholie überfällt mich. Ich merke, dass es mir wohl nicht durch eine spontane Aktion gelingen wird, Norbert loszuwerden. Ich muss einen richtigen Plan machen.

Abends ziehen wir uns um und fahren zu dem Gasthaus, hinter dessen Tür sich eine original 70er-Jahre-Welt öffnet, mit einer seit damals unveränderten, leicht abgeblätterten Einrichtung, so als ob die Zeit hier stehen geblieben wäre. Die beiden Herren, die wir schon beim Frühstück kennen gelernt haben, winken uns zu sich an den großen schweren Eichentisch. »Heute bekommt ihr richtiges badisches Essen, alles aus meiner Metzgerei. Und ihr seid unsere Gäste.« Hans winkt der Bedienung, die uns zwei Gläser Weißwein bringt. Die beiden stoßen mit uns an. Nach dem dritten Glas wird unser Essen gebracht, zusammen mit zwei Winzerschnäpsen. Da deftiges die Teller dominiert, nehme ich mir kaum etwas davon. Unsere Wein-Gläser werden nicht leer, so als ab die jemand heimlich immer wieder auffüllt. Als ich diese Vermutung kichernd Norbert zuflüstere, tut er dies jedoch als völligen Blödsinn ab.

Irgendwie müssen wir den Weg in unsere Unterkunft gefunden haben, denn als wir am nächsten Morgen aufwachen, liegen wir in unserem geräumigen Doppelbett, umringt von den zahlreichen Kissen. Wir haben offenbar in unseren Kleidern geschlafen und sehen entsprechend derangiert aus. Norbert trägt noch immer seine Michelin-Männchen-Hose aus beigefarbenen Breitcord. Ich setze mich auf. Mein Kopf brummt. Wie viel Wein und wie viele Schnäpse das wohl gestern waren? Mir fehlt jegliche Erinnerung an den Ausgang des Abends. Ich gehe ins Badezimmer, entkleide mich und stelle mich lange unter die Dusche.

Es ist überaus schwierig, Norbert wach zu bekommen. Im Frühstücksraum erwartet uns seltsamerweise kein überbordendes Frühstück. Dafür sitzt Anna mit eiserner Miene am Tisch. Hans hat neben ihr Platz genommen. Auch er hat einen reservierten Gesichtsausdruck. Verwundert nehmen wir Platz. Mein Kopf brummt ziemlich und fühlt sich schwer an. Eine Tasse Kaffe wäre jetzt genau das richtige für mich, auch ein Aspirin würde ich nicht ablehnen.

Hans mustert uns ernst, das Rosa aus seinen Wangen ist vollständig gewichen. »Es ist etwas passiert heute Nacht, hier, in unserem Dorf.« Anna pflichtet ihm bei: »Unfall mit Fahrerflucht.«

Verständnislos blicken wir von einem zum anderen.

Nun spricht Hans wieder. »Ihr habt gestern wohl etwas viel getankt. Und dann ist Norbert noch Auto gefahren. Und das, obwohl wir ihm dringend davon abgeraten haben. Aber er war da etwas eigensinnig und ließ sich einfach nicht davon abhalten.«

Norbert war Auto gefahren? Ich kann ja einiges

Schlechte über meinen Mann sagen, aber sobald er einen Tropfen trinkt, fährt er nicht mehr mit dem Auto, das weiß ich ganz genau, auch wenn ich, was den gestrigen Abend anbelangt, einen Filmriss habe. »Das kann nicht sein«, entgegne ich deshalb, »so etwas macht Norbert nicht.«

»Papperlapapp«, fährt Anna mir über den Mund. »Wir haben es doch alle gesehen! Wir alle sind Zeugen! Das gesamte Dorf. Mit eigenen Augen haben wir es gesehen. Er ist voll gegen meinen Zaun gefahren und hat ihn völlig ramponiert.« Sie macht eine kleine Pause und fügt entschieden hinzu: »Der muss neu gemacht werden.« Um Zustimmung heischend blickt sie zu Hans, der bekräftigend nickt. »Der muss völlig neu gemacht werden, über die gesamte Breite. Das wird nicht billig. Das ist Handarbeit aus Schmiedeeisen. Ein paar Tausend Euro werden da wohl fällig werden.«

Norbert wird bleich. »Ich bin gegen den Zaun gefahren? Ich weiß gar nicht, wie wir hierher gekommen sind.« Er legt seine Hand auf meinen Arm. »Edelgard, ich fahre doch aber nie mit dem Auto, wenn ich etwas trinke?«

Nun wird Annas Blick noch eine Spur feindseliger. »Da haben Sie wohl gestern eine Ausnahme gemacht. Einmal ist immer das erste Mal.«

Vor dem Haus steht unser Mietauto, die ganze Vorderseite ist komplett eingedrückt. Der Zaun sieht völlig kaputt aus. So, als ob jemand mit voller Wucht dagegen gefahren ist. Ich kann mich überhaupt nicht daran erinnern, ebenso wenig wie Norbert.

Anna sagt mit bestimmten Ton: »Zum Glück ist das Auto ja versichert. Und die kommen auch für den Schaden an meinem Hab und Gut auf. Wie gut, dass wir alles gesehen haben.«

Wortlos packen wir unsere Sachen und bestellen ein Taxi. Als wir zum Ort hinausfahren, bemerken wir, dass Vieles in dem Ort tadellos renoviert ist. So, als ob es erst kürzlich erneuert worden wäre. Anna hat sich bereit erklärt, den Fall mit der Versicherung zu regeln. Das Mietauto lässt sie abschleppen. Es gibt sogar einen Abschleppdienst im Dorf. Und einen Schmied, der einen neuen Zaun machen wird, in Handarbeit, so wie der vorherige, der schon ziemlich alt war, und wenn wir nicht dagegen gefahren wären, sowieso in Bälde hätte ersetzt werden müssen. Das war wirklich ein glücklicher Zufall für Anna.

Und ich? Was wird aus meinen Plänen, ohne Norbert nach Hause zurückzukehren? Alles was Recht ist, aber jetzt halten wir natürlich zusammen. Ich werde meine Pläne für den nächsten Urlaub aufbewahren.

Der Taxifahrer fährt uns zum Abschied am Mannheimer Schloss vorbei und gibt uns einen Spruch mit auf den Weg: »Schön, unser Mannem, gell? Ich sage euch was: auf den zweiten Blick verliebt sich jeder in unsere Stadt! Bass uff: Man weint immer zwei Mal. Zuerst wenn man nach Mannheim kommt und dann, wenn man wieder geht. Alla, macht's gut!«

115 Die Weinregion badische Bergstraße umfasst ein kleines, feines Weinbaugebiet in der Nähe von Heidelberg.

116 Der Mannheimer Fernmeldeturm steht direkt am Luisenpark. Als auf dem Gelände im Jahre 1975 die Bundesgartenschau stattfand, wurde auch der über 200 Meter hohe Fernmeldeturm fertig gestellt. Direkt neben dem Turm ist einer der Eingänge in den Luisenpark, mit Parkplätzen und einer Straßenbahnhaltestelle. Die Aussichtsplattform des Fernmeldeturms ist über einen gebührenpflichtigen Aufzug zugänglich.
Ein besonderes Erlebnis ist ein Besuch im Drehrestaurant Skyline. Eine Stunde dauert eine ganze Drehung mit einem atemberaubenden Blick über die Umgebung. Hinweistafeln weisen auf die jeweiligen Sehenswürdigkeiten am Drehpunkt hin. Man schaut bis in die Pfalz und den Odenwald.
www.skyline-ma.de

117 Im Jahr 2013 jährte sich die Pionierfahrt von Bertha Benz und ihren beiden Söhnen zum 125. Mal. Dies war der Anlass für die Bertha-Benz-Challenge, einer dreitägigen Galafahrt, bei der die Bandbreite innovativ angetriebener Fahrzeuge vorgestellt wurde. www.bertha-benz-challenge.de
Alle zwei Jahre treffen sich Fahrer mit ihren liebevoll gepflegten Oldtimern anlässlich der Bertha-

Benz-Gedächtnisfahrt. Viele Menschen säumen jeweils die Route, um die prächtigen Gefährte zu bestaunen.

http://bertha-benz-fahrt.de

118 Die gut ausgeschilderte Bertha-Benz-Memorialroute weist die Originalstrecke aus, die die erste Autofahrerin der Welt damals längs fuhr. Die Route startet in Mannheim, führt auf dem Hinweg über Heidelberg und Wiesloch, wo Bertha Benz in einer Apotheke neuen »Sprit« kaufte, bis nach Pforzheim. Zurück wählte sie den Weg über die Melanchthon-Stadt Bretten. Die Länge der Strecke beträgt 194 Kilometer und führt an zahlreichen Sehenswürdigkeiten vorbei. Es macht sehr viel Freude, sie nachzufahren.

www.bertha-benz.de

119 Das Museum für Arbeit und Technik in der Museumsstraße 1 stellt in seinen Räumen anschaulich 200 Jahre Technikgeschichte vor. Sehr schön sind die vielen Mitmachstationen für Kinder, an denen zum Beispiel Mehl gemahlen oder Papier geschöpft wird. Es finden interessante Sonderausstellungen statt.

www.technoseum.de

120 Mit seinem hölzernen Pferdeersatz erregte Karl Drais Freiherr von Sauerbronn viel Aufsehen bei der Bevölkerung. Die Behörden schränkten bald aus Sicherheitsgründen das Fahren mit der Laufmaschine ein. Karl Drais erfand auch noch Anderes, so zum Beispiel eine Schreibmaschine. Die Werkstatt des Tüftlers befand sich in M1, wo er mit seinem Vater, dem Präsidenten des Oberhofgerichts, lebte. Eine Tafel an dem Ort, an dem das Haus stand, erinnert an ihn.

121 An die Werkstatt von Carl Benz in T6 erinnert eine Gedenktafel.

122 Zuletzt lebte und arbeitete Carl Benz in Ladenburg. In seiner ehemaligen Fabrik ist heute das Automuseum Dr. Carl Benz, das die Geschichte des Automobils erzählt.
www.automuseum-ladenburg.de

123 Die stattliche Lanz-Villa, von Karl Lanz mit seiner Familie 1913 in der Oststadt bezogen, erinnert eher an ein Schloss als an ein privates Wohnhaus. Karl Lanz war der Sohn von Heinrich Lanz, dem Gründer der Landmaschinenfabrik. Nur wenige Jahre waren ihm in seinem Palais vergönnt. Nach dem Verkauf durch seine Witwe war in der Erzbergerstraße lange der Sitz des Telegrafenamtes. Die Firma Lanz wurde schon vor Jahrzehnten von einer amerikanischen Firma übernommen und wird unter deren Namen geführt.

124 Im Atlantis-Kino in K2 ist der schönste Kinosaal Mannheims zu finden, ein Saal mit original 50er Jahre-Flair. Zusätzlich hat das Atlantis noch einen kleineren Saal. Wie auch im nostalgischen Odeon in S1 wird Programmkino gezeigt. Das Atlantis ist

auch einer der Spielorte des Filmfestivals Mannheim-Heidelberg.
www.atlantis-kino.de

125 Sehr zu empfehlen ist während eines Mannheim-Aufenthaltes eine Hafenrundfahrt mit der Kurpfalz-Personenschiffahrt. Es werden neben anderen Fahrten, wie etwa ins malerische Neckarsteinach mit seinen vier Burgen, eine kleine und eine große Hafenrundfahrt angeboten: www.Kurpfalz-Personenschiffahrt.de (achten Sie bei der Eingabe auf die Schreibweise mit zwei ff).

Weitere Krimis finden Sie auf den folgenden Seiten und im Internet:

CLAUDIA SCHMID
Mannheimer Todesmess
. . . .
978-3-8392-1458-9 (Paperback)
978-3-8392-4229-2 (pdf)
978-3-8392-4228-5 (epub)

»Die beliebte Mannheimer Mess als Schauplatz für einen fesselnden Kriminalroman mit starken Frauen, Kurpfälzer Gemütlichkeit – und gutem Wein.«

Auf der beliebten Mannheimer Mess wird während des Feuerwerks ein Toter an die Rückwand einer Weinhütte genagelt. Das Opfer war Winzer an der badischen Weinstraße. Liegt hier das Motiv? Kriminalhauptkommissarin Melanie Härter, die als Winzertochter einen guten Tropfen zu schätzen weiß, ermittelt mit ihrem Kollegen Jörg Kenner in Mannheim und Umgebung. Als Melanies Sohn Felix verschwindet, eskaliert die Lage …

SPANNUNG

GMEINER

CLAUDIA SCHMID
Die brennenden Lettern
. . . .
978-3-8392-1212-7 (Paperback)
978-3-8392-3703-8 (pdf)
978-3-8392-3702-1 (epub)

»Spannend, interessant und unterhaltsam.«
Mannheimer Morgen

Quirin Melchior, ein Heidelberger Lebenskünstler und Fan des Mittelalters, gerät an die geheimnisvolle Ane. Diese Begegnung hat Folgen: Ane bereitet ihn heimlich auf eine Zeitreise vor. Und so landet Quirin mitten in Luthers Disputation an der Heidelberger Universität im Jahre 1518. Er lernt die süddeutschen Reformatoren Paul Fagius und Martin Bucer kennen und wird zu Pauls Beschützer. Der gemeinsame Weg führt sie nach Isny, wo Paul Fagius die erste hebräische Druckerei im deutschen Sprachraum einrichtet. Doch immer ist Zacharias Rugus, sein geheimer und gefährlicher Gegenspieler, in der Nähe ...

MANFRED BOMM
Lauschkommando

978-3-8392-1663-7 (Paperback)
978-3-8392-4603-0 (pdf)
978-3-8392-4602-3 (epub)

>»August Häberle dringt mit seinem
15. Fall ins Spionagenetz des amerikanischen Geheimdienstes (NSA) ein.«

Die Frau eines global tätigen Bankers wird in ihrem
Haus auf der Schwäbischen Alb ermordet. Es stellt sich
heraus, dass ihr Mann Ziel von Lauschangriffen des
US-Geheimdienstes NSA war. Kommissar August Hä-
berle muss erkennen, dass sich die Agenten auch für ein
Ulmer Forschungsinstitut interessiert haben. Gleichzeitig dringt ein junger Computerexperte in das Netz-
werk italienischer Waffenhändler ein und stößt dabei
auf das geheime Spionage-Doppelleben seines eigenen
Vaters …

GMEINER SPANNUNG

WWW.GMEINER-VERLAG.DE
Wir machen's spannend

HAJO HEIDER
Schweres Wasser
. . . .
978-3-8392-1672-9 (Paperback)
978-3-8392-4621-4 (pdf)
978-3-8392-4620-7 (epub)

»Technologieschmuggel zu Gunsten einer fremden, aufstrebenden Atommacht – ein Fall für Kriminaloberkommissar Bramert und Sylvia Schliemann.«

Kriminaloberkommissar Bramert aus Stuttgart erfährt, dass eine Firma gegen das Export-Kontroll-Gesetz verstößt. Kurz darauf wird eine Angestellte der Firma bei einem Anschlag schwer verletzt. Sylvia Schliemann, die Schwester der Verletzten, mischt sich so lange in den Fall ein, bis sie für die Polizei unentbehrlich wird. Zusammen mit Bramert versucht sie ihre Schwester vor weiteren Anschlägen zu schützen und den Fall zu lösen, der immer stärker auf ein Nuklearverbrechen hinweist.

STEFAN SCHWEIZER
Goldener Schuss
· ·
978-3-8392-1688-0 (Paperback)
978-3-8392-4653-5 (pdf)
978-3-8392-4652-8 (epub)

»Privatdetektiv Enzo Denz ermittelt im Rocker-Milieu vom Allgäu bis an den Bodensee.«

Privatdetektiv Enzo Denz erhält von dem türkischen Unternehmer Mehmet Gül den Auftrag, dessen untergetauchte Tochter zu suchen. Er findet Canan in der Ravensburger Szenekneipe ›Räuberpistole‹. Aber sie ist tot! Gestorben an einem »Goldenen Schuss«. Für Denz weisen alle Indizien auf Mord hin. Ein Abgrund aus Drogen- und Menschenhandel tut sich auf …

SPANNUNG

GMEINER

WWW.GMEINER-VERLAG.DE
Wir machen's spannend

MICHAEL BOENKE
Kässpätzlesexitus
. . . .
978-3-8392-1662-0 (Paperback)
978-3-8392-4601-6 (pdf)
978-3-8392-4600-9 (epub)

> »Ein skurril-heiterer Schwabenkrimi mit sprachlichen Finessen und vielen Bezügen zur regionalen Küche.«

Das heitere Kässpätzleswettessen in sommerlich oberschwäbischer Idylle nimmt ein jähes Ende: Eine tote Mitesserin – erstickt am schwäbischen Gaumenschmaus. Ein Unfall, so ergeben es die Untersuchungen. Dann gibt es eine zweite Tote, gegart im Dampf des Pasteurschranks einer oberschwäbischen Brauerei. Und wiederum heißt es: ein tragischer Unfall. Daniel Bönle, mittlerweile Hausmann, wird in die skurrilen Ereignisse hineingezogen. Seine Ermittlungen führen ihn auch wieder ins geheimnisvolle Ried …

UDO WIECZOREK
Nachthall
....
978-3-8392-1702-3 (Paperback)
978-3-8392-4681-8 (pdf)
978-3-8392-4680-1 (epub)

»Geologin Ehrnsteiner und Kommissar Ruckgaber ermitteln im ersten Krimi von Udo Wieczorek in und unter Blaubeuren. Eine unheimlich finstere Höhlenjagd.«

Kurz vor dem Einmarsch der Amerikaner 1945 in Ulm entsorgt eine Seilschaft um Maximilian Ströttner verräterische Altlasten in einem Steinbruch bei Blaubeuren. 35 Jahre später strengt ein Höhlenverein in unmittelbarer Nähe eine Grabung an. Die junge Höhlenforscherin und Geologin Doris Ehrnsteiner ist Ströttner schnell auf der Spur und fördert weitere Ungereimtheiten zutage. Gemeinsam mit Oberkommissar Ruckgaber, versucht sie, die Rätsel um Ströttner zu lösen. Dabei macht sie eine entsetzliche Entdeckung …

SPANNUNG

GMEINER

WWW.GMEINER-VERLAG.DE
Wir machen's spannend

Das Neueste aus der Gmeiner-Bibliothek

Unsere Lesermagazine

Bestellen Sie das kostenlose KrimiJournal in Ihrer
Buchhandlung oder unter www.gmeiner-verlag.de

Informieren Sie sich ...

www ... auf unserer Homepage:
www.gmeiner-verlag.de

@ ... über unseren Newsletter:
Melden Sie sich für unseren Newsletter an
unter www.gmeiner-verlag.de/newsletter

f ... werden Sie Fan auf Facebook:
www.facebook.com/gmeiner.verlag

Mitmachen und gewinnen!

Schicken Sie uns Ihre Meinung zu unseren Büchern
per Mail an gewinnspiel@gmeiner-verlag.de und
nehmen Sie automatisch an unserem Jahresgewinn-
spiel mit »mörderisch guten« Preisen teil!